멀티제너레이션, 대전환의 시작

# 멀티제너레이션, 대전환의 시작
# MULTI-GEN

인구충격과 맞바꿀
새로운 부의 공식

마우로 기옌 지음
이충호 옮김

Mauro F. Guillén

THE PERENNIALS

리더스북

**일러두기**

1. 하단의 주석은 옮긴이주로 본문에서 ●기호로 표기했다.
2. 이 책에서 단행본은 겹낫표(『 』)로, 논문·기사·단편·시·장절 등의 제목은 낫표(「 」)로, 신문·잡지 등
   정기간행물은 겹꺾쇠(《 》), 영화·음악·미술 등 예술 작품의 제목은 홑꺾쇠(〈 〉)로 표기했다.

산드라, 다니엘라, 안드레아에게 이 책을 바친다.

# 한국의 독자들에게

한국은 전 세계에서 경제와 사회가 고도로 발전한 나라 중 하나이다. 한국에서 일어난 가장 큰 변화로는 1인당 국민 소득 증가, 소득과 부의 불평등 심화를 꼽을 수 있다. 물론 음악과 영화, 예술을 비롯한 문화 상품의 주요 수출국이 된 것도 빼놓을 수 없다. 젊은 여성의 교육 수준이 상당히 높으며, 합계 출산율은 여성 1인당 1명 미만으로, 비교적 인구가 많은 나라들 중에서는 상당히 낮은 비율이다. 반면에 기대 수명은 세계에서 손꼽을 정도로 높은데, 여성은 특히 더 높다. 그 결과 수십 년 전에는 60세 인구 1명당 노동 인구가 10명 이상이었던 것이 지금은 겨우 2.5명에 불과하다. 그리고 2040년에는 간신히 1명을 넘기게 되면서 한국은 일본과 함께 세계 최고령 국가에 진입할 것으로 보인다. 또한 전체 출생아 중

혼외자 비율이 세계에서 가장 낮은 2.2%에 불과하다는 점에서도 한국은 아주 독특하다.

한국인의 생활 방식에도 급격한 변화가 찾아오고 있다. 1인 가구 비율이 27%로 증가하면서 〈나 혼자 산다〉 같은 리얼리티 프로그램이 광풍을 일으키기도 했다. 한국의 30대 미혼 남녀 중 26%는 여전히 부모와 같은 집에서 살고 있는데, 이들은 '캥거루족'으로 불린다.

이 모든 압력이 한꺼번에 몰아닥치다 보니, 한국인 대다수가 불안과 혼란을 느끼고 있다. 주택, 세금, 의료 서비스, 연금, 기후 변화 등의 문제를 둘러싼 세대 간 갈등은 점차 심화되고, 낮은 출생률은 국가가 쇠퇴한다는 느낌을 부채질한다.

한국뿐만 아니라 세계의 여러 나라에서 사람들이 살아가는 방식은 분명히 크게 변했다. 그런데도 우리는 여전히 정해진 연령대에 놀고 배우고 일하고 은퇴하는 '순차적 인생 모형 sequential model of life'에 따라 살아가길 기대하고 또 기대받는다. 하지만 이 모형은 더 이상 성립하지 않는다. 과거의 그 어느 때보다도 훨씬 더 오래 살게 된 오늘날, 알아야 할 모든 것을 어릴 때 전부 배우고 습득하기란 사실상 불가능하다. 게다가 기술 변화가 모든 것을 가속화하면서, 평생 동안 학교와 일터를 왔다 갔다 해야 할 필요가 생겼다. 은퇴한 뒤에도 살날이 한참 남아 있어 지루함과 외로움을 느끼는 시간이 길어지고 있다. 우리가 더 빨리 변하고 적응해야 하는 이유이다.

'퍼레니얼perennial'(자신이 태어난 시대가 아니라, 일하고 배우고 상호 작용하는 방식을 통해 정의되는 사람들)● 사고방식은 한국인에게 특히 유용할 수 있다. 순차적 인생 모형의 압제에서 스스로를 해방시킬 필요가 있기 때문이다. 그렇게 되면 여성은 경력을 쌓으면서 아이를 낳을 수 있다. 또한 세대가 다른 사람들이 함께 배우고 일하며 서로를 더 잘 이해하게 됨으로써 세대 간 갈등이 완화될 것이다. 물론 급속한 경제와 기술 변화에 유연하게 적응하는 데에도 도움이 될 것이다.

한국에서 나이와 세대 구분이 사라진 포스트제너레이션 사회postgenerational society가 정착하려면 단순히 개인과 가족이 변하는 것만으로는 부족하다. 기업과 교육 제도와 정부도 사람들을 나이를 기준으로 분류하고 인생의 각 단계에서 어떤 행동과 성취를 요구하는 관행을 멈춰야 한다. 학교와 일터에서 연령대가 다른 사람들이 상호 작용하며 더불어 살아가게 하는 실험에 뛰어들어야 한다.

한국 독자들이 이 책을 읽고서 이러한 변화에 잘 대처하고, 진정한 포스트제너레이션 사회가 가져다줄 새로운 기회를 활용하는 데 도움이 되길 기대한다.

---

● perennial은 원래 '다년생 식물'을 뜻하는 단어로, 자신이 속한 세대의 생활 방식에 얽매이지 않고 세대를 뛰어넘어 살아가는 사람들을 가리킨다. 굳이 우리말로 옮기자면, '탈세대 인류'에 가깝다.

기대 수명의 증가로 더 많은 세대들이 무대를 공유하게 되었다. 경제가 급변하고 기술이 전통과 관행을 붕괴시키면서 여러 세대들이 함께 배우고 일하고 살고 소비하는 일이 점차 늘어나고 있다. 이에 따라 학교 생활, 직장 생활, 은퇴 생활이 순차적으로 이어지는 삶의 형태를 중심으로 우리를 베이비붐 세대, 밀레니얼 세대 등으로 정의해온 낡은 모형(해당 집단의 전형적인 행동 방식에 대한 진부한 가정에 기초한 구분)이 허물어지고 있다. 혁명은 이미 시작되었다. 사람들이 변화와 예기치 못한 사건에 유연하게 적응하도록 돕는 다양한 경로가 생성되고 있다. 우리는 지금 '퍼레니얼'이라고 부를 수 있는 개인들을 통해 새로운 시대가 도래하는 순간을 목격하고 있다.

- 32년: 1900년 이후 미국인 평균 기대 수명의 증가량(46세에서 78세로).
- 19~25년: 60세 미국인과 유럽인, 라틴아메리카인, 아시아인의 평균 여명.
- 13~17년: 60세 이후에 건강한 상태로 살아갈 수 있는 기간.
- 8: 오늘날 세계 무대를 공유하며 살아가는 세대의 수.
- 18%: 2021년 미국에서 혼인 관계의 부모 2명, 18세 미만의 자녀 1명 이상으로 이루어진 핵가족 가구의 비율. 1970년의 40%에서 크게 줄었다.
- 18%: 2021년 미국에서 세 세대 이상이 함께 사는 다세대 가구 비율. 1971년의 7%에서 크게 늘어났다.
- 10~15%: 고등학교 졸업 후 전통적인 상급 교육 기관에 진학한 30세 이상 인구가 가장 많은 나라에서 이들이 차지하는 비율.
- 30~35%: 디지털 플랫폼에서 학습하는 30세 이상의 인구가 가장 많은 나라에서 이들이 차지하는 비율.
- 46%: 전 세계 경영자들 중에서 다세대 노동력의 잠재적 이점에 관심을 가진 사람들의 비율.
- 37~38%: 미국의 MZ 세대 중에서 브랜드를 선택할 때 (유명 인사나 소셜 미디어 인플루언서보다) 부모나 보호자에게서 더 큰 영향을 받는다고 말하는 사람들의 비율.

# 들어가는 말

BMW는 세상에서 가장 인지도가 높은 브랜드 중 하나로, "최고의 드라이빙 머신"을 생산하는 회사이다. 포드가 이동식 조립 라인으로, 토요타가 사람 중심의 참여형 작업 방식으로 유명해진 반면, 이 독일 자동차 회사는 대개 기술 혁신으로 헤드라인을 장식했다. 그동안 BMW의 전설적인 기술력은 오토바이가 충돌할 때 충격을 흡수하는 유압식 전면 서스펜션, 전자식 ABS(브레이크 잠김 방지 장치), 완전한 최고급 전기 자동차 같은 혁신을 낳았다. 하지만 오늘날 BMW는 작업 현장의 혁신에 관심을 돌리고 있는데, BMW의 작업 현장에서는 많게는 다섯 세대에 걸친 사람들이 협업하면서 각자의 독특한 재주와 시각으로 기여하고 있다. BMW는 여러 세대의 노동자들이 서로 편안하게 어우러지면서 생산성과 직업 만

멀티제너레이션, 대전환의 시작

족도를 높일 수 있도록 공장과 내부 설비의 많은 부문을 재설계했다.

BMW의 모공장은 바이에른주 주도인 뮌헨 북쪽에 있다. 이 회사의 웹사이트는 공장을 이렇게 소개한다. "50개국이 넘는 나라들에서 온 8000여 명의 직원이 이곳에서 일하고 있는데, 그중 850명은 수습생입니다. 매일 자동차 1000여 대와 엔진 2000여 대가 이곳에서 생산되고 있습니다. 이 공장은 BMW 그룹의 글로벌 생산네트워크에 긴밀하게 통합돼 있습니다."

여러 세대가 함께 일하는 직장은 얼핏 보기에는 문화적 오해와마찰, 갈등을 조장할 것처럼 보인다. 세대에 따라 직원들이 느끼는 동기는 만족감이나 돈, 복지 등으로 제각각 다를 수 있다. 기술을 대하는 태도도 다를 것이다. 예컨대 젊은 세대는 문자 메시지와영상으로 소통하길 선호하는 반면, 나이 든 세대는 대체로 대면 소통에 더 익숙하다. 이것은 BMW를 포함해 많은 기업이 한때 작업현장이나 사무실에 여러 세대의 사람들을 섞어놓길 꺼렸던 이유이기도 하다. 하지만 다양한 세대의 협업에는 분명한 이점이 있다. BMW는 노련한 직원일수록 정신적 민첩성과 작업 속도는 점차 느려지지만, 종종 경험에 근거한 색다른 방법으로 문제를 해결한다는 사실에 주목했다.

하지만 나이와 업무 수행 능력 사이의 상관관계는 직선으로 나타나지 않는다. 오하이오주립대학교 연구자들은 인간의 창조성이 20대에 정점을 찍은 뒤에 50대에 또다시 정점에 이른다는 충격적인 사실을 발견했다. 사람들이 경력을 시작할 무렵에는 인지 능력에만 의존해 일을 처리하다가, 점차 뇌의 속도가 느려지기 시작하면 경험을 활용해 보완하는 방법을 찾아내기 때문이다. BMW는 이렇게 연령대에 따라 능력이 서로 다르다는 점에 착안해 여러 세대를 같은 작업 현장에 함께 투입하기로 결정했다. 그리고 연령대가 다양한 집단이 업무 수행 속도는 더 빠르면서 실수는 더 적다는 사실을 발견했다. 이 분야의 전문가인 헬렌 데니스Helen Dennis는 "여러 세대로 이루어진 팀은 프로젝트나 문제를 바라볼 때 다양한 시각을 제시합니다. 많은 생각이 나올수록 목적을 달성하는 데 더 유리하지요."라고 주장한다.

다양한 세대가 함께 일하는 일터의 잠재력이 점점 커져가는 현실은 서로 다른 연령대의 사람들에 대한, 그리고 인생의 여러 시점에서 우리가 할 수 있는 일과 이룰 수 있는 일에 대한 전통적인 사고방식에 의문을 제기한다. 우리는 "난 그 일을 하기에 너무 어려."라거나 "난 너무 늙어서 새로운 일을 배울 수 없어." 같은 말을 너무 자주 듣는다. 1880년대에 보편 교육과 노령 연금이 처음 도입되면서 우리의 인생은 일련의 단순한 단계들이 순차적으로 이어지는 형태로 조직되었다. 유아기는 성장하고 노는 시기였다. 그다음에는 학교를(운이 좋으면 대학교까지) 다니는 시기가 이어지고, 그다음에는 일하는 시기가 기다리고 있었다. 그리고 나면 어느새 은퇴가 찾아오고, 그동안 직선 형태로 질서정연하게 이어져온 삶을 되돌아보면서 자식들과 손자들도 그들의 삶에서 이것과 거의 비슷한 궤적을 성공적으로 반복하길 기대한다. 그렇게 우리가 이 세상에서 보내는 시간은 서로 분명히 구별되는 일련의 단계들로 범주화되었다.

인생을 이런 형태로 조직하는 방식을 나는 '순차적 인생 모형'이라고 부른다. 지난 150여 년간 일본에서 미국까지, 스칸디나비아에서 아프리카 남단까지 전 세계 곳곳에서 모든 세대는 정확하게 똑같은 규칙을 따르라는 이야기를 들으며 살아왔다. 그러는 사이에 무수히 많은 전쟁이 일어나고, 제국들이 일어섰다 사라져갔으며, 여성이 투표권을 얻고, 인류가 달을 밟고, 로봇 탐사선을 화성으로 보냈다. 하지만 우리는 세대를 거듭하며 계속 똑같이 낡은 방식을 반복하면서 인생을 살아왔다.

이러한 상황은 더 이상 유지될 수 없는데, 오랫동안 지속되고 있는 인구통계학적 변화 때문이다.

인간이 과거 그 어느 때보다도 훨씬 오래 살고 있다는 것은 비밀이 아니다. 1900년에 미국에서 태어난 사람의 기대 수명은 46세였다. 2022년에는 78세가 되었는데, 코로나바이러스 팬데믹의 영향을 감안하더라도 향후 20년 이내에 83세까지 올라갈 것으로 보인다. 60세까지 살아남은 미국인은 평균적으로 23년을 더 살 수 있는데, 1900년에는 10년에 불과했던 것에 비하면 비약적으로 증가한 결과이다.

이것은 여분의 삶을 누리는 것이나 다름없다. 서유럽 사람들은 형편이 더 나은데, 60세 때의 기대 여명이 25년이나 된다. 아시아인은 평균적으로 20년의 기대 여명을 누릴 수 있고, 큰 진전이 일어날 여지가 많은 아프리카에서도 그 수치는 놀랍게도 16년이나 된다. 수명 연장에 더해 우리는 신체적·정신적 건강(이른바 '건강 수명')도 훨씬 더 오래 누릴 수 있다. 간단히 말해, 오늘날의 70세는 두 세대 전의 60세만큼 활기찬 삶을 누릴 수 있다.

시간이 지남에 따라 수명과 건강 수명이 모두 늘어나면서 '늙은이'와 '젊은이'의 정의도 계속 변했다. 1875년에 영국의 친목조합법은 노령을 50세 이상으로 정의했다. 프랑스 작가 빅토르 위고Victor Hugo는 "40세는 늙은 젊은이, 50세는 젊은 늙은이."라고 말하기도 했다. 위고가 1885년에 83세의 나이로 죽었다는 사실을 감안하면, 그는 일생 중 40%를 늙은이로 살았던 셈이다. 제2차 세계 대전 이후로는 일반적으로 60세를 젊은이와 늙은이를 가르는 경계선으로 간주했다. 세계보건기구WHO의 통계 보고서에서는 그 경계선이 60세와 65세 사이에서 왔다 갔다 하는데, 이것은 전문가조차 그 경계선을 정확하게 어디에 그어야 하는지 잘 모른다는 반증이다. 세계경제포럼World Economic Forum은 노년을 기대 여명이 15년 남은(즉, 살날이 15년 남은) 시점부터 시작되는 '장래 연령prospective age' 이라고 다소 역동적으로 정의한다. 미국의 경우, 현재 그 경계선은 69세로 설정될 것이다. 만약 위고의 정의를 따른다면, 이것은 위고가 말한 것보다 약 20년이나 늦은 셈이다.

물론 수명이 계속 증가하는 이러한 추세에서 장밋빛 전망만 넘쳐나는 것은 아니다. 세금을 부담하는 젊은 세대들과 은퇴하여 건강 보험과 연금 혜택을 누리는 세대들 사이에 마찰이 확산되고 있다. 삶의 단계가 전환되는 과정에서 경험하는 어려움도 빼놓을 수 없다. 예컨대 많은 사람들이 청소년기의 방황이나 중년의 위기, 은퇴 후의 고독을 겪기도 하고, 10대 임신, 학업 포기, 가정 문제, 이혼, 약물 남용 등의 문제로 탈선하기도 한다. 수많은 어머니들이 가정과 일의 균형을 맞추지 못해 힘겨워하고 승진과 급여에서 동등한 대우를 받지 못한다는 것은 결코 새로운 소식이 아니다. 또한 우리가 더 오래 건강하게 살수록 기술 변화의 부정적 효과에 더 많이 맞닥뜨리게 된다. 우리가 받은 교육이 과거의 어느 때보다 훨씬 빠르게 쓸모없어지기 때문이다. 지식이 아찔한 속도로 낡아감에 따라 학교 다닐 때 배운 것을 수십 년 동안 일하면서 써먹던 시절은 먼 옛날의 이야기가 되고 말았다.

하지만 인생을 바라보는 시각을 바꾸면 어떤 일이 벌어질까?

우리가 각각의 연령대에 해야 하는 일에 대해 사전에 정해져 있는 것은 단 하나도 없다. 사실, 순차적 인생 모형은 사람들을 연령별 집단과 역할에 따라 분류하는 가부장제와 관료제의 개념을 바탕으로 만들어진 사회·정치적 구성이다. 이 책의 핵심 주제는 기대 수명 증가와 신체적·정신적 건강 향상, 급속한 기술 발전에 따른 지식의 노후화가 결합되는 현재 상황이 기본적으로 전체 인생 경로를 지배하는 역학에 변화를 가져오고, 각각의 연령대에서 할 수 있는 일과 여러 세대가 함께 살고 배우고 일하고 소비하는 방식을 재정의한다는 것이다.

나는 이 거대한 변화를 '포스트제너레이션 혁명postgenerational revolution'(탈세대 혁명)이라고 부르려고 한다. 이것은 개인의 삶과 기업, 경제, 글로벌 사회 전반을 근본적으로 바꾸어놓을 혁명이다. 그 결과로 우리는 퍼레니얼의 확산을 목격하게 될 것이다. 연쇄 창업가 지나 펠Gina Pell의 표현을 빌리면, 퍼레니얼은 "고정관념을 초월해 서로 그리고 주변 세계와 연결되면서 늘 꽃이 피는 모든 연령·종류·유형의 사람들 …… 즉, 자신이 속한 세대로 정의되지 않는 사람들"이다.

미국의 노예제 폐지론자 웬들 필립스Wendell Phillips는 "혁명은 만들어지는 것이 아니라, 도래하는 것이다."라고 말했다. 그리고 "혁명은 떡갈나무가 성장하는 것처럼 자연스러운 것이다. 그것은 과거에서 나온다. 그 기반은 오래전부터 쌓인 것이다."라고 지적했다. 실제로 퍼레니얼의 혁명적 부상은 오랫동안 지속된 추세가 낳은 결과이다. 그리 멀지 않은 과거에는 어느 순간에 공존한 세대가 기껏해야 네다섯 세대였지만, 지금은 여덟 세대가 동시에 지구에 공존하고 있다. 미국에서 이 여덟 세대는 알파 세대(2013년 이후 출생), Z 세대(1995~2012년생), 밀레니얼 세대(1980~1994년생), 제니얼 세대(1975~1985년생), X 세대(1965~1979년생), 베이비붐 세대(1946~1964년생), 침묵의 세대(1925~1945년생), 가장 위대한 세대(1910~1924년생)이다. 인구 고령화가 미국보다 더 빠르게 진행된 일본과 중국, 유럽에서는 최대 아홉 세대가 공존하고 있다. 수명이 계속 늘어남에 따라 21세기 중엽 이전에 아홉 세대 또는 열 세대가 함께 살아

멀티제너레이션, 대전환의 시작

가는 상황이 펼쳐질 것이다. 서로 다른 세대들이 잘 어울려 살아갈 수 있을까? 아니면, 어떤 서비스와 혜택에 대한 비용을 부담할 주체를 놓고 정치적 분배 갈등이 폭발할까? 젊은 세대들은 부모와 조부모, 증조부모의 의료 서비스와 연금 제도를 위해 세금을 부담하는 것에 대해 어떻게 생각할까? 퍼레니얼 사고방식을 통해 이러한 어려움을 극복할 수 있을까? 퍼레니얼 사고방식은 정확하게 어떤 것일까?

이 책이 전하는 예상 밖의 희망적인 소식 중 하나는 수명 연장이 은퇴자뿐만 아니라 모든 단계의 사람들에게 긍정적 의미를 지닌다는 점이다. 수명 연장은 지금의 손자 세대에게 나이에 상관없이 진로를 바꾸고, 갭 이어gap year●를 즐기고, 새로운 모습으로 거듭날 기회와 가능성을 더 많이 제공할 수 있다. 하지만 그것은 정부와 기업과 수많은 조직이 순차적 인생 모형에서 벗어나야만 가능하다. 만약 사람들이 '나이에 어울리는' 활동의 압제에서 스스로를 해방시키고 퍼레니얼이 될 수 있다면, 하나가 아닌 다수의 경력과 직업을 추구하고, 각각의 경험에서 서로 종류가 다른 개인적 성취를 이룰 수 있을 것이다. 더 중요하게는, 10대와 20대가 단순히 학업에서 일로, 일에서 은퇴로 이어지는 전환뿐만 아니라, 인생의 다양하고 복합적인 전환을 위해 계획을 세우고 결정을 내릴 수 있다.

---

● 흔히 고등학교를 졸업하고 대학 생활을 시작하기 전에 경험 삼아 다양한 일을 하거나 여행하면서 보내는 시간.

이어지는 장들에서 강조하는 메시지는 직관에 반하는 것처럼 들릴 수도 있다. 그 메시지는 인생에서 남아 있는 시간이 많을수록 선택의 폭을 넓혀두는 게 중요해지고 '큰 결단'의 가치는 떨어진다는 것이다. 예컨대 퍼레니얼 사고방식이 지배하는 포스트제너레이션 사회에서는 10대가 더 이상 공부나 장래의 일자리를 위한 최선의 진로를 놓고 고민할 필요가 없는데, 수명 연장 덕분에 상황에 따라 진로 수정과 새로운 지식과 기술 습득, 경력 전환의 기회가 풍부해지기 때문이다.

우리를 기다리고 있는 세상은 바로 이런 모습일 가능성이 높다. 한번 택하면 돌이킬 수 없고 평생 동안 그 굴레에서 벗어날 수 없는 운명적 결정을 내릴 필요가 없어질 것이다. 여러 세대가 함께하는 활동에 참여하면서 오랜 시간에 걸쳐 훨씬 다양한 기회를 경험하게 될 것이다. 예컨대 우리는 젊은이/늙은이, 활동/비활동, 풀타임/파트타임 등의 구체적인 범주로 분류되는 과정을 겪지 않고서 학교로 다시 돌아갈 수 있다. 기술 발전은 우리의 지식과 경험을 낡은 것으로 만들 수 있지만, 배우는 단계와 일하는 단계를 더 유연하게 반복하도록 해줄 것이다. 우리가 살아가는 삶은, 19세기 후반에 대규모 산업화와 학교 교육이 자리 잡고 나서 강요되었던 잘 다져진 길을 더 이상 따르지 않을 것이다. 오히려 원격 근무와 학습을 위한 디지털 플랫폼이 확산됨에 따라 우리는 나이나 거리에 구속받지 않는 사회에서 다양한 세대와 늘 상호 작용하며 한 번의 인생에서 서로 다른 삶을 여러 번 살게 될 것이다. 이러한 잠재력을 이해하는 개인과 기업과 정부가 삶과 학습, 노동, 소비의 제약이 없는 새로운 시대로 진입할 것이다. 그리하여 인생의 모든 단계에 있는 사람들이 새로운 기회의 우주, 진정한 포스트제너레이션 사회를 맞이할 것이다.

내가 이 책을 쓰기로 결심한 것은 코로나바이러스 팬데믹 기간이었다. 필라델피아의 집에 갇혀 지내던 나는 지하실에서 장비를 갖추고 온라인 강의나 웨비나webinar(웹 기반 세미나)를 진행하는 데 많은 투자를 했는데, 2020년에 출간한 전작 『2030 축의 전환』에 나오는 개념들이 그 바탕이 되었다. 나는 가상 연단에 서서 강연을 진행하면서 머릿속에서 발전시켜온 생각과 분석을 기업 경영자와 금융 전문가, 헤드헌터, 정부 관료, 학교 교장, 독립 서점 주인, 독서 모임 회원, 고등학생, 신문사 창업자, 은퇴자, 의료 종사자 등 많은 사람들과 공유했다. 나는 그들에게 수평적 사고와 점들을 연결하는 것의 장점을 설명했다. 하지만 몇 달이 지나서야 『2030 축의 전환』에서 내가 중요한 사실을 완전히 이해하지 못했다는 것을 깨달았다. 그것은 인구 변동과 기술이 손을 잡고 우리가 19세기 후반에 물려받은 순차적 인생 모형을 와해시키고 있다는 사실이다.

내가 이 책의 핵심이 된 통찰을 마침내 떠올린 것은 그러한 웨비나 중 하나를 진행하던 도중이었다. 청중은 미국의 몇몇 유명한 동물원과 아쿠아리움에서 온 최고 관리자들이었다. 강연 도중에 문득 동물원은 여러 세대의 역학을 고려하지 않으면 성공할 수 없다는 생각이 떠올랐다. 할아버지와 할머니는 손주를 데리고 동물원을 찾고, 어린아이의 부모는 이런저런 동물에 대한 사랑을 아이와 함께 나누며 즐기지만, 그 중간 세대들은 이런 종류의 소풍에 별로 관심이 없다. 10대 청소년, 주변에 어린아이가 없는 어른, 다 자란 자식을 둔 부모를 동물원으로 끌어들이려면 어떻게 해야 할까? 동물원과 아쿠아리움에서는 비디오 게임과 가상 현실, 메타버스를 포함한 특별 행사나 전시를 추가하기 시작했다. 이렇듯 포스트제너레이션 사회에서는 동물원뿐만 아니라 모든 조직이 인생의 다양한 단계에 있는 사람들의 상상력을 사로잡기 위해 사용 가능한 도구를 모두 다 동원할 필요가 있다.

우리가 살아가고 배우고 일하고 소비하는 방식을 다시 검토하는 세계에서는 어느 세대이건 퍼레니얼에 대해 깊이 생각하는 것이 지극히 합리적이다. 팬데믹은 원격 학습과 원격 근무의 막대한 가능성에(물론 그 어려움과 한계에도) 눈뜨게 한 동시에, 로봇, 인공지능 기계와 대비되는 인간의 취약성을 드러냈다. 팬데믹은 인종과 성별에 따른 불평등을 악화시켰으며, 영원히 지속되는 것은 아무것도 없다는 사실을 생생하게 일깨워주었다. 이 책을 읽고 여러분이 학습과 일과 소비를 새로운 시각에서 바라보길 기대한다. 그러한 시각은 사람과 조직이 새로운 지평을 탐구하고 평생 동안 할 수 있는 일과 이룰 수 있는 일의 한계에 도전하게 해준다. 이 책은 부모와 어린이, 여성과 남성, 팀원과 관리자, 은퇴자와 은퇴 예정자, 가족과 자산 관리자, 소비자와 마케터를 모두 겨냥한 것이다.

이어지는 장들에서 나는 여러분과 함께 동아시아, 남아시아,

러시아, 중동, 아프리카, 유럽, 아메리카를 모두 돌아보는 세계 여행에 나설 것이다. 우리 문화와 사회에서 순차적 인생 모형이 얼마나 깊게 뿌리내리고 있는지 보여주기 위해 많은 소설과 영화, TV 시리즈뿐만 아니라 일반인들도 언급할 것이다. 이러한 인생의 조직 방식이 초래한 마찰과 불행, 그리고 그것이 사회의 다양한 집단에 미친 결과도 보여줄 것이다. 나아가 포스트제너레이션 혁명과 퍼레니얼의 부상을 통해 생활, 학습, 노동, 은퇴, 상속, 소비의 추세에 일어나는 변화도 이야기할 것이다.

아쉽게도 순차적 인생 모형과 관련된 문제들을 단번에 해결할 마법의 묘약 같은 것은 없다. 퍼레니얼 사고방식을 해결책이라기보다 방법으로 생각하라. 이것은 인생을 나이로 정의된 일련의 단계들이 줄지어 늘어선 것으로 여기는 사고방식이 개인과 가족에게 아주 값비싼 비용을 치르게 하고 많은 사람들을 배제한다는 사실을 일깨우는 방법이다. 이것은 기술 혁명 시대의 기회를 활용할 때 재고할 필요가 있는 낡은 가정들에 도전하는 방법이다. 또한 나날이 존재감을 과시하는 포스트제너레이션 사회의 장점을 활용하기 위해 새로운 생활, 학습, 노동, 소비 모형을 실험하도록 정부와 기업, 교육 기관, 그 밖의 조직들을 설득하는 방법이다. 나아가, 나는 이것이 21세기의 삶에 대한 새롭고 상상력 넘치는 접근법을 개발하는 방법이 되기를 기대한다. 우리가 저마다 내재된 잠재력을 마음껏 발휘할 수 있도록 말이다.

# 차례

# 1장

인생의 네 단계

우리의 인생은 개울과 같다.
결국 바다로 흘러 들어가면서
끝나는.

— 호르헤 만리케Jorge Manrique(1440~1479),
「아버지의 죽음을 애도하는 시Verses on the Death of His Father」

　　때는 1881년이었다. '철의 재상'으로 불리던 오토 폰 비스마르크Otto von Bismarck는 통일 독일을 경제적으로나 지정학적으로 강대국으로 변모시키는 작업을 착착 진행하고 있었다. 독일은 석탄과 철 매장량이 풍부했고, 인구와 자본이 팽창하고 있었다. 대학 교육은 활기를 띠었고, 많은 발명가와 기업가가 내연 기관과 화학 염료, 아스피린, X선 기계 등을 세상에 내놓았다. 하지만 비스마르크는 카를 마르크스Karl Marx와 프리드리히 엥겔스Friedrich Engels 같은 정치 선동가들의 혁명 이념에 고취된 전투적 사회주의 노동자 운동의 부상을 두려워했다. 마르크스와 엥겔스는 '악마의 맷돌'이라고 불리던 제2차 산업 혁명의 공장들에서 노동자들이 어떻게 착취당하고 열악한 처지에 놓여 있는지를 세상에 널리 알리려 했다. 비스마르크는 기발한 선제 조처를 생각했는데, 바로 70세 이상인 사람에게 퇴직 급여를 보장하는 계획이었다. 그 당시 평균 수명이 50세에 불과했다는 사실을 감안하면, 그는 아주 명민한 정치인이었다. 카이저 빌헬름 1세는 독일 의회에 보낸 서한에서 자신의 재상 편을 들면서 "나이와 거동의 불가로 일을 할 수 없게 된 사람들은 국가의 보살핌을 요청할 자격이 충분하다."라고 썼다. 이렇게 해서 세계 최초의 국가 연금 제도가 1889년에 도입되었다. 이 도박은 성공했고, 독일은 혁명을 피해 갈 수 있었다.

모든 노동자를 위한 국가 연금 제도 개념은 다소 느리게 전 세계로 확산되었다. 1908년, 영국은 70세 이상의 '훌륭한 인격'을 가진 사람들을 위해 그 제도를 채택했다. 프랑스는 1910년에, 남아프리카연방(지금의 남아프리카공화국)은 1928년에 그 뒤를 이었다.(흑인까지 그 대상에 포함된 것은 1944년부터였다.) 1935년, 루스벨트 대통령이 사회 보장법에 서명함으로써 미국에서도 오늘날 우리가 알고 있는 것과 같은 국가 연금 제도가 시작되었다. 그것은 군인과 어머니에게만 혜택을 제공하던 19세기 후반과 다르게 수혜 대상에 산업 노동자까지 포함시켰다. 다만 농업 부문과 가사 노동 부문의 인력은 제외되었는데, 이들은 그 당시 전체 노동력의 약 절반을 차지했다. 여러 라틴아메리카 국가들도 1930년대부터 1950년대까지 국가 연금 제도를 도입하고 확대했지만, 1960년대까지는 제도 대부분이 파편화된 상태로 남아 있었다. 예를 들면, 브라질은 1966년에야 국가 연금 제도를 통합했다. 일본의 국가 연금 제도는 1942년에 시작되어 1961년에 현재의 상태로 재정비되었다. 한국은 1953년에 기업 퇴직금 제도를 도입했지만, 최초의 국가 연금 제도는 1988년이 되어서야 갖춰졌다.

　노령 연금이 도입되던 시기와 맞물려 각국 정부는 자국민에게 읽기와 쓰기, 역사, 산술 같은 기본 교육을 제공할 필요를 느꼈다. 그러한 흐름을 촉진한 한 가지 요인은 민족주의였는데, 역사학자 베네딕트 앤더슨Benedict Anderson은 민족주의가 이른바 '상상의 공동체'를 만들어내려 한다고 표현했다. 한편으로는 화학, 제약, 전기 장비, 자동차 등 과학을 기반으로 한 산업을 꽃피운 제2차 산업 혁명에 노동력을 공급하려는 동기도 있었다. 고용주들은 특히 산업이 갈수록 자본 집약적으로 변해감에 따라 교육받은 노동자의 생산성이 더 높다는 사실을 깨달았다. 영국 역사학자 E. P. 톰프슨E. P. Thompson은 공장에서 규율 준수와 시간 엄수, 작업 지시가 제대로 이뤄지려면 일정 수준의 교육이 필요하다는 것을 기록으로 입증했다. 영국 뉴캐슬의 윌리엄 터너William Turner 목사는 학교 교육을 정당화하기 위해 글로스터의 대마 및 아마 섬유 제조업자가 한 말을 인용했는데, 학교 교육은 아이들을 "더 다루기 쉽고 복종하도록 만들고, 소란을 덜 피우고 앙심을 덜 품게 만들기" 때문이라고 했다. 학교 교육은 '근면의 습관'을 심어주는 최선의 방법이 되었다.

　학교에서 어린이에게 주입하는 규율은 임금을 기반으로 한 고용 제도의 정착에 필수 요소로 자리 잡았다. 산업 경제에서는 시간당 급여를 받는 대가로 고용주가 시키는 일은 무엇이든 기꺼이

해내는 사람이 많이 필요했다. 사회학자 찰스 페로Charles Perrow는 "임금 노동자는 1820년에 [미국의 노동] 인구 중 약 20%였으나, 1950년에는 80~90%로 늘어났다."라고 지적했다. 논밭에서 일하거나 선대先貸 제도•에 따라 집에서 일하거나 자영업에 종사하는 사람의 수가 점점 줄어들수록 학교의 역할은 더욱 중요해졌다. 고용주들을 위해 학교는 상품과 서비스를 대규모로 "연속적이고 예측 가능하게 생산"하는 데 필요한 표준화된 노동력을 공급했다. 공장에서 관료제 비슷한 조직 구조가 생겨난 것은 관료화된 학교 제도의 발달과 궤를 같이했다. 산업계의 요구에 부응하는 학교 제도가 없었더라면, 산업 노동력을 특정 일자리와 업무에 맞춰 분류하고 훈련하고 감시하는 일에 그토록 빠른 진전이 일어날 수 없었을 것이다. 이렇게 해서 대중 학교 교육과 대량 생산은 동전의 양면이 되었다.

민족주의 지도자와 산업 자본가의 계획과 달리, 사회 개혁가들은 의무 교육을 통해 어린이가 농장과 공장에서 착취당하고 학대당하지 않도록 보호할 방법이 있다고 보았다. 하지만 학교는 목가적인 학습 장소와는 거리가 멀었다. 독일 남서부에 위치한 슈바벤의 한 교사는 50여 년 동안 자신이 학생들에게 가한 체벌 중 일부를 기록으로 남겼다. "막대기로 때린 횟수 91만 1527회, 회초리로

---

• 상인 자본가가 가내 수공업자에게 원료와 기구를 대주고 물건을 만들게 한 후에 삯을 치르고 그 물건을 도맡아 팔던 제도.

때린 횟수 12만 4010회, 자로 때린 횟수 2만 989회, 손으로 때린 횟수 13만 6715회, 입을 때린 횟수 1만 235회, 뺨을 친 횟수 7905회, 머리를 때린 횟수 111만 8800회." 그야말로 학교 교육은 본래의 학업 교육 못지않게 규율을 심어주는 데도 중점을 두고 있었다.

학교 교육은 순차적 인생 모형을 떠받치는 초석이 되었는데, 사람들을 제각각 다른 사회적 역할과 경력과 일자리(그중 일부만 대학 진학을 수반했다.)로 분류했기 때문이다. 1950년대에 기능주의 사회학자 탤컷 파슨스Talcott Parsons는 두 가지 질문, "학교 교육은 미래의 어른 역할을 성공적으로 수행하기 위한 헌신과 능력을 내재화하는 데 어떤 기능을 하는가?"와 "이 인적 자원을 어른 사회의 역할 구조에 배정하는 데 어떤 기능을 하는가?"에 대한 답을 얻으려고 노력했다. 그리고 그 결과로 초등 교육 수업은 "사회화의 주체"로 자리 잡았다. 파슨스의 견해에 따르면, 교육 제도는 지배적인 사회 구조를 반영하는 동시에 사회적 변화와 유동성을 만들어낸다. "지위가 높고 능력이 뛰어난 소년은 분명히 대학에 진학할 가능성이 매우 높은 반면, 지위가 낮고 능력이 떨어지는 소년은 진학할 가능성이 매우 낮다. 하지만 이 두 가지 요소가 일치하지 않아 '교차 압력을 받는' 집단이 아주 중요하다." 학교 교육이 지리적 제약을 받는다는(특히 초등학교 단계에서) 사실을 감안하면, 학교 교육은 "나이와 '집안 배경'에 따라 초기에 경쟁자들의 지위를 평준화"하는데, "이웃 공동체는 대개 전체 사회보다 훨씬 더 균일하기 때문이다." 게다가 전 세계 모든 나라에서 일정 비율의 부모는 자녀를 사립 학교에 보낸다. 파슨스가 이 유명한 논문을 쓰고 나서 수십 년 동안 우리는 학교 교육을 기회의 피난처이자 불평등의 전조로 보게 되었다. 학교 제도가 능력주의 원칙을 바탕으로(아마도) 어린이들을 온갖 어른의 역할로 분류하고 지배적인 사회 위계 구조를 만들어내는 거대한 기계가 되었다.

의무 초등 교육 개념의 기원은 마르틴 루터Martin Luther(1483~1546)로 거슬러 올라간다. 그는 구원은 성경 구절을 읽고 그 가르침에 따라 살아가는 태도에 달려 있다고 주장했다. 따라서 구원을 얻으려면 글을 읽고 쓰는 능력이 필요했고, 교육을 장려하는 것이 기독교의 의무가 되었다. 종교의 자유를 찾아 대서양을 건너간 청교도 집단이 1690년부터 학교 교육을 의무화하면서 매사추세츠만 식민지는 전 세계에서 의무 교육 제도의 선구자가 되었다. 국가가 지원하는 대중 학교 교육은 1763년에 프로이센이 채택했는데, 프리드리히 2세가 비엘리트 계층 자녀들이(엘리트 계층 자녀들은 이미 교육을 받고 있었다.) 의무적으로 다녀야 하는 마을 학교를 방문하면서 공식화되었다. 1774년에 오스트리아 황제 요제프 2세는 보통 교육을 의무화하는 법을 재가했으며, 1791년에 프랑스 헌법은 "모든 사람에게 필수 불가결한 교육 과목들을 모든 시민에게 공통으로 그리고 무상으로 제공하는 공교육 제도"를 공포했다. 그 밖에 새로운 학교 교육 제도를 조기 도입한 나라들로는 덴마크(1814년), 캐나다 온타리오주(1841년), 스웨덴(1842년), 노르웨이(1848년)가 있다.

대중 학교 교육은 19세기 후반에 이르러서야 세계 각지에서 널리 채택되었다. 영국에서는 교구 학교와 사립 학교를 중심으로 교육의 기회를 확대하는 제한적 조치를 수십 년 동안 시도하다가 1870년에 포스터 초등 교육법이 통과되면서 국가 교육 제도의 기반이 갖추어졌다. 1876년에 모든 어린이가 10세까지 의무 교육을 받기 시작했으며, 1899년에는 의무 교육 기간이 12세까지 적용되었다. 프랑스에서는 1881년에 무상 초등 교육을 실시했는데, 1882년부터는 13세까지 의무 교육을 확대했다. 대다수 유럽 국가에서 처음에는 여학생을 위한 별도의 학교와 교육 과정을 두었으나, 제2차 세계 대전 무렵부터 남학생과 여학생 모두를 위한 통합 교육 과정이 표준이 되었다. 미국의 경우 남부를 제외한 대다수 주에서 학교 교육이 의무가 되었고, 1924년부터 모든 미국 시민이 의무 교육을 받게 되었다.

의무 교육, 임금에 기초한 고용, 연금 제도는 "인생의 네 단계 four stations in life"로 이루어진 순차적 인생 모형을 떠받치는 기반이 되었다. 마치 지구에 사계절이 있듯이 우리의 인생도 놀이, 공부, 일, 은퇴라는 네 단계를 순차적으로 거친다는 개념이다. 21세기로 접어들 무렵에는 사실상 전 세계의 모든 나라가 이 개념을 받아들였고, 모두들 그것이 우리의 삶을 조직하는 자연적이고 이상적이고 불가피한 방법이라고 여겼다.

## 순차적 인생 모형의 장점

순차적 인생 모형의 최대 장점은 예측 능력에 있었다. 순차적 인생 모형은 사람들을 나이에 따라 서로 다른 인구 집단들로 단순하고 명료하게 분류하게 해주었다. '수동적' 인구 집단은 일을 하지도, 일자리를 구하지도 않는 집단이다. 연령 분포에서 양 끝부분에 위치한 개인들, 즉 유아와 학령 아동, 고령 은퇴자가 여기에 속한다. 중산층과 상류층 여성도 수동적 인구 집단의 일부였는데, 결혼 준비를 하거나 자식 양육에 전념하면서 가사를 돌보았기 때문이다. 그들은 '능동적' 인구 집단의 일원이 되는 수밖에 다른 길이 없었던 노동자 계층 여성의 도움을 받으며 살아갔다. 능동적 인구 집단에서는 노동 연령 남성이 가장 큰 비율을 차지했다. 능동적 노동자 중 대부분은 찰스 디킨스Charles Dickens가 '최고의 시절'이라고 부르던 시기에는 일자리를 얻어 일한 반면, '최악의 시절'에는 일자리를 얻지 못하거나 불완전 고용 상태에 놓였다. 사람들을 노동과 결부시켜 분류한 이 범주들은 오늘날에도 노동 통계뿐만 아니라 노동 시장 전반과 일상 생활에서 계속 통용되고 있다.

인생의 네 단계 개념이 우리 문화에 얼마나 큰 영향을 끼쳤는지 알고 싶다면, 근처의 서점에 잠깐 들러보라. 자기계발 코너에 꽂혀 있는 책들은 하나같이 인생의 각 단계를 성공적으로 보내기 위한 조언으로 가득 차 있다. 마치 한 단계에서 다음 단계로 무사히 넘어가는 것이 생존의 문제라는 듯이 말이다. 어린이에게는 자

멀티제너레이션, 대전환의 시작

존감이 무엇보다도 큰 문제인 것처럼 이야기하는데, 『유명한 바이킹이 된 헬가Helga Makes a Name for Herself』, 『세상에 필요한 건 너의 모습 그대로The World Needs Who You Were Made to Be』, 『나는 자신감이 넘치고 용감하고 아름다워I Am Confident, Brave & Beautiful』 등이 바로 그런 예이다. 10대 청소년과 영 어덜트(10대 후반~20대 초반)는 너무나도 많은 책의 표적이어서 특정 책들을 구체적으로 언급하지 않는 편이 나을 것 같다. 하지만 겁먹지 마라. '진짜 어른'이 되는 데 성공했다면, 『이제 어른이 되었으니 어린 시절에서 살아남는 법How to Survive Your Childhood Now That You're an Adult』이라는 책이 있다. 이 책은 '혼란에 빠진 프로이트'라는 제목이 더 어울릴 것 같다. 그다음에는 우리가 일을 하면서 보내는 수십 년을 참고 견뎌내는 법을 가르쳐주는 책이 무수히 많은데, 1936년에 데일 카네기Dale Carnegie가 낸 『인간관계론How to Win Friends and Influence People』이 그 포문을 열었다고 볼 수 있다. 비교적 최근에는 『이 회사에서 나만 제정신이야?Am I the Only Sane One Working Here?』나 『또라이 제로 조직The No Asshole Rule』 같은 변질된 주제의 책들이 이쪽 분야를 채우고 있다. 은퇴한 사람들을 위한 책도 차고 넘친다. 『서서히 죽어가지 말라Not Fade Away』, 『초보자를 위한 은퇴 생활Retirement for Beginners』, 『부자 아빠의 젊어서 은퇴하기Retire Young, Retire Rich』, 그리고 제목부터 반드시 읽어야 할 책처럼 보이는 『은퇴 후에 살아남는 법How to Survive Retirement』도 있다. 마치 이 세상은 은퇴 이후에도 우리를 위해 많은 것을 준비해놓은 것처럼 보인다.

순차적 인생 모형은 문화에 깊이 뿌리내렸을 뿐 아니라, 법에도 스며들어 있다. 대다수 국가의 헌법에는 미성년 어린이와 학생, 노동자, 은퇴자를 일반 시민과 구별해 그들을 위한 별도의 권리와 의무를 규정하고 있다. 유엔은 전 세계에서 이들을 돕기 위해 별도의 기구들을 운영하고 있는데, 유엔아동기금UNICEF, 유니세프(어린이), 유엔교육과학문화기구UNESCO, 유네스코(교육), 국제노동기구ILO(노동자와 은퇴자)가 그런 예이다. 더 나아가 유엔은 매년 인생의 각 단계들을 상기시키기 위해 세계 어린이의 날(11월 20일), 세계 교육의 날(1월 24일), 노동절(5월 1일), 국제 노인의 날(10월 1일)도 제정했다.

이렇게 인생을 단계별로 구분하자, 전문가들과 학자들은 각 단계의 의미를 설명하고 나섰다. 에릭 에릭슨Erik Erikson(1902~1994)은 『아동기와 사회Childhood and Society』(1950)에서 개인의 발달에 관한 심리학 이론을 펼쳤는데, 인생을 여덟 단계로 구분하면서 각각의 단계를 서로 대립하는 한 쌍의 경향과 관련지었다. 그의 이론에서 유아기(0~2세)는 신뢰 대 불신, 초기 아동기(2~3세)는 자율성 대 수치심·의심, 미취학 아동기(3~5세)는 주도성 대 죄책감, 초등학생 시절의 아동기(6~11세)는 근면 대 열등감, 청소년기(12~18세)는 정체성 대 역할 혼란, 청년기(19~40세)는 친밀감 대 고립감, 중년기(40~65세)는 생산성 대 침체, 성숙기(65세 이상)는 자아 통합 대 절망으로 특징지어진다. 주어진 단계에 내재하는 갈등을 해결하면서 다음 단계로 나아갈 준비를 해야 한다는 점에서 각각의 단계는 누적되는 것으로 볼 수 있다. 또한 단계별로 섭식, 배변 훈련, 탐구, 학습, 사회화, 관계 맺기, 일과 자녀 양육, 인생에 대한 반성 같은 핵심 기술을 익혀야 한다. 각 단계의 순서가 미리 정해져 있기 때문에, 이 기술들을 제때 효과적으로 습득하지 못하면 나쁜 결과가 평생 동안 이어질 수 있다.

인생의 네 단계 개념은 우리의 마음속에 너무나도 뿌리 깊게 박혀 있기 때문에, 우리는 그것을 당연하게 여긴다. 뿐만 아니라 신체적 또는 정신적 장애로 인해 보편적인 발달 패턴을 적용하기 어려운 경우가 아닌 이상, 한 단계에서 다음 단계로 제때 나아가지 못하는 사람을 질책하는 지경에 이르렀다. 아동기에서 성인기의 예비 관문인 청소년기로 순탄하게 넘어가지 못하는 사람은 '피터 팬'이라 불린다. 철이 든 어른으로 자라지 못하는 청소년은 반항아 취급을 받는다. 은퇴할 여력이 없는 노동자는 실패자 또는 낭비벽이 심하고 무책임한 사람으로 낙인이 찍힌다. 그 덕분에 각 단계에서 낙오된 사람들에게 조언과 처방을 제공하면서 살아가는 심리학자와 심리 치료사가 무수히 양산되었다.

에릭슨이 1950년에 저서를 통해 자신의 이론을 내놓은 것은 결코 우연의 일치가 아니다. 1940년대 말에 유럽과 미국, 동아시아와 라틴아메리카 일부 지역 사람들 중 대다수는 보통 교육과 임금 기반 고용과 강제 은퇴의 결과로 순차적 인생 모형을 당연하게 받아들였다. 이 구도를 설계한 사람들(그리고 모든 사람이 이 구도에 순응하게 만드는 관료들)은 뻔뻔하게도 학교 교육에서부터 근로, 은퇴까지 순차적으로 이어지는 단계들이 사람들에게 이롭다고 주장했다. 나는 학교 교육은 대체로 유익했고 지금도 그렇다고 주장하고 싶지만, 1970년대에 시작된 홈스쿨링 운동은 억압적으로 변한 교실 환경과 어린이를 말 잘 듣는 노동자로 만들려는 교육의 실태에 문제의식을 갖고 국가의 교육 독점에 도전했다. 하지만 나는 임금 고용과 은퇴의 보편화 문제, 그리고 양쪽을 오갈 수 있는 가능성을 배제한 채 교육에서 일터로 일방통행로만 뻗어 있는 문제를 지적하고자 한다. 1980년대의 자영업자 증가와 21세기의 긱 노동gig work● 현상은 인생을 나이에 따라 단계별로 조직하는 개념을 둘러싼 논쟁에 새롭고 긴급한 화두를 던졌다. 연금 제도를 위협하는 재정 위기는 순차적 인생 모형 비판자들에게 더 많은 공격 무기를 제공했다. 인생을 순차적인 여러 단계로 나누는 개념의 모순과 부작용을 하나하나 살펴보기로 하자.

## 자녀 양육: 열두 명의 웬수들에서 소황제까지

"이 가족을 먹여 살리는 데에는 많은 돈이 든다." 프랭크 길브레스 주니어Frank Gilbreth Jr.와 어니스틴 길브레스 케리Ernestine Gilbreth Carey는 1948년에 낸 베스트셀러 『열두 명의 웬수들Cheaper by the

---

● 정규직이 아닌 임시직과 계약직, 온라인 플랫폼 노동 같은 일.

Dozen』에서 이렇게 썼다. 이 작품은 영화 네 편(스티브 마틴과 보니 헌트가 주연을 맡은 두 편을 포함해)과 무대극 한 편, 뮤지컬 한 편의 제작에 영감을 주었다. 두 사람은 릴리언 몰러 길브레스Lillian Moller Gilbreth와 프랭크 벙커 길브레스Frank Bunker Gilbreth의 열두 자녀 중 두 명이었다. 산업 효율성 전문가였던 길브레스 부부는 시간 동작 연구 방법론을 개선하여 기업의 생산성을 높이는 데 기여했다. 그들의 연구는 고용주뿐만 아니라 모더니즘 건축가들에게도 영감을 주었는데, 바우하우스를 설립한 것으로 유명한 발터 그로피우스Walter Gropius도 그중 한 명이었다. 길브레스 부부는 과학적 관리 원칙을 노동자들이 일하는 작업 현장뿐만 아니라 그들의 가정에도 적용했다. "길브레스 집안에서는 효율이 진실성과 정직, 관용, 박애, 양치질과 어깨를 나란히 하는 미덕이었다." 그들은 제조 작업의 효율을 개선하기 위해 카메라를 사용하는 방법을 개척했다. "아버지는 어떻게 하면 우리의 동작을 줄여 일을 빨리 끝낼 수 있는지 그 방법을 찾아내기 위해 아이들이 설거지를 하는 장면을 촬영했다." 프랭크 시니어는 "이 많은 아이들을 도대체 어떻게 먹여 살리나요?"라는 질문을 자주 받았는데, 그때마다 간단하게 "뭐 알다시피, 한 다스로 사면 싸게 먹히지요."라고 대답했다.

길브레스 부부는 생식 능력뿐만 아니라 사회적 지위와 교육에서도 예외적인 사람들이었다. 릴리언은 캘리포니아주의 부유한 집안에서 태어나 UC버클리를 다녔고, 브라운대학교에서 응용심리학으로 박사 학위를 받았다. 교육 수준이 높은 여성이 아이를 그토록 많이 낳은 것은 그 당시에도 매우 이례적이었다. 프랭크는 산업 컨설팅 분야에서 일하기 위해 매사추세츠공과대학교MIT에서 공부할 기회를 포기했는데, 과학적 관리의 주요 주창자 중 한 명으로 세계적 명성을 얻었다. 프랭크가 1924년에 심장마비로 죽을 무렵에 장녀인 앤은 스미스대학교에 2학년으로 재학 중이었고, 막내인 제인은 겨우 두 살이었다. 40년 동안 릴리언은 많은 자녀를 키우면서도 컨설팅 사업을 계속해나갔다. 그 와중에도 짬을 내 심리학 분야뿐만 아니라 공장과 가정에서의 효율성에 관한 훌륭한 책도 여러 권 썼다. 그중 『자녀와 함께 살아가는 법Living with Our Children』(1928)에서 릴리언은 "가정 생활에도 계획이 있으면 좋지 않을까?"라는 질문을 웅변적으로 던진다. 그 당시에 릴리언은 자녀들을 먹이고 입히는 동시에 각자의 인생에 좋은 기회를 제공해야 하는 이중의 막중한 과제를 안고 있었다. "우리는 여기서 가정 생활을 자녀를 위한 교육 과정으로 간주해야 하며, 다른 분야에서 성공이 입증된 방법을 모두 사용할 수 있다." 릴리언은 "자녀에게 삶의 기회와 풍부한 경험을 제공하기 위해 실행하는 계획의 양은 자녀가 하는 일과 될 수 있는 것에 막대한 영향을 미친다."라고 주장했다. 오늘날의 많은 부모와 달리 릴리언은 "대학 졸업장과 명사의 반열에 이름을 올리는 것도 중요하지만, 소도시의 선생님이나 산업계의 관리자로 성공하는 것도 그에 못지않게 중요하다."라고 주장했다. 업계에서 유명한 효율성 전문가가 자녀의 인생에서 성공을 보장하는 특정 방법에 집착하지 않은 것은 아마도 그녀가 대가족을 이루며 살

왔기 때문일 것이다. 성공에 이르는 길은 많았고, 자녀들은 제각각 자신에게 맞는 길을 걸어갔다.

여기서 시간을 훌쩍 건너뛰어 21세기 초로 가보자. 동아시아와 유럽, 북아메리카 전역에서 생식 능력은 급락했고, 여성이 평생 동안 낳는 자녀 수는 인구 대체 수준보다 적은 2명 미만으로 떨어졌다. 미국 국립보건통계센터가 2018년에 내놓은 보고서에 따르면, 대학교를 졸업한 22~44세의 미국인 여성이 낳은 평균 자녀 수는 정확하게 1.0명으로, 고등학교를 졸업한 여성의 자녀 수 2.6명에 비해 크게 떨어졌다.(대학교를 졸업한 남성의 경우에는 0.9명이었다.) 요컨대 미국인 여성에게 대학교 교육은 훨씬 덜 침습적인 방법이긴 하지만 중국의 한 자녀 정책과 동일한 효과를 나타냈다.

시카고대학교의 경제학자 게리 베커Gary Becker가 한 유명한 말처럼 자녀가 적을수록 양육의 질은 크게 높아진다. 베커는 소득 증가는 사람들에게 양보다 질에 더 신경을 쓰게 만든다고 추론했다. 즉, 평균 이하의 차를 더 장만하는 대신에 고물차를 더 새롭고 크고 호화로운 세단이나 SUV로 교체한다는 것이다. 그는 "자녀의 양과 질 사이의 상호 작용은 아이의 실효 가격이 소득과 함께 증가하는 가장 중요한 이유이다."라고 썼는데, 부모는 소득이 증가하면 각 자녀에게 더 많이 투자함으로써 자녀의 인생에 더 나은 기회를 제공하는 쪽을 선호한다는 뜻이다. 동아시아와 인도에서 유럽과 미국에 이르기까지 부모들은 아이들을 성공적으로 기르는 것보다 성공적인 아이들을(대학을 졸업한 부모의 경우에는 성공적인 '한' 아이를) 기르는 데 더 집착하게 되었다.

　오늘날의 자녀 양육은 자녀가 훌륭한 대학교에 진학할 기회를 최대화하는 것에 몰두하게 되었다. 교육학 교수 켄 로빈슨Ken Robinson은 지금까지 가장 많이 시청된 TED 강연에서 인생에서 교육의 목표를 타락시킨 책임을 부모에게 돌렸다. 로빈슨은 2018년에 더블린에서 열린 탤런트 서밋Talent Summit에서 "교육의 유일한 목표가 자녀를 대학이나 특정 대학에 보내는 것이라고 생각한다면, 그리고 그 이유가 자녀의 학위가 미래를 보장하고 근사한 중산층의 일자리를 얻어 장기적으로 괜찮은 수입을 올리게 해줄 것이라고 믿기 때문이라면, 왜 부모들이 더한 압박을 가하는지를 알 수 있을 것이다."라고 지적했다. "특정 방식의 교육에 집착하는 태도의 문제점은, 아이가 가지고 있고 지금 그리고 미래에 필요한 나머지 수많은 능력과 재능을 무시한다는 데 있다." 이 주제는 세계 곳곳으로 확산되었다. 인도에서는 부모의 높은 기대와 입시 중심의 교육 과정이 결합할 때 학습에 악영향을 미친다는 사실이 입증되었다. 아빅 맬릭Avik Mallick은 "부모의 과도한 열망은 아이의 발달에 해로울 수 있는데, 아이는 성적을 올릴 수 있는 방법만 찾기 때문이다."라고 주장한다. "이 과정에서 교육의 가장 중요한 부분, 즉 교사가 전하는 지식의 습득을 소홀히 하면, 당면한 과목의 주제를 이해하는 대신에 그저 성적표에 빨간색 글자가 적히지 않도록 노력하는 데 아이의 정신 능력이 낭비되고 만다."

　앨리아 윙Alia Wong이 2016년에 《애틀랜틱The Atlantic》에 쓴 글에

서 지적했듯이, '페어런팅parenting'(자녀 양육)이라는 동명사가 관용적으로 널리 쓰이는 단어로 굳어진 것은 최근의 일이다. 아주 오랫동안 사람들은 그저 자식을 낳고 키워왔을 뿐이다. 그런데 1990년대부터 "적어도 중산층에서는 부모가 된다는 것은 단순히 아이에게 권위자로 보이면서 부양과 지원을 제공하는 역할에 그치지 않게 되었다. 그것은 장기적으로 경쟁에서 유리한 고지에 설 수 있도록 많은 기회를 제공하고, 온갖 종류의 건설적 경험을 하게 하면서 아이의 인생을 빚어내는 노력을 의미하게 되었다."라고 웡은 주장한다. 교육 수준이 높은 부모 밑에서 자라는 아이는 박물관을 방문하고 콘서트를 구경하고 무대극을 관람하는 것을 나머지 아이들보다 두 배, 심지어 세 배나 더 많이 한다. 이러한 추세는 경제적 불평등과 사회적 재생산을 악화시켰는데, 사회학자 폴 디마지오Paul DiMaggio는 가족의 '문화적 자본'은 초등학교와 중등학교에서 아이의 성적을 가장 잘 예측하는 인자라고 말했다. 2019년에 불거진 미국 대입 스캔들(입시 브로커, 스포츠 감독, 유명 인사, 부유한 부모 수십 명이 시험 관리 직원에게 뇌물을 준 혐의로 기소된 사건)은 자녀에게 인생에서 성공할 기회를 마련해주려는 집착이 해로울 뿐만 아니라 우스꽝스러운 결과를 낳을 수도 있음을 보여주었다.

자녀에게 최대한의 기회를 제공하고 싶은 부모의 충동을 떠받치는 기반에는 순차적 인생 모형이 자리 잡고 있는데, 이 모형의 선형 구조 때문에 위험은 증폭될 수밖에 없다. 만약 자녀가 뒤처지면(예컨대 이웃 자녀들보다 성적이 떨어진다면), 인생을 제대로 살아갈 수 없을 것이라고 생각하게 된다. 우리는 놀이에서 공부로, 그 다음에는 일을 하는 단계로 곧장 나아가고, 피드백 고리가 존재할 여지가 전혀 없기 때문에, 첫날부터 최대한의 수행 능력을 보여주어야 한다.(그러지 못하면 불가피하게, 어쩌면 돌이킬 수 없게 뒤처지고 말 것이다.) 그리고 가급적 최고의 교육 기관에 들어가 최대한 많은 것을 배운 뒤, 언젠가 은퇴할 수 있으리란 희망을 품고서 내일이 없는 것처럼 열심히 일해야 한다.

## 10대의 고민

1955년에 나온 블록버스터 영화 〈이유 없는 반항Rebel Without a Cause〉에서 주디의 어머니(로셸 허드슨 분)는 "걔는 더 자라면 거기서 벗어날 거야."라고 말한다. "그냥 그 나이 때일 뿐이야……. 아무것도 들어맞지 않는 나이지." 지난 수백 년간 전문가들의 이목을 끌었던 10대와 영 어덜트의 사회적 구성은 의존성과 독립성, 질서와 반항, 확실성과 위험, 안정과 모험 등을 비롯해 일련의 상충되는 개념들을 포함한다. 자신이 맞닥뜨린 큰 문제들을 아버지가 인정하려 하지 않자, 짐 스타크(제임스 딘 분)는 "나는 지금 당장 답을 원해요."라고 항의한다. "10년 뒤에나 이해할 것에는 아무 관심도 없다고요."

이 영화는 교외 지역의 중산층 가정에서 벌어지는 세대 간 오해와 갈등을 적나라하게 묘사한 기념비적 걸작이자, 순차적 인생 모형의 또 다른 주요 단점을 생생하게 보여주는 작품이다. 10대와 영 어덜트 시기에 겪는 시행착오와 시련은 수만 년 전에 정착 사회가 시작된 이래 계속돼왔지만, 순차적으로 구성된 인생의 네 단계를 당연히 거쳐야 한다는 개념은 부모와 자식 세대 사이의 문화적 충돌을 악화시킬 수밖에 없다. 부모는 자녀가 완전한 어른이 될 날을 상상하지 못하고, 자녀는 부모의 간섭에서 벗어날 날을 기다리지 못하기 때문이다. 이것은 세대 간 갈등을 촉발하기에 완벽한 조건이다.

출연진이 모두 흑인인 LGBTQI+ 작품으로는 최초로 오스카 작품상을 받은 영화 〈문라이트Moonlight〉에서 후안(마허셜라 알리 분)은 주인공 소년에게 "언젠가 너는 뭐가 되어야 할지 스스로 결정을 해야 해."라고 말한다. "어느 누구에게도 너 대신에 그 결정을 하게 해서는 안 돼." 아동기에서 성년기로 이행하는 힘든 시기에 10대 대다수가 젠더와 인종, 종교의 프리즘을 통해 여과된 정체성 문제로 어려움을 겪는다. 하지만 순차적 인생 모형은 각 단계마다 선형 경로와 단일 선택지, 특정 정체성을 상정한다.

순차적 인생 모형의 사회적 기대에 순응하라는 부모의 압력 때문에 10대들이 많은 문제 중에서도 약물 사용과 남용에 빠질 위험이 높다는 사실이 연구를 통해 드러났다. 약물 중독 문제로 고생하는 젊은이를 돕기 위한 플로리다주의 비영리 단체 캐런재단에서 의료 서비스 부문 부사장이자 의료 책임자로 일하는 조지프 가

벌리Joseph Garbely는 "발달하는 마음에 가해지는 압력은 뇌의 회로를 변화시킬 가능성이 있다."라고 말한다. "이것은 아주 심각한 문제인데, 이 생물학적 변화는 약물 사용과 남용뿐만 아니라 정신 건강 문제에서 10대를 더 큰 위험에 처하게 할 수 있기 때문이다."

순차적 인생 모형에서 부모의 가장 큰 두려움 중 하나는 청소년 자녀가 피터 팬처럼 사회적으로 미성숙한 어른이 되지 않을까 하는 염려이다. 여기서 언급한 피터 팬은 심리학자 댄 카일리Dan Kiley가 자신의 저서 『피터 팬 증후군The Peter Pan Syndrome』(1983)에서 사용하면서 널리 확산된 용어이다. 비록 피터 팬 증후군은 미국정신의학회에서 정신 장애로 공식 인정하지 않지만, 부모와 심리 치료사 사이에서는 많은 호응을 얻었다. 피터 팬 증후군의 징후로는 성인으로서 마땅히 지녀야 할 책임감 결여와 자신감 부족, 과도한 이기심 등이 있다. 영화 속의 전형적인 피터 팬 상황에서는 정착할 생각이 전혀 없는 미성숙한 남자 친구(이른바 '어른이')에게 빠진 여성이 등장한다. 아마도 이 장르의 영화를 대표하는 작품은 존 큐잭이 주연을 맡은 〈사랑도 리콜이 되나요High Fidelity〉(2000)가 아닐까 싶다. 그는 "내가 로라에게 정말로 몰두한 적이 없었다는 걸 이제 알았어. 나는 항상 한 발을 문 밖으로 내놓고 있었지. 그래서 많은 것들을 할 수 없었고, 미래에 대해 생각하지도 못했어……. 어떤 것에 몰두하기보다는 선택의 여지를 남겨두는 것이 현명하다고 생각했던 거야. 그건 자살을 하는 것과 같았어. 아주 조금씩 조금씩 말이야."라고 인정한다.

어른이 제 나이보다 훨씬 어린 사람처럼 행동하는 것을 가리키는 개념은 '트랜스에이지즘transageism'이라는 모욕적인 이름으로 불리게 되었다. 그 기원은 고대 신화에 나오는 '푸에르 아이테르누스 puer aeternus'(여성의 경우에는 '푸엘라 아이테르나puella aeterna')로 거슬러 올라가는데, 영원한 소년 또는 소녀를 뜻하는 이 단어는 항상 젊음을 유지하는 어린이 신을 가리킨다. 올더스 헉슬리Aldous Huxley가 1962년에 출판한 소설 『아일랜드Island』에서는 아돌프 히틀러Adolf Hitler를 피터 팬이라고 부르면서 "작은 아돌프의 지체된 성숙 때문에 온 세계가 큰 대가"를 치러야 했다고 이야기한다. 최근에 심리학자들은 남성(또는 여성)의 피터 팬 증후군 정도를 측정하는 척도를 개발했다. 스페인 그라나다대학교의 움벨리나 로블레스 오르테가Humbelina Robles Ortega 교수에 따르면, 부모의 과잉 보호가 중요한 원인이라고 한다. "이 증후군은 대개 가족에게 과잉 보호를 받은 나머지 삶에 맞서는 데 필요한 기술을 개발하지 못한 의존적인 사람들에게 나타난다." 피터 팬은 "어른 세계를 문제가 아주 많다고 생각하고 청소년기를 찬양하는데, 그래서 특권을 누리는 그 상태에 계속 머물러 있으려고 한다."라고 오르테가는 주장한다. 오르테가가 1492년에 기독교도가 이베리아반도에서 이슬람 세력의 마지막 보루를 정복한 뒤에 설립된 대학교에서 가르치고 있다는 사실은 좀 아이러니하다. 전설에 따르면, 그 요새를 방어하다가 결국 항복한 통치자 보아브딜Boabdil의 어머니는 "남자로서 지키지 못한 것을 놓고 여자처럼 우는구나."라고 말하면서 아들을 경멸했다고 한다. 어떤 의미에서 그는 자신의 영토를 포기해야 했기 때문에 어른 남성이 되지 못했다. 한 단계에서 다음 단계로 나아가게 하는 사회적 압력과 부모의 압력은 지난 수백 년 동안 사람들의 행동을 해석하는 배경을 반복적으로 제공했다.

## 중년의 위기

2004년에 크게 흥행한 영화 〈사이드웨이Sideways〉에서 마일스(폴 지어마티 분)는 잭(토머스 헤이든 처치 분)에게 "내 인생은 절반이 훌쩍 지났는데, 자랑할 만한 게 아무것도 없구나. 아무것도."라고 말한다. "나는 고층 건물의 창문에 묻은 엄지 지문과 같아. 나는 수백만 톤의 하수와 함께 바다로 밀려가는 화장지에 묻은 배설물 조각이나 다름없어." 마일스는 교사이자 소설가 지망생이다. 낙담에 빠진 그는 전성기를 넘긴 배우이자 결혼을 앞둔 잭과 함께 일주일 동안 캘리포니아주의 와인 생산지를 둘러보는 자동차 여행을 떠난다. 남은 인생에서 따분함과 절망 외에는 아무것도 보지 못하는 40대(등장인물의 정체성에는 다양한 변화가 있지만)의 이야기는 〈사랑도 통역이 되나요?Lost in Translation〉, 〈매디슨 카운티의 다리The Bridges of Madison County〉, 〈디센던트The Descendants〉, 〈싱글 맨A Single Man〉, 〈원더 보이즈Wonder Boys〉, 〈델마와 루이스Thelma & Louise〉 등 많은 영화의 대표적인 주제이다.

"중년(40~60세가 핵심인 30~70세의 시기)은 인간의 발달 과정 중 가장 연구가 덜 된 영역이다." 맥아더재단의 후원으로 광범위한 연구를 책임지고 진행하는 심리학자 오빌 길버트 브림Orville Gilbert Brim은 이렇게 말한다. 심리학 연구 중 대부분은 아동기나 청소년 기 혹은 노년기에 초점을 맞춰 진행된다. 배우자와 싸우는 것, 전 망이 없는 직업에 종사하는 것, 부모가 쇠약해져가는 모습을 지켜보는 것은 주된 스트레스 인자이다. 해당 연구 팀의 일원이었던 데이비드 알메이다David Almeida는 "중년에게 이런 스트레스 인자들이 존재하는 이유는 실제로는 이들이 인생에서 그 이전이나 이후 시 기보다 자신의 삶을 훨씬 잘 제어할 수 있기 때문이다."라고 말한 다. "사람들은 이러한 스트레스 인자들을 이야기할 때, 도전에 맞 선다는 식으로 묘사하는 경우가 많다."

'중년의 위기midlife crisis'는 캐나다의 산업심리학자 엘리엇 자크 Elliott Jaques가 1965년에 만든 용어이다. 주된 증상으로 꼽히는 삶에 대한 불만, 자신에 대한 의문, 어디를 향해 나아가는지 알지 못하 는 데에서 비롯된 혼란은 순차적 인생 모형과 직접적 관련이 있다. "이것이 유일한 길일까?"라거나 "나는 실패자인가?" 같은 의문이 드는 것은 중년의 위기를 알려주는 가장 대표적인 징후이다. 노동 경제학자들도 노동과 행복 사이의 관계를 조사하기 위해 이 난장 판에 뛰어들었다. 이들은 삶의 만족도에 관한 자가 보고식 국제 조 사 데이터를 사용해 '행복의 U곡선'을 발견했는데, 만족도가 40대 나 50대 초에는 바닥을 기면서 U자 곡선을 그린다. 흥미롭게도 수명이 더 길고 더 부유한 나라들에서 이 효과가 더 크게 나타났다. 다트머스대학교의 데이비드 블랜치플라워David Blanchflower와 영국 워릭대학교의 앤드루 오즈월드Andrew Oswald는 유럽 27개국에서 얻은 데이터를 바탕으로 20대 후반이나 60대 전반에 비해 40대 후반에 항우울제 사용이 거의 두 배로 늘어난다는 사실을 발견했다.

대형 유인원들조차 이와 비슷하게 특정 나이대에 행복도가 감소한다는 사실이 밝혀졌는데도, 순차적 인생 모형은 우리가 중년을 거쳐 은퇴를 향해 순항하는 것을 당연시한다. 우리가 성인기로 진입하는 데 성공했다면 자신의 운명을 충분히 잘 제어할 수 있다고 보기 때문이다. 매사추세츠주립대학교의 심리학과 뇌과학 명예 교수인 수전 크라우스 휘트번Susan Krauss Whitbourne은 일하는 단계에 들어선 초기에 직종을 바꾸는 사람들은 자신이 더 생산적이라고 느끼며 미래 세대를 위해 뭔가를 남긴다고 믿는다는 사실을 발견했다. "20대와 30대에 직종을 바꾸면 중년의 삶에 이로운 경향이 있었다. 이들은 틀에 박힌 삶에 얽매여 산다는 느낌을 덜 받아서 그런 것으로 보인다." 코넬대학교의 심리학자이자 사회학자인 일레인 웨딩턴Elaine Wethington에 따르면, 이 연구와 또 다른 연구는 인생의 단계들을 다른 방식으로 바라보면 중년의 위기를 겪는다고 보고하는 미국인 중 약 4분의 1에게 도움이 될 수 있다고 강력하게 시사한다.

중국에서는 고도 경제 성장이 40년간 이어지면서 최대 9억 명이 가난에서 벗어나 중산층이 되었는데, 최근에 소셜 미디어에서 중년의 위기가 가장 뜨거운 화두로 떠오르고 있다. 결혼한 부부와 독신 생활을 결정한 사람들 모두 부모와 일, 사회적 기대의 교차 압박이 높아짐에 따라 중년의 위기에 봉착하고 있다. 인기 작가 천단옌陈丹燕이 쓴 중편 소설 『백설 공주의 이력서白雪公主的简历』에는 평생 동안 꼭두각시를 조종하면서 주로 백설 공주 역할을 맡아온 리펑이 주인공으로 등장한다. 리펑은 "50세가 되는 것은 여성에게 중대한 전환점이야. 사회는 이제 내가 인생의 기로를 맞이했다고 말하지. 몸은 그것을 분명히 보여줘. 쉰이 넘은 여성은 누구나 그걸 느껴. 자녀들은 대학에 가고, 부모는 점점 늙어가지……. 인생의 변화에 대처하기란 결코 쉽지 않아. 그냥 순리에 따르는 것이 최선이야."라고 말한다. 그리고 동화에는 관계뿐만 아니라 관계에서 나이가 맡는 역할까지도 명확하고 단순하게 전달하는 힘이 있다고 이야기한다. 또, "나는 이것이 많은 중년 여성, 그러니까 더 이상 젊지 않지만 충분히 늙지도 않은 여성의 조건이라고 생각해. 그들은 항상 모든 것을 부정적으로 보고 의심이 많고 냉소적이야."라고 지적한다. 리펑은 "마녀가 되는 것은 백설 공주에게 허용되지 않은 자유를 의미할 뿐만 아니라, 백설 공주가 지니지 못한 능력을 발달시켰다는 것을 의미하지."라고 생각한다.

## 고독의 시기

"여든이 되면 어떤 느낌이 드나요?" 1981년에 제작된 가족 영화 〈황금 연못On Golden Pond〉에서 빌리(더그 매키언 분)가 아버지 약혼녀의 아버지 노먼(헨리 폰다 분)에게 묻는다. 노먼은 이렇게 답한다. "마흔이 될 때보다 두 배 나쁜 느낌이지." 대학 교수로 은퇴한 노먼은 전혀 외롭지 않다. 아내가 곁에 있고, 두 사람은 여름 동안 이 소년을 돌본다. 아내와 딸은 노먼이 열세 살 소년과 모험을 즐기면서 그의 노쇠함과 거동이 개선되는 것을 느낀다. 불행하게도 노먼의 경우는 표준적인 상황과는 거리가 멀다. 60세 미국인 중 약 18%는 홀로 사는데, 75세가 되면 그 비율은 25%로 증가하고, 89세가 되면 42%로 치솟는다. 70세가 넘으면 대부분 은퇴하기 때문에 일상에서 사회적 상호 작용 기회가 크게 줄어드는데, 자녀들이 멀리 떨어져 있으면 특히 그렇다. 디지털 숙박 공유 플랫폼인 에어비앤비는 숙박 공간을 빌려주는 사람들 중에서 가장 빠르게 증가하는 연령 집단이 60대 이상이며, 고독감을 완화하기 위한 것이 주된 이유라고 보고한다.

시카고대학교의 스테파니 카치오포Stephanie Cacioppo는 "고질적인 외로움에서 비롯되는 고통과 괴로움은 매우 실재적이며 주의가 필요하다."라고 말한다. "사회적 종인 우리는 스스로를 대하는 것과 똑같이 아이와 부모, 이웃, 심지어 낯선 사람을 도와야 할 책임이 있다. 외로움을 치료하는 것은 우리의 집단 책임이다." 사회적 연결성 부족은 심리적 영향뿐만 아니라 생물학적 영향까지 미친다. 캘리포니아대학교 로스앤젤레스캠퍼스의 사회적유전체학핵심연구소 책임자인 스티브 콜Steve Cole은 "외로움은 다른 질병을 부추기는 비료 역할을 한다."라고 말한다. "외로움의 생물학은 동맥의 플라크 생성을 가속화하고, 암세포의 성장과 확산을 촉진하고, 뇌에서 염증을 증가시켜 알츠하이머병에 이르게 할 수 있다." 외로움과 그 부작용은 위험한 지역에 사는 사람들 사이에서 더 강하게 나타난다. 캘리포니아대학교 샌프란시스코캠퍼스의 사회학자 엘레나 포르타콜로네Elena Portacolone는 "중범죄 발생률이 높은 지역에 사는 나이 많은 주민들(그 대부분은 연로한 아프리카계 미국인이었다.)을 조사한 결과에 따르면, 사회에 참여하려는 열망과 그러한 참여를 어렵게 만드는 장애물 사이에 갈등이 있었다."라고 말한다.

외로움은 모든 연령대에서 느낄 수 있지만, 사람들이 사회생활에서 물러날 때 순차적 인생 모형은 그 효과를 악화시키는 기능을 한다. 한 연구에서는 조사한 사람들 중 18%가 은퇴한 뒤에 외로움을 느끼기 시작했다. 한 참여자는 "은퇴는 시스템에 엄청난 충격으로 다가온다. 그냥 거기서 벗어나서 다른 사람들이 무엇을 하는지 알아보라. 그리고 할 수 있다면 그들에게 합류하라.(그리고 인터넷에 감사를 표하자.)"라고 말했다. 미국 국립보건원에 따르면, "배우자나 파트너의 죽음, 친구나 가족과의 이별, 은퇴, 이동 능력 상실, 운송 수단 결여로 예기치 못하게 외로운 처지에 놓인 사람들은 특히" 건강이 악화할 "위험이 커진다." 이 문제가 너무나도 널리 확산되자,《회계학저널Journal of Accountancy》은 재무 설계사로 일하는 공인 회계사들을 겨냥해 "은퇴 후 외로움의 재정적 및 인간적 비용"에 관한 논문을 발표할 필요가 있다고 느꼈다. "얼마 전까지 사회적 고립과 외로움은 은퇴 만족도를 다룰 때 순전히 질적 인자로만 간주되었다. 그것은 달러와 센트로 측정할 수 있는 대상이 아니었다." 미국은퇴자협회가 2017년에 발표한 연구에 따르면, 외로움과 사회적 고립 때문에 발생하는 의료 비용이 연간 67억 달러나 증가했다.

은퇴가 외로움에 미치는 영향을 측정하는 한 가지 방법은 자발적 은퇴자와 비자발적 은퇴자를 비교하는 것이다.《응용노인학저널Journal of Applied Gerontology》에 실린 한 논문에서 연구자들은 2014년에 2000여 명의 미국인 은퇴자들을 대상으로 실시한 건강과 은퇴 연구 데이터를 사용했다. 이들이 내린 핵심 결론은 비자발적 은퇴(전체 대상자 중 약 3분의 1)는 자발적 은퇴에 비해 더 많은 외로움을 유발한다는 것이었다. 또한 "사회적 지원이 비자발적 은퇴의 부정적 영향을 완화할 수" 있다는 사실도 발견했는데, 이것은 외로움이 함께 일하던 동료들과의 유대 단절에서 비롯된다는 것을 시사했다. 또 다른 연구 팀은 동일한 데이터를 사용해 완전한 은퇴로 이행하는 속도가 외로움과 어떤 관계가 있는지 조사했다. 그리고 "그 결과는 이행의 유형(점진적 은퇴 또는 갑작스런 은퇴)이 중요한 게 아니라, 당사자가 그 이행을 선택과 강요 중 어느 쪽으로 지각하느냐가 중요하다고 시사한다."라고 결론지었다. 종합하면, 이 두 연구는 은퇴가 기존의 사회적 관계를 해체하는 것 외에 외로움을 증가시킨다는 사실을 강하게 시사한다. 사람들은 자의에 반해 일을 그만두어야 할 때 매우 큰 불행을 느낀다.

98세까지 살았던 모더니즘 건축가 필립 존슨Philip Johnson은 "노년기 같은 것은 없다."라고 주장한 적이 있다. "나는 50년 전이나 지금이나 달라진 게 없다. 그저 더 즐겁게 살 뿐이다." 생물학적으로 불가피한 것이 전혀 아닌데도, 은퇴는 그 자체가 필요조건이자 인생의 목표가 되었다. 물론 일반적으로 '은퇴 연령'으로 간주되는 나이를 넘어 더 오래 일할 수 있는 직종도 일부 있다. 하지만 정치인과 재무 설계사와 부동산 개발업자는 인생의 이 마지막 단계를 열망하고 염원해야 할 대상으로 받아들이라고 우리를 설득해왔다.


## 세대 간 갈등을 유발하다

순차적 인생 모형은 생애의 각각 다른 시점에서 여러 가지 심리적 스트레스를 일으킨다는 부작용이 있다. 하지만 최악의 문제는 사람들을 서로 분리된 연령 집단으로 엄격하게 분류함으로써 세대 간 마찰과 긴장을 유발하는 것이다. 청소년은 젠더와 인종적 정체성, 그리고 대인 관계에 대해 고착된 생각을 가진 부모에게 점점 더 많은 이의를 제기하고, 영 어덜트는 기후 변화와 형편없는 노동 시장 환경을 초래했다며 나이 많은 세대들을 비난하고, 일하는 어른들은 은퇴자들(여론 조사에 따르면 은퇴자 수가 근로자 수를 넘어섰다.)의 연금과 의료 비용을 지불하는 것에 불만을 느끼고, 은퇴자는 더 젊은 세대들의 이기심과 미성숙을 나무란다. 조금 과장해서 말하자면, 21세기의 세대 간 갈등은 20세기의 세계 대전에 비견할 만한데, 인구 연령 구조의 급격한 변화가 그 주요 원인이다.

"세대 간 갈등의 이해와 관리"를 주제로 삼은 최근의 한 연구 논문은 부모와 청소년 간, 그리고 은퇴자와 근로자 간의 전형적인 갈등은 이제 일터에서 일어나는 여러 세대 간의 상호 작용에 밀려 빛을 잃고 있다고 주장한다. 그 연구의 한 참여자는 "많은 조직에서 연장자의 지도력은 직접 대면 방식과 일정 시간 동안 일하는 것의 가치를 믿는 세대에서 나오는 반면, 젊은 전문가들은 열심히 일하는 대신에 더 현명하게 일하는 방식을 배우면서 자랐다."라고 언급했다. 또 다른 참여자는 "나는 거의 대부분 (나이가 더 많은) 특정 개인들과 직접 얼굴을 맞대고 일을 처리해야 하는 자리에 있었는데, 내가 보기에 그들은 자신의 위치에 안주하는 것처럼 보였다."라고 말했다. 그러한 차이 중 일부는 세속화 같은 더 넓은 사회적 추세에서 비롯되었다고 볼 수 있다. "[나이가 많은 세대는] 종교가 무엇인가에 상관없이 강한 종교적 가치를 갖고 있다. 예컨대 젊은 세대 중에서 주일 학교에 가본 사람이 몇 명이나 되겠는가?"

정체성 정치● 시대에는 세대 간 관계가 어려울 수 있다. "나이가 많은 세대는 자신이 하는 일로 정의되는 반면, 젊은 세대는 그밖의 많은 것으로 정의된다. 예컨대 나는 공인 재무 설계사이지만 사이클리스트이자 트라이애슬론 선수인 동시에 코치이다. 또한 나는 아버지로서 아이들을 지도하기도 하며 아내의 남편이다. 나라는 사람은 이 모든 것에 깊이 연루되어 있다." 기술 또한 세대 간 오해를 낳고 상호 작용을 어렵게 하는 요인으로 꼽힌다. "우리[나이 많은 세대]는 그다지 신경을 쓰지 않았던 사회적 영향력에…… 그들[젊은 세대]은 아주 큰 압력을 받는다. 그리고…… 그들이 등을 돌리고 가버릴 때도 있는데, 나는 다시금 그것이 24/7 사고방식(온 세상이 연중무휴 돌아간다고 여기는)에서 비롯된 사회적 압력 때문이라고 생각한다." 의사소통이 어려운 문제도 있다. "내가 매주 만나는 일부 젊은 사람들의 의사소통 기술은 사실상 0에 가깝다. 그들의 의사소통 기술이 전무한 이유는 의사소통하는 법을 트위터를 통해 배우고 축약된 단어와 문장으로 대화를 나누기 때문이다. 그래서 20대 친구와 조금 길게 의사소통을 해야 할 때에는 제대로 의사소통을 할 수 없었다."

하지만 이런 문제들은 기후 변화 같은 존재론적 문제를 놓고 세대 간에 벌어지는 비난에 비하면 아무것도 아니다. 비영리 단체 클라이머트원ClimateOne은 그들의 웹사이트에서 "소비에 환장한 베이비붐 세대가 밀레니얼 세대에게 산더미 같은 빚과 불안정한 기후를 남기고 있다."라고 선언한다. 어쨌든 나의 부모와 내가 속한

---

● 　전통적인 다양한 요소에 기초한 정당 정치나 드넓은 보편 정치에 속하지 않고 성별, 젠더, 종교, 장애, 민족, 인종, 성적 지향, 문화 등 공유되는 집단 정체성을 기반으로 배타적인 정치 동맹을 추구하는 정치 운동.

세대가 경제와 교외 지역의 급격한 팽창, 초대형 유조선이나 제트 여객기 같은 혁신의 결과로 1950년대부터 1970년대까지 석유에 중독되었던 것은 사실이다. 이러한 긴장이 극단적으로 드러난 사례로는 브루스 기브니Bruce Gibney의 도발적인 책 『소시오패스 세대 A Generation of Sociopaths』(2017)가 있다. X 세대이자 페이팔의 초기 투자자인 기브니는 베이비붐 세대는 "기후가 우리의 삶에 아주 심각한 영향을 미치기 전에 죽을" 것이라고 예상한다. 따라서 "이제 그들이 방해하지 말고 물러나야 할 때가 되었다." 기브니는 이 문제를 전형적인 주인-대리인 딜레마principal-agent dilemma의 관점에서 바라본다. 주인-대리인 딜레마는 당면한 문제에서 별다른 영향을 받지 않을 사람이 다른 사람들에게 아주 큰 영향을 미칠 결정을 내리는 상황을 말한다.

사실 이 문제는 기브니의 책 한 권이 일으킨 논란보다 훨씬 광범위하다. 2013년, 유엔은 지속 가능한 발전이라는 목표를 위해 세대 간 연대를 호소했다. 이 주제에 관한 사무총장의 보고서는 "미래 세대를 위한 헌신은 전 세계와 모든 문화에서 분명하게 드러난다. 그것은 모든 인류가 공유하는 보편적 가치이다."라고 선언한다. 이 선언 자체를 문제 삼기는 어렵지만, 이 선언은 세대 간 연대를 오로지 한 가지 관점, 즉 지금의 젊은 세대와 앞으로 등장할 미래 세대의 관점에서만 바라보는 편향을 분명히 드러낸다. 한편, 유엔은 전문 기구들을 통해 보편 교육과 임금 고용, 강제 퇴직 등 엄격하고 나이를 기반으로 한 시스템을 계속 끊임없이 장려하고 있는

데, 이러한 시스템은 결국에는 세대 간 정의와 공정이라는 목표 달성을 위태롭게 한다. 각국 정부와 기업도 같은 길을 걷고 있다. 다음 장에서 보겠지만, 순차적 인생 모형은 현재의 사회경제적 혼란에서 살아남을지도 모른다. 단, 수명이 계속 늘어나지 않는다는 전제 아래에서 말이다.

# 2장

늘어나는 수명과
좋아지는 건강

나는 수명을 늘리는 방법을 연구하지 않는다.
나는 사람들을 건강하게 살아가게 하는 방법을 연구한다.

— 오브리 드 그레이Aubrey de Grey(1963~ )


이오시프 스탈린Iosif Stalin은 죽고 싶지 않았다. 이 무자비한 독재자는 소비에트연방의 산업화를 이끌었고, 제2차 세계 대전에서 승리했다.(비록 둘 다 엄청난 인명 손실이라는 대가를 치르긴 했지만.) 군비 경쟁과 우주 경쟁에서도 이길 것이라고 자신했다. 하지만 소련 최초의 수소폭탄 실험과 인공위성 스푸트니크의 발사를 불과 몇 년 앞두고 1953년에 74세의 나이로 눈을 감았다. 그가 태어난 조지아공화국의 통계만 본다면, 스탈린이 100세까지 살았다고 해도 전혀 놀라운 일이 아니었을 것이다. 사실, 소련은 일찍이 연방 전역을 '장수 국가'로 선전했다. 하지만 내게 인구통계학을 가르친 닐 베넷Neil Bennett 교수와 동료 교수인 리 케일 가슨Lea Keil Garson이 철저히 기록했듯이, 소련 당국은 카프카스 지역의 100세 이상

장수자의 수를 과장했는데, 소련의 국부로 불리던 스탈린의 비위를 맞추면서 그에게 100세까지 살 수 있다는 희망을 주기 위해서였다. 소련은 결국 거대한 거짓말의 폭포로 뒤덮였고, 그들의 붉은 차르조차 거기서 헤어나오지 못했다.

하지만 평균 수명이 늘어나는 것은 가짜 뉴스가 아니다. 지난 250년 사이에 우리는 평균 수명이 극적으로 늘어나는 것을 목격했다. 2022년에 태어나는 미국인이 1900년에 태어난 사람보다 32년이나 더 오래 사는 것은 결코 사소한 차이가 아니다. 46세까지밖에 살지 못하던 사람이 이제는 78세까지 살 수 있는 것이다. 같은 시기에 세계 평균 수명은 31세에서 72세로 늘어나 두 배 이상 증가했다. 이렇게 큰 수명 연장은 교육과 일, 은퇴에 관한 전통적인 가정에 의문을 제기한다. 역사학자 제임스 라일리James Riley는 "이것은 그 중요도 면에서 부와 군사력, 정치적 안정을 뛰어넘는 현대의 가장 큰 업적이다."라고 썼다. 하지만 수명 연장은 많은 문제도 수반한다. 우리는 평생 동안 학교를 한 번만 다녀야 할까? 그렇게 긴 생애 동안 오직 한 가지 경력이나 직업만 가져야 할까? 앞으로 살아가야 할 시간이 평균적으로 25년이 더 남아 있다면, 65세에 은퇴해도 괜찮을까? 저축해놓은 것만으로 그렇게 오랫동안 버틸 수 있을까? 세대 간 공정성이라는 관점에서 볼 때 은퇴 나이는 몇 세가 적절할까?

## 간략한 수명의 역사

유대 왕국(기원전 6000~기원전 1000)을 다스린 왕 15명의 평균 수명은 52세였다. 로마가 아테네를 점령하기 전, 생몰 연대가 알려진 고전기 그리스의 주요 철학자와 시인, 정치인 29명의 평균 수명은 68세였다. 그 운명적인 사건에서 살아남은 30명의 평균 수명은 71.5세였다. 반면에 기원전 30년부터 기원후 120년 사이에 살았던 로마의 철학자, 시인, 정치인 39명의 평균 수명은 겨우 56.2세였는데, 아마도 수도관에 납을 사용하면서 광범위하게 퍼진 납 중독의 결과였을 것이다. 분명 영양 상태가 좋았을 특권층 엘리트 남성의 수명은 현대에 이르기까지 계속 오르락내리락하며 요동쳤다. 기독교 교부 18명(150~400)의 평균 수명은 63.4세였고, 르네상스 시대(1300~1570)의 주요 이탈리아 화가 21명의 평균 수명은 62.7세였으며, 주요 이탈리아 철학자 27명의 평균 수명은 68.9세였다. 영국 왕립의학회 회원들의 평균 수명은 1600~1640년에는 67세였지만, 1720~1800년에는 62.8세였다.

따라서 수명은 지난 수천 년 동안 비교적 높은 수준에서(적어도 엘리트 남성들 사이에서는) 요동쳤던 것으로 보인다. 1800년 이전에 60세나 70세까지 살았다는 것은 끔찍하게 높았던 유아 및 아동 사망률과 기아, 전염병, 불치병을 이겨내고 살아남았다는 뜻이다. 아동기를 지나 살아남은 여성의 수명 역시 여러 차례 부침을 겪었다. 남성과 여성 모두 전쟁이나 전염병이 덮친 비교적 짧은 기간을 제외하고는 산업 혁명 이후에 기대 수명이 크게 증가했다. 1785년에 영국에서 태어난 사람의 평균 기대 수명은 37세였다. 1900년에 기대 수명은 47세로 증가했지만, 2022년의 82세에 비하면 그다지 큰 폭의 증가라고 내세울 수 없는 수준이다.

일반적인 통념과 달리 수명 증가의 주요 원인은 유아와 아동의 사망률 감소가 아니다. 모든 연령대에서 사망률이 줄어들었다. 미국에서 10세 백인의 평균 기대 여명을 보면, 1900년에 51년이었던 것이 2020년에는 68년으로 증가했다. 60세의 경우에는 기대 여명이 14년에서 거의 두 배인 23년으로 늘어났다. 이와 비슷하게 10세 백인 여성의 기대 여명은 52년에서 73년으로 늘어났고, 60세의 경우에는 17년에서 26년으로 늘어났다. 비백인 남성의 평균 기대 여명은 백인 남성에 비해 3~4년 낮고, 비백인 여성의 평균 기대 여명은 백인 여성에 비해 약 2년 낮다. 하지만 지난 250년 동안 모든 집단에서 모든 연령대의 기대 수명이 증가했다.

미국은 출생 시 기대 수명이 세계 상위권에 드는 나라가 아닌데, 주요 원인은 인종 차별과 임금 불평등에 있다. 1960년에 미국은 세계에서 평균 수명이 22번째로 높은 나라였지만, 2022년에는 48위로 떨어졌다. 미국 인구조사국은 2060년에는 49위로 더 떨어질 것이라고 추정한다. 2020년에 평균 수명이 가장 높은 나라는 모나코, 마카오, 일본, 리히텐슈타인, 홍콩, 스위스, 스페인, 싱가포르, 이탈리아 순이었는데, 그중 일부 나라는 아주 부유하고 풍부한 자원을 보유하고 있다. 스페인과 이탈리아가 높은 순위를 차지한 이유는 지중해식 식단과 접근성이 좋은 1차 보건 의료 서비스에 있는 것으로 보인다. 선진국 중에서 러시아는 과도한 알코올 소비와 역사적으로 인명을 경시하는 경향("러시아 땅은 피를 사랑한다."라는 속담도 있다.) 때문에 세계 최빈국 70개국과 함께 평균 수명이 가장 낮은 집단에 속한다.

"우리의 여분의 삶에 관한 이야기는 일반적인 형태의 진보에 관한 이야기이다. 즉, 대중의 관심이 닿지 않는 곳에서 생겨난 뛰어난 아이디어와 협력이 그 진가를 발휘하기까지 수십 년의 점진적인 개선을 거쳐나가는 과정이다." 스티븐 존슨Steven Johnson은 기대 수명에 관한 중요한 저서인 『우리는 어떻게 지금까지 살아남았을까Extra Life: A Short History of Living Longer』에서 이렇게 썼다. 전반적인 영양 상태와 개인 위생의 개선, 식수 소독, 저온 살균 유제품, 항생제, 대량 예방 접종, 역학 분석의 발전은 산업 혁명 이후 인류의 수명 연장에 도움을 준 많은 도구 중 일부이다. 지난 250년 동안 기대 수명이 두 배로 늘어난 결과로 오늘날 대다수 부모는 손주와 놀아줄 만큼 충분히 오래 살 수 있고, 적어도 3명 중 1명은 증손주를 보는 기쁨까지 누릴 수 있다. 하지만 사회의 모든 집단에서 수명이 증가한 것은 아니었다.

## 중년 백인 남성에게는 도대체 무슨 문제가 있을까?

"이 논문은 1999년부터 2013년까지 미국에서 중년 비히스패닉계 백인 남녀의 전체 사망률이 현저하게 증가했음을 보여준다." 프린스턴대학교의 경제학자 앤 케이스Anne Case와 앵거스 디턴Angus Deaton이 2015년에 《미국국립과학원회보Proceedings of the National Academy of Sciences》에 발표한 논문의 첫 문장은 이렇게 시작한다. 이들의 세심한 통계 연구는 분노 정치(특정 집단이나 개인의 불만이나 분노를 이용하는 정치) 시대에 상당한 정치적, 지적 폭풍을 촉발했다. "이 변화는 수십 년 동안의 사망률 개선을 역전시켰고, 미국에서만 고유하게 나타나는 현상이다. 그 밖의 부유한 나라들에서는 이와 비슷한 역전 현상이 나타나지 않았다." 아마도 가장 충격적인 사실은 이것일 것이다. "중년 사망률 역전은 비히스패닉계 백인에 국한되었다. 중년의 비히스패닉계 흑인과 히스패닉계, 그리고 모든 인종 집단과 민족 집단에서 65세 이상인 사람들은 사망률이 계속 감소했다." 비록 사망률이 애초에 상당히 높았던 수준에서 떨어진 것이긴 하지만 말이다. 두 사람은 계속해서 사망률 증가 원인은 대부분 "약물과 알코올 중독, 자살, 만성 간 질환과 간 경화"에 있다고 기술했는데, 이것들은 모두 사회적 혼란을 시사하는 불길한 징후이다. 더욱 눈길을 끄는 것은 최종 학력이 고등학교 졸업 또는 그보다 낮은 비히스패닉계 백인 남성은 학력 수준이 더 높은 남성보다 사망률 위기에 훨씬 더 취약하다는 사실이다. 설상가상으로 이 인

멀티제너레이션, 대전환의 시작

구 집단은 정신 질환과 만성 통증, 노동 능력 상실 비율이 훨씬 높았다. 여기서 떠오르는 전체적인 그림은 고통과 스트레스, 고립, 절망, 만성 질환, 때 이른 죽음이었다. 케이스와 디턴은 이 현상을 '절망의 죽음deaths of despair'이라고 불렀는데, 이 용어는 대중의 상상력을 자극했다.

무미건조한 학술 논문이 세간에서 큰 논란이 되었다는 사실 자체가 뉴스거리였다. 공화당 후보였던 도널드 트럼프Donald Trump가 민주당 지지 성향이 강한 몇몇 청색 주에서 중년 백인 남성의 불만에 편승해 주목을 끌던 2016년 미국 대통령 선거 운동 기간에 이 논문은 학계에서 쓰나미 같은 영향력을 발휘했다. 케이스와 디턴은 2017년에 더 도발적인 분석 논문을 내놓았는데, 여기서 그들은 노동 시장에서 교육 수준이 낮은 백인 남성들이 다른 백인뿐만 아니라 소수 집단에 비해서도 누적 불이익이 크다는 이론을 내놓았다. 케이스와 디턴에 따르면, '블루칼라 귀족'의 와해는 제조업 붕괴, 다른 파트너 관계의 증가로 인한 혼인율 감소, 전통적 종교의 사회적 지원 감소와 함께 시작되었다고 한다. 이런 상황에서 세계화와 기술 변화는 교육 수준이 낮은 사람들의 경제적 기회에 결정타를 가했는데, 이들은 경쟁이 날로 심화되는 시대에 살아남기가 어려웠다. 임금 하락은 많은 비히스패닉계 백인 남성을 노동 시장에서 퇴출시켜 사회적 고립과 재정적 불안정의 길로 내몰아 악순환을 더 심화시켰다. 프린스턴대학교의 앨런 크루거Alan Krueger에 따르면, 그 당시 노동 시장에서 배제되었던 남성 중 약 절반은 통증 완화 약물을 복용했고, 3분의 2는 진통제 처방을 받았으며, 아편 유사제(아편 제제와 같은 작용을 하는 합성 마약)를 처방받은 사람도 많았다.

50대 비히스패닉계 백인 남성은 미국 인구 중 5% 미만이지만, 이들이 처한 곤경은 갈수록 심각해졌다. 그리고 그것은 집권하자마자 미국과 세계 정치에 변혁을 불러오고 그 이후로도 오랫동안 상당한 영향력을 미칠 후보에게 유리한 쪽으로 선거의 판도를 기울게 하기에 충분했다. 그가 던진 메시지는 이념이 아니라 특정 개인들, 즉 이민자, 기업 경영자, 진보적인 엘리트를 희생양으로 삼았기 때문에 몰락한 백인 노동 귀족 집단 사이에서 공명을 일으켰다. 트럼프의 독특한 포퓰리즘은 공화당을 좌절한 블루칼라들의 당으로 바꿈으로써 미국 정치를 완전히 뒤바꿔놓았다. 한편, 코로나바이러스 팬데믹은 흑인 남녀의 사망률을 백인보다 훨씬 높게 끌어올림으로써 문제를 더 복잡하게 만들었다. 하지만 팬데믹 이전에도 기대 수명이 점점 높아져가는 전반적인 추세에 찬물을 끼얹은 것은 단순히 50대 비히스패닉계 백인 남성의 곤경뿐만이 아니었다.

## 무엇이 경력 지향적 여성을 '죽이고' 있는가?

미국에서만 발견되는 또 다른 비극은 여성과 남성 사이의 기대 수명 차가 점점 좁혀지는 현상이다. 60세 여성과 남성의 기대 수명

차는 1975년에 4.9년으로 정점을 찍었는데, 상당히 큰 차이였다. 그런데 2022년에는 그 차가 3.3년으로 줄어들었고, 최근에 유엔 인구국의 예측에 따르면, 그것은 계속 더 줄어들어 2050년에는 2년 미만으로 떨어질 것으로 보인다. 이러한 극적인 감소 추세는 영국, 스웨덴, 프랑스, 독일, 스페인, 이탈리아, 한국보다 미국에서 훨씬 두드러지게 나타난다. 비교적 땅이 넓고 부유한 나라들 중에서 그 격차가 계속 증가하는 나라는 일본이 유일한데, 그 양상이 대다수 신흥국과 개발도상국과 그 추세가 비슷하다.

내 말을 오해하지 말기 바란다. 미국 여성의 기대 수명은 계속 증가해왔지만, 지난 수십 년에 비해 훨씬 느리게, 그리고 남성의 기대 수명에 비해 더 느리게 증가하고 있다. 역사적으로 남성은 모든 연령대에서 여성보다 사망률이 높았다. 그 원인은 생물학에서부터 사회적 행동에 이르기까지 아주 광범위하다. 《사이언티픽 아메리칸Scientific American》은 "여성 호르몬과 여성의 생식 활동은 수명 연장과 관련이 있는 것으로 밝혀졌다. 예를 들면, 에스트로겐은 나쁜 콜레스테롤의 제거를 촉진함으로써 심장 질환을 어느 정도 예방해준다."라고 설명한다. 이와는 대조적으로 호르몬이 남성의 수명에는 해로운 것으로 보인다. "반면에 테스토스테론은 폭력과 위험 감수와 관련이 있는 것으로 알려졌다." 생식에서 여성이 담당하는 역할도 수명에 긍정적으로 작용한다. "여성의 신체는 임신과 수유를 위해 여분의 영양분을 비축할 필요가 있다." 이것은 얼핏 보기에는 불리한 점 같지만, "이 능력은 과식에 대처하고 여분의 음식물을 제거하는 더 큰 능력과 관련이 있다."

집 밖에서 일하는 것은 높은 사망률과 관련이 있는 핵심 요인 중 하나이다. 남성은 "20세기 내내 크게 증가한, 산업 현장의 작업 환경, 알코올 중독, 흡연, 교통사고의 위험에 노출되는 것"을 포함해 역사적으로 인공 질병에 더 많이 노출돼왔다. 오늘날 미국 여성(특히 40세 미만)의 노동 참여 비율은 남성에 비해 불과 몇 % 낮을 뿐이어서 두 세대 전의 아주 낮은 수준에 비해 비약적으로 증가했다.

여성의 노동 시장 참여가 갈수록 늘어나는 반면, 여성은 집 안에서도 쇼핑과 요리, 자녀 돌봄을 포함해 많은 가사를 담당하고 있다. 게다가 홀로 자녀를 키우는 아버지보다는 어머니가 약 여섯 배나 많다. 하버드대학교의 인구개발연구센터 소장인 리사 버크먼 Lisa Berkman이 지적했듯이, 미국 경제에서 여성이 떠맡은 새로운 역할은 퍼펙트 스톰perfect storm●을 만들어냈다. 이들은 직장과 결혼으로 인한 스트레스에 노출되는데, 그중 1150만 명은 싱글 맘으로 살아가면서 더 많은 스트레스에 시달린다. 캘리포니아대학교 샌프란시스코캠퍼스의 정신의학 교수 엘리사 에펠Elissa Epel은 "만성 스트레스는 만성 질환의 조기 발병을 촉진할 수 있다."라고 말한다. 에펠은 여성의 수명 단축 연구에서 지금까지 일어난 것 중 스모킹 건에 아주 가까운 발견을 통해, 스트레스가 장수와 관련이 있는 염색

---

● 일어나기 힘든 일들이 겹쳐서 일어나면서 유례없이 큰 혼란이 발생하는 상황.

체 말단을 보호하는 부분을 손상시키는 경향이 있음을 밝히는 데 기여해 유명 인사가 되었다. 설상가상으로 여성은 음식을 통해 위안을 얻으려는 경향과 일과 가정의 균형을 맞추느라 운동에 쏟는 시간을 줄이는 경향이 남성보다 더 강하다. 그리고 이런 상황이 퍼펙트 스톰을 만들어낸다.

## 생각했던 것보다 더 만연한 절망

이것만으로는 충분치 않다는 듯이, 다른 범주들에 속한 여성들의 상황은 더욱 심각해지고 있다. 여성의 기대 수명이 진화해온 과정을 살펴보면, 미국에서는 교육 수준과 거주지에 따라 두 갈래로 갈라지는 양상이 계속돼왔는데, 고학력자이자 대도시에 사는 여성은 나머지 여성보다 훨씬 사정이 낫다. 2009년부터 2016년까지 펜실베이니아대학교의 어마 엘로Irma Elo가 이끄는 인구통계학자 팀이 분석한 미국의 40개 지역 중 8개에서 "여성의 기대 수명이 감소했다." 이 데이터가 비히스패닉계 백인 여성을 대상으로 조사한 결과라는 점을 강조할 필요가 있다. "40개 지역 모두에서 백인 남성의 기대 수명 증가분은 백인 여성의 기대 수명 증가분보다 많았다." 앨라배마주, 아칸소주, 켄터키주, 루이지애나주, 미주리주, 오클라호마주, 테네시주, 텍사스주에서 대도시가 아닌 지역에 사는 여성은 1990~2016년에 "기대 수명이 약 1년 줄어들었다." 자세한 역학

조사를 통해 그 원인으로 추정되는 것들이 드러났는데, 바로 흡연, 정신 장애, 신경계 장애, 약물 과용이었다.

사망률에 관한 최근 연구 결과 중 가장 충격적인 것은 집 밖에서 일하지 않는 여성도 이 추세에서 예외가 아니라는 점이다. 나의 제자이자 현재 프린스턴대학교에서 일하는 아룬 헨디Arun Hendi는 "1990년 이후에 기대 수명은 모든 교육·인종·성별 집단에서 증가하거나 정체 상태에 머물렀지만, 학력이 고등학교 졸업 미만인 비히스패닉계 백인 여성만은 예외였는데," 이 집단은 지난 20년 동안 기대 수명이 2.5년이나 급격하게 줄어들었다는 사실을 발견했다. 그토록 짧은 기간에 일어난 것 치고는 아주 큰 변화였다. 데이터와 고급 통계 기술은 그 뒤에 어떤 비극적인 개인사가 숨어 있는지는 알려주지 않는다. 주민 대부분이 백인인 아칸소주 케이브시티에 사는 크리스털 윌슨은 38세 때 사망했다. 전업 주부로 살던 크리스털은 비만과 당뇨병을 앓았다. 《아메리칸 프로스펙트The American Prospect》에 실린 글에서 모니카 포츠Monica Potts는 크리스털이 "결혼 때문에 10학년 때 학업을 중단했다."라고 썼다. 크리스털의 이른 죽음은 그녀와 같은 공동체에서 살아가는 많은 사람들의 사례 중 하나에 불과하다. 해당 지역에서 기술 관리사로 일하는 줄리 존슨은 "만약 당신이 여성이고, 교육을 제대로 받지 못했다면, 당신에게 주어지는 기회는 거의 0이나 다름없어요. 당신은 결혼을 하고 아이를 낳을 테지요……. 만약 밖에서 일하지 않는다면 사정은 훨씬 나아요……. 그것은 끔찍한 악순환이에요."라고 말한다. 존슨은 무엇이 고등학교를 중퇴한 백인 여성을 일찍 죽게 하는지(교육 수준이 낮은 비히스패닉계 백인 남성이 겪는 것과 비슷한 문제) 그 답을 알고 있다. "그것은 시대의 절망이에요. 나는 무엇에 대해서건 제대로 아는 것이 없지만, 어쨌든 그들을 죽이는 것은 바로 그거예요."

이 문제는 교육 수준이 낮은 젊은 어머니들뿐만 아니라 그 너머로까지 확산된다. 전체적으로 25~44세의 연령 집단에 속한 모든 미국인의 사망률이 계속 빠르게 증가하고 있다. 엘로와 공저자들은 다음과 같이 지적했다. "오늘날의 영 어덜트는 2008~2010년의 대침체기에 성인으로 성장하는 데 어려움을 겪었다. 즉, 성인으로 이행하는 과정이 지체되고, 혼인율이 감소하고, 부모와 함께 거주하는 비율이 증가했다. 이 연령 집단의 어른들 사이에서는 약물과 알코올 남용 비율이 증가했고, 향후 수십 년 이내에 이런 행동과 연관된 이환율罹患率(병에 걸리는 비율)과 사망률이 증가할 수 있다." 이것이 밀레니얼 세대의 상당수 여성과 남성을 기다리고 있는 미래인데, 이들에게는 세계화와 기술 변화가 역풍으로 느껴진다. 이것만으로는 모자랐는지 코로나바이러스 팬데믹은 가장 불리한 집단들, 특히 50세 이상의 연령 집단의 사망률을 높였다.

하지만 절망의 죽음 현상과는 완전히 대조적으로, 우리는 기술의 도움으로 영생의 가능성을 탐구해나갈 수 있는데, 이것은 우리가 물려받은 가정들에 또 다른 방식으로 도전한다.

## 젊음의 샘, 구글의 캘리코, 신의 분자

"이크티오파기Ichthyophagi●가 햇수에 놀라움을 나타내자, 그는 그들을 샘으로 안내했는데, 그곳에서 몸을 씻으니 마치 기름에서 목욕을 한 것처럼 피부가 윤기가 나고 매끈해졌다. 그리고 샘에서는 제비꽃 향이 솟아올랐다." 그리스의 지리학자이자 역사학자인 헤로도토스Herodotos(기원전 484?~기원전 325?)가 쓴 글에 나오는 대목이다. "그들은 그 물이 너무 약해서 나무나 더 가벼운 물질을 비롯해 어떤 것도 그 위에 뜨지 않으며, 모두 바닥으로 가라앉는다고 말했다. 만약 이 샘 이야기가 사실이라면, 그들이 그토록 오래 사는 것은 그 샘물을 늘 사용하기 때문일 것이다." 전설 속의 이 젊음의 샘은 모든 시대를 통틀어 가장 매혹적인 이야기 중 하나가 되었다.

나는 푸에르토리코 과이나보의 산호세 사목구 성당에서 결혼했는데, 도로 건너편에는 1508년에 이 섬을 스페인 국왕의 영토로 선언한 정복자 후안 폰세 데 레온Juan Ponce de León의 저택이 지금도 유적으로 남아 있다. 폰세 데 레온은 1513년에 플로리다에 최초로 상륙한 유럽인 원정대를 이끌었는데, 이들은 젊음의 샘을 찾기 위해 이곳에 왔다고 전한다. 그 당시에 스페인 왕 페르난도 2세의 궁

---

● 고대 그리스어로 '물고기를 먹는 사람들'이라는 뜻으로, 홍해 일대에서 원시적인 삶을 영위한 사람들을 가리킨다.

정에서 일하던 이탈리아 학자 페테르 마르티르 베르밀리Peter Martyr Vermigli는 "그들은 라 에스파뇰라[히스파니올라섬]에서 325리그(약 1300km) 거리에 보유카 또는 아나네오라는 이름의 섬이 있다고 이야기합니다."라고 기록했는데, 플로리다나 폰세 데 레온은 전혀 언급하지 않고 그 샘의 위치만 언급했다. "그리고 그 섬 안쪽을 탐험한 사람들은 놀라운 샘 이야기를 들려주는데, 그 샘물을 마시면 늙은이도 젊음을 되찾는다고 합니다." 그러면서 이렇게 경고했다. "전하, 그들이 농담으로 이 이야기를 했거나 가볍게 여겼다고 생각해서는 안 됩니다. 그래서 그들은 공식적으로 이 정보를 궁정 전체에 퍼뜨리려고 했고, 도시의 모든 사람들뿐만 아니라 미덕이나 재산 면에서 가장 존경받는 사람들 몇몇도 이 이야기를 사실로 받아들입니다."

폰세 데 레온이 젊음의 샘을 찾아 플로리다로 갔다는 사실을 최초로 구체적으로 언급한 기록은 1535년에 출판된 곤살로 페르난데스 데 오비에도Gonzalo Fernández de Oviedo의 책에 실려 있는데, 이 책은 폰세 데 레온이 죽은 지 20년 뒤에 나왔다. "그리고 그는 늙은이에게 젊음을 되찾아준다는 샘에 관한 이야기를 했다……. 이 이야기는 아주 널리 퍼져 있었고, 그 지역에 사는 인디언들도 사실이라고 주장했기 때문에, 후안 선장과 그 부하들은 길 잃은 소형 범선을 타고…… 그 샘을 찾으러 나섰다. 이 이야기는 인디언들 사이에서 아주 재미있는 농담이 되었다." 훗날 '선샤인 스테이트'(플로리다주의 별칭)가 될 땅으로 첫 번째 항해에 나섰을 때 폰세 데 레온은 30세였는데, 그로부터 8년 뒤에 플로리다 남부에 영구 정착촌을 세우려고 하다가 칼루사족과 충돌이 벌어져 부상으로 사망했다. 그는 이 반도가 훗날 세상에서 가장 유명한 은퇴 휴양지 중 하나가 되리라곤 상상도 하지 못했을 것이다.

여기서 시간을 훌쩍 건너뛰어 인터넷 시대로 가보자. 구글은 우리가 정보를 검색하고 지도에서 목적지를 찾고 광고주에게서 메시지를 받는 방식을 뿌리째 바꾸어놓았다. 두둑한 현금으로 구글은 2013년에 기대 수명 증진을 명시적인 목표로 내걸고 캘리포니아생명기업California Life Company(줄여서 캘리코Calico)을 세웠다. 2년 뒤 그들은 여기서 구글생명과학 부문을 분리시켜 베릴리Verily라는 회사로 독립시켰다. 베릴리는 착용 의료 장비와 모니터, 질병 관리, 수술 로봇, 생체전자공학 의술, 건강 추적과 낙상 방지를 위한 스마트 슈즈 앱을 포함해 지능형 건강 솔루션을 설계한다. 2014년, "가장 야심 차고 어려운 과학 계획"과 "미지의 영역을 향해 내디딘 거대한 한 걸음"이란 이름이 붙은 기초 연구 결과를 담은 보고서가 나왔다. 그 목표는 질병을 탐지할 수 있는 바이오마커biomarker(생물표지자)를 확립하기 위해 "사람 수천 명의 신체 구조를 세포 내부의 분자 수준까지 자세히 알아내는 것"이다.

노화를 늦추거나 심지어 역전시킬 수 있는 '신의 분자'를 찾으려는 시도는 자신의 행운을 영원히 누리고 싶은 할리우드 스타들과 실리콘밸리 거물들의 상상력을 사로잡았다. 태드 프렌드Tad Friend가 《뉴요커The New Yoker》에서 들려준 이야기에 따르면, 이 스타들과 '우주의 지배자'들은 하나같이 노화를 방지하는 어떤 종류의 '치료법'이 목전에 있다고 믿는다. 의사이자 헬스케어 헤지펀드 매니저인 준 윤Joon Yun은 이 주제를 논의하기 위한 미국 국립의학원 회의에서 "저는 노화가 가소성이 있으며, 암호화되어 있다고 생각합니다. 어떤 것이 암호화되어 있다면, 그 암호는 해독할 수 있습니다."라고 말했다. 박수갈채 속에서 그는 말을 이어나갔다. "만약 암호를 해독할 수 있다면, 그것을 '해킹'하는 것도 가능합니다!" 그리고 공상 과학에나 나올 법한 과장된 웅변조로 이렇게 덧붙였다. "우리는 노화를 영원히 멈출 수 있습니다!"

윤의 과감한 주장은 결코 과장된 것이 아니다. 세포를 영원히, 적어도 상당히 오랫동안 계속 증식하도록 유전적으로 조작할 수 있으며, 그렇게 되면 노화가 멈출 수 있다는 것은 타당한 주장이다. 문제는 유전적으로나 행동적으로나 윤리적으로 우리가 아주 복잡한 종이라는 점이다. 유럽생물정보학연구소에서 노화 방지 전문가로 일하는 재닛 손턴Janet Thornton은 "사람에게 돌연변이를 일으키는 것은 비윤리적이며, 상충하는 힘들이 너무나도 많이 작용해 음식물 섭취 제한의 효과를 제대로 평가하기가 어렵다."라고 말한다. "실험실에서 벌레의 수명은 10배 정도 늘릴 수 있다. 파리와 생쥐를 대상으로 한 실험에서는 최대 1.5배까지 수명을 연장시키기도 했다. 하지만 사람에게는 그런 방법을 쓸 수가 없다. 인간을 이루는 계系들은 각기 서로 연결된 부분과 충격을 완화하는 부분이 무수히 많고 아주 복잡하기 때문에 실험 동물에게 사용한 방법을 똑같이 적용할 수 없다." 이런 노력들에도 불구하고, 나는 영원히 사는 벌레보다는 수명이 유한한 사람을 선택할 것이다.

수명을 영원히 늘리는 것은 종교적 믿음에 어긋나고, 인생의 각 단계마다 맞닥뜨리는 유인誘因들과 충돌할 것이고, 궁극적으로는 인구 과밀 때문에 지구를 살아갈 수 없는 곳으로 만들 것이다. 하지만 이런 이유들은 노화를 멈추려는 온갖 기술 개발에 투입되는 막대한 자금을 막기에 역부족이다. 불로장생은 인류의 역사만큼이나 오래된 개념이다. 하지만 과연 거기에 현재와 미래의 비용을 투입할 가치가 있을까? 단순히 더 오래 사는 삶보다는 더 건강하고 양질의 삶을 사는 데 초점을 맞추는 게 좋지 않을까?

## 기대 수명 vs 건강 수명

"더 오래 살면서도 젊음을 유지할 수 있을까?" 이것은 애덤 고프닉Adam Gopnik이 《뉴요커》에서 눈을 번쩍 뜨이게 하는 글과 함께 던진 질문이다. 막강한 진화의 법칙은, 인체는 유전자를 다음 세대에 전달하는 기간에는 시계 장치처럼 작동하면서 주어진 임무를 수행해야 하지만, 생애의 말년에는 반드시 그럴 필요가 없다고 말한다. "일단 생식기를 지나고 나면, 유전자는 복제 과정이 엉성해지고 돌연변이가 축적되는데, 자연 선택이 더 이상 신경을 쓰지 않기 때문이다." 이에 따라 수명 연장의 놀라운 성공은 암과 심장

병, 당뇨병, 관절염, 치매를 비롯해 온갖 종류의 불쾌한 건강 문제를 크게 증가시켰다. 바로 여기서 우리는 아주 어려운 난관에 부닥친다. 제한된 연구 자원을 수명을 늘리는 데 투입해야 할까, 아니면 살아 있는 동안 건강을 최대한 오래 유지하는 데(즉, 건강 수명을 늘리는 데) 투입해야 할까? 태드 프렌드의 표현처럼 이 문제는 '건강 수명 옹호론자'와 '영생 옹호론자' 사이에 치열한 논쟁을 낳았다. 영생은 아득하게 먼 곳에 있는 것처럼 보이는 반면, 남은 생애 동안 인생을 최대한 즐기며 살아가자는 목표는 금방이라도 이룰 수 있는 것처럼 보인다. 문제는 건강 수명이 기대 수명보다 더 빨리 증가하지 않는 경향이 있다는 점이다. 그 결과로 평균적인 사람은 여전히 죽기 전에 몇 년 동안(길게는 6~8년)을 건강이 나쁜 상태로 보내야 한다. 이것은 분명히 그다지 좋은 전망이 아니다.

2019년, 미국 국립의학원은 "나이가 들어가는 사람들의 신체적, 정신적, 사회적 안녕을 개선하기 위한 전 세계적 운동"으로 건강한 장수를 위한 글로벌 그랜드 챌린지Healthy Longevity Global Grand Challenge를 시작했다. 이 계획의 목표는 "전 세계의 경제와 보건 시스템과 사회 구조에 심각한 부담을 가하게 될" 인구 고령화의 부작용을 완화하는 것이지만, "꼭 그래야 할 이유는 없다." 이 계획의 기본 개념에는 "노화의 방식을 변화시키는 데 도움을 주고 늘어난 수명을 살아가는 동안 더 나은 건강과 기능, 생산성을 보장해줄 신약과 치료법, 기술, 예방책과 사회적 전략의 폭발적 성장"을 촉진함으로써 건강 수명을 늘리는 것이 포함된다. 흔히 그렇듯이, 실천보다는 말이 쉽다.

사망 시점을 바탕으로 다양한 연령대에서 기대 수명을 측정하기는 쉽지만, 건강 기대 수명을 측정하기는 훨씬 어렵다.(그리고 그 결과에는 논란과 이의가 따른다.) WHO는 '건강 기대 여명'을 계산했는데, 이것은 그해에 우세한 사망률과 이환율 조건에 영향을 받는 가상의 세대가 좋은 건강 상태(일상 활동에 돌이킬 수 없는 제약이 생기거나 활동 불능 상태에 놓이지 않는)로 살 수 있는 평균 기간으로 정의된다. 기대 수명은 스위치처럼 명확한 반면, 건강 기대 여명은 그 방법론적 모호함 때문에 사용하기 불편한 점이 있다. 예컨대 건강한 상태와 건강하지 않은 상태를 구분하는 경계선은 정확하게 어디에 그어야 할까? 그 사이에 중간 지대가 존재하는가? 건강하지 않은 상태로 내려갔다가 다시 건강한 상태로 복귀할 수도 있지 않은가?

이러한 골치 아픈 문제들을 제쳐놓고 드러난 증거들을 들여다보기로 하자. 2000년에 건강 수명을 처음 계산한 이래, 더 나은 생활 방식과 예방적 건강관리, 조기 질병 탐지, 새로운 치료법 덕분에 60세 이상의 건강 수명이 꾸준히 증가했음을 보여주는 증거들이 있다. 다만, 평균 건강 수명은 10년에 겨우 2~3개월 증가하는 데 그쳤는데, 그 진전이 매우 느린 것처럼 보이는 상황은 영생 옹호론자들에게 힘을 실어줄 수도 있다. 구글 연구자들에게는 참을 수 없을 만큼 느리게 보일 것이고, 할리우드와 실리콘밸리는 받아들일 수 없는 결과로 여길 것이다. 그나마 좋은 소식은, 2019년에

멀티제너레이션, 대전환의 시작

미국의 60세 남성은 15.6년 동안, 여성은 17.1년 동안 건강한 삶을 누릴 것으로 예상된다는 사실이다. 그 무렵에 60세 남성의 기대 여명이 22.0년이고, 여성의 기대 여명이 25.0년이라는 사실을 감안하면, 미국인은 평균적으로 생애의 마지막 8년은 건강에 상당한 제약을 받으며 살아가야 할 것이다.

무엇보다 중요한 것은 21세기에 접어들어 전 세계 대다수 국가에서 부유한 사람과 가난한 사람 모두 평균 건강 수명이 기대 수명과 거의 비슷한 속도로 증가했다는 사실이다. 특히 앙골라, 방글라데시, 보츠와나, 중국, 덴마크, 에리트레아, 에티오피아, 핀란드, 인도, 아일랜드, 요르단, 라오스, 말라위, 몰타, 몽골, 나미비아, 폴란드, 포르투갈, 러시아, 싱가포르, 남아프리카공화국, 한국, 태국, 영국 등 아주 다양한 나라들에서 이런 추세가 나타났다는 점이 중요하다. 기대 수명과 마찬가지로 건강 수명에서도 미국은 예외에 속한다. 미국의 경우 건강 수명은 기대 수명에 비해 절반의 폭으로 증가했는데, 이것은 미국 노령층의 삶의 질이 다른 나라들보다 나빠졌다는 것을 의미한다.

이런 상황은 세대 간 관계에 어떤 의미를 지닐까? 대다수 부유한 나라에서 60세인 사람은 20~25년을 더 살 수 있고, 그중에서 건강 기대 여명은 10~15년으로 예상된다. 그렇다면 65세에 은퇴하는 것이 타당할까? 사회는 그것을 수용할 능력이 있을까? 그것은 다른 세대들에게 공정할까? 하나같이 골치 아픈 질문들인데, 많은 것이 걸려 있다 보니 그에 대한 반응도 뜨겁다.

## 세대 간 정의 문제

"정의正義를 어떻게 증진시킬 수 있을지 결정할 때에는 기본적으로 서로 다른 부문들과 다양한 관점에서 나온 논의들을 아우르는 공공의 사유가 필요하다." 노벨상을 수상한 인도의 철학자이자 경제학자인 아마르티아 센Amartya Sen은 획기적인 저서 『정의의 아이디어The Idea of Justice』(2009)에서 이렇게 주장했다. "하지만 상반된 주장들에 관여한다고 해서 모든 경우에 상충되는 이유들을 해결하고 모든 문제에서 합의된 결론에 도달할 수 있다는 뜻은 아니다. 완전한 해결은 합리적 개인의 필요조건도 아니고, 합리적인 사회적 선택 조건도 아니다."

세대 간 정의를 완전히 해결하기 어렵다는 것을 가장 잘 보여주는 예는 기후 변화가 아닐까 싶다. 이 문제에서는 현재의 경제적 번영과 미래의 지속 가능성 사이에서 균형을 잡기가 매우 어렵다. 은퇴자들의 연금과 의료비를 누가 지불해야 하느냐 하는 것도 공정성에 관한 논의를 명확히 기술하기 어려운 성가신 문제이다. 어쨌든 젊은 세대를 낳고 키우고 인생을 살아갈 기회를 제공한 것은 은퇴한 사람들이다. 하지만 센의 주장처럼 사람들을 논쟁(성가시다고 해서 필요 없는 것은 아닌)에 동참시킬 수 있다는 기대를 품고 서로 다른 세대들의 주장과 관점을 비교하고 대조할 수 있다.

"나이 많은 세대와 젊은 세대 사이의 관계는 여전히 상호 지원과 애정으로 정의된다. 하지만 연이은 정부들의 행동과 무행동은

이 관계의 기반을 약화시킬 위험이 있다." 영국 상원은 2019년에 작성한 보고서에서 이렇게 경고했다. "젊은 세대 중 다수가 안정적이고 급여가 높은 일자리와 안전하면서 가격도 적절한 주택을 구하는 데 어려움을 겪고 있는 반면, 나이 많은 세대 중 다수는 필요한 지원을 제대로 받지 못하는 위험에 처해 있다. 그 이유는 연이은 정부들이 장기적인 세대별 시간 계획을 세우는 데 실패했기 때문이다." 이 보고서는 세대 간 마찰이 발생하는 주요 영역을 몇 개 지목했는데, 그중에는 정부 예산 적자, 적절한 가격의 주택 공급, 교육 재원 부족, 노년 프로그램의 비용 조달 등이 포함돼 있었다. 왜 기후 변화는 포함시키지 않았는지 의아할 따름이다.

　　사회는 기본적인 관여 규칙을 제공하는 사회 계약에 어느 정도 지배를 받는다. 그 합의가 중요한 만큼 세대 간 계약도 가까운 장래에 더욱 중요해질 가능성이 높다. 일례로 복지에 관한 세대 간 계약은 유권자가 자신뿐만 아니라 자신과 다른 인생 단계에 있는 사람들도 배려하는 정책을 선호해야 한다고 규정하는데, 여기에는 자기중심적 이유와 이타적 이유가 섞여 있다. 젊은 세대들은 수십 년 뒤에 자신에게 돌아올 혜택을 기대하면서 연금과 의료 서비스를 지지할 수 있다. 보육 서비스와 교육 시스템이 연금과 의료비 재정을 충당하기 위해 세금을 낼 의향이 있는 노동력을 더 많이 잘 길러낼 수 있다면, 나이 많은 세대들도 거기에서 혜택을 얻을 것이다. 그럼에도 불구하고 연금은 대다수 선진국에서 가장 큰 복지 정책으로 자리 잡으면서, 한때 유지되었던 다양한 예산 영역 사이의 균형을 무너뜨리고 있다.

핀란드연금센터에서 연구자로 일하는 아르트-얀 리에크호프 Aart-Jan Riekhoff는 연금과 의료 서비스 비용이 치솟음에 따라 "정부가 노인에게 적절한 생활 수준을 제공하는 정책에 여론의 절대적 지지가 높은 편이긴 하지만, 대다수 유럽 국가에서 친노인 정책에 대한 지지가 줄어들었다."라고 썼다. "친노인 정책의 지지가 상대적으로 감소한 데에는 절대적 지지가 줄어든 탓도 있지만, 특히 정부의 보육 예산 확대에 대한 지지가 증가한 탓도 있다." 다시 말해서, 세대 간 연대는 계속 강한 상태로 유지되지만, 젊은 노동자와 유권자 사이에서 예산 배정에 대한 관심이 높아지고 있는 것이다. "이것은 세대 간 복지 차이가 당장 시급한 위협은 아닐지 몰라도, 나이와 관련된 정책 선호가 분명히 많은 나라에서 재조정되고 있다는 것을 시사한다." 특히 유럽과 미국, 캐나다, 일본 등이 그렇다.

세대 간 공정성과 연대에 관한 최근의 논의에서 핵심 쟁점은 특정 연령 집단을 위한 복지 프로그램이 설계되고 집행되는 규모와 관련이 있다. 공교육 지출과 보육 서비스는 젊은 세대와 그 부모 세대에게 혜택이 돌아가고, 고용 보험과 실업 급여는 일자리를 잃은 노동자에게 마음의 안정을 제공하며, 의료 서비스는 고령자에게 편중된 혜택이 돌아가고, 연금 제도의 혜택은 은퇴자가 누린다. 국가 부채와 정부 적자가 날로 증가하는 시대적 상황은 세대 간 연대의 뿌리를 약화시킬 수 있다. 공적 연금 제도의 존폐를 두고 벌어지는 한판 승부의 배경에는 이런 사정이 자리 잡고 있다.

## 휴스턴, 문제가 생겼다

"이것 때문에 스트레스가 이만저만이 아니에요." 77세의 얀-피터르 얀선은 60세에 은퇴한 네덜란드인이다. "이렇게 연금을 삭감하면, 가족과 함께 즐기는 휴가에 쓸 수 있는 돈이 수천 유로나 줄어들어요. 그렇게 오랫동안 저축을 해왔는데, 이런 일이 일어나다니 무척 화가 납니다." 그는 자신이 몸담았던 산업의 연금 펀드에 40년 동안 납입했는데, 얼마 전에 연금 혜택을 최대 10%까지 삭감한다고 통보하는 편지를 받았다.

수명 연장은 출산율 감소와 맞물려 연금 제도, 특히 노동자와 고용주의 분담금을 통해 기금을 마련하는 연금 제도에 이중의 타격을 가한다. 게다가 많은 공적 연금 기금은 7% 이상의 투자 수익률을 예상하고서 설계되었지만, 채권 수익률이 0%에 근접하는 시대에 이것은 비현실적인 목표나 다름없다. 해결책이 있을까? 사실상 거의 모든 연구에서 은퇴를 늦추고, 노동자와 고용주의 분담금과 세금을 올리고, 연금 수령액을 삭감하고, 젊은 노동자의 이민을 확대해야 한다는 결론이 나왔다. 아마도 이 모든 조치가 필요할지 모르는데, 그렇게 되면 많은 사람에게 손실과 고통이 따를 수밖에 없다. 연금을 둘러싼 위기 전망 때문에 지지율이 크게 떨어진 총리와 대통령은 수없이 많다. 연금 분담금을 내는 근로자나 연금을 받는 수급자의 지지를 잃길 원하는 정치인은 아무도 없겠지만, 이해관계가 너무나도 깊이 얽혀 있기 때문에 연금 제도를 미래에도 존

속시킬 개혁은 일어나기 힘들어 보인다. 다행히도 사람들은 불길한 재앙의 징조를 알아채고 은퇴를 미루기로 결정한 듯하다. 1970년대 초에 유럽과 북아메리카의 선진국들에서 남성은 평균적으로 69세에, 여성은 65세에 은퇴했다. 2000년, 평균 은퇴 나이는 각각 63세와 61세로 떨어져 최저점에 이르렀다. 그리고 지난 20년 동안 남녀 모두 은퇴 시기가 평균적으로 약 2.5년씩 늦어졌다.

나는 연금 제도의 존속 가능성을 다룬 기존의 연구들이 대부분 평균 건강 수명을 고려하지 않고 기대 수명 증가에만 초점을 맞춘 것이 의아할 따름이다. 기대 수명과 건강 수명 개념은 포스트제너레이션 사회에서 은퇴의 미래를 이해하는 데 아주 중요한데, 은퇴 결정을 할 때 사람들은 남은 수명뿐만 아니라 건강하게 살아갈 수 있는 기간까지 고려하기 때문이다.

놀랍게도 과거에 대다수 전문가들이 무시한 수치들을 자세히 분석해보자. 〈표 2.1〉에서 첫째 열과 둘째 열은 주요 국가들의 기대 여명과 건강 기대 여명을 보여주는데, 모두 유엔과 WHO의 자료를 참고한 것이다. 60세의 건강 기대 여명은 어떠한 제약 없이 풀타임으로 일할 수 있고 생산 활동을 통해 사회에서 완전히 활동할 수 있는 기간을 말해준다. 기대 여명에서 건강 기대 여명을 뺀 수치는 연금에 의존해 살아가야 하는 최소한의 햇수에 해당하는데, 이 기간에는 건강에 지장이 생겨 일하기 어려워지기 때문이다. 미국에서는 평균적으로 남성은 그 기간이 6.4년(22.0년 - 15.6년), 여성은 7.9년(25.0년 - 17.1년)이다.

멀티제너레이션, 대전환의 시작

표 2.1 2019년 60세의 여명과 건강 수명과 은퇴 시나리오

| 나라 | 60세의 기대 여명(년) | | 60세의 건강 기대 여명 (년) | | (기대 여명) - (건강 기대 여명) | | 시나리오 A: 건강 수명이 끝나는 시점에서 일을 그만둘 때의 은퇴 나이 | | 시나리오 B: 건강 수명이 끝나기 7년 전에 일을 그만둘 때의 은퇴 나이 | |
|---|---|---|---|---|---|---|---|---|---|---|
| | 남성 | 여성 | 남성 | 여성 | 남성 | 여성 | 남성 | 여성 | 남성 | 여성 |
| 미국 | 22.0 | 25.0 | 15.6 | 17.1 | 6.4 | 7.9 | 75.6 | 77.1 | 68.6 | 70.1 |
| 중국 | 18.6 | 22.0 | 15.0 | 16.9 | 3.6 | 5.1 | 75.0 | 76.9 | 68.0 | 69.9 |
| 일본 | 24.0 | 29.2 | 18.8 | 21.8 | 5.2 | 7.4 | 78.8 | 81.8 | 71.8 | 74.8 |
| 한국 | 22.6 | 27.3 | 18.2 | 21.2 | 4.4 | 6.1 | 78.2 | 81.2 | 71.2 | 74.2 |
| 인도 | 17.4 | 18.6 | 13.0 | 13.5 | 4.4 | 5.1 | 73.0 | 73.5 | 66.0 | 66.5 |
| 영국 | 22.7 | 25.2 | 17.6 | 18.9 | 5.1 | 6.3 | 77.6 | 78.9 | 70.6 | 71.9 |
| 독일 | 22.2 | 25.6 | 17.0 | 19.9 | 5.2 | 5.7 | 77.0 | 79.9 | 70.0 | 72.9 |
| 프랑스 | 23.3 | 27.6 | 18.5 | 20.8 | 4.8 | 6.8 | 78.5 | 80.8 | 71.5 | 73.8 |
| 이탈리아 | 23.5 | 27.0 | 17.9 | 19.8 | 5.6 | 7.2 | 77.9 | 79.8 | 70.9 | 72.8 |
| 스페인 | 23.4 | 27.7 | 18.0 | 20.3 | 5.4 | 7.4 | 78.0 | 80.3 | 71.0 | 73.3 |
| 멕시코 | 20.0 | 22.4 | 15.3 | 16.8 | 4.7 | 5.6 | 75.3 | 76.8 | 68.3 | 69.8 |
| 브라질 | 20.1 | 23.9 | 15.2 | 17.4 | 4.9 | 6.5 | 75.2 | 77.4 | 68.2 | 70.4 |
| 튀르키예 | 19.2 | 24.0 | 15.8 | 17.3 | 3.4 | 6.7 | 75.8 | 77.3 | 68.8 | 70.3 |
| 나이지리아 | 13.4 | 14.3 | 13.3 | 13.8 | 0.1 | 0.5 | 73.3 | 73.8 | 66.3 | 66.8 |
| 남아프리카공화국 | 14.4 | 18.3 | 12.7 | 14.8 | 1.7 | 3.5 | 72.7 | 74.8 | 65.7 | 67.8 |

출처: WHO 산하 세계보건관측소Global Health Observatory

표의 수치들을 보면 조금은 안도감이 드는데, 만약 우리가 건강 수명이 다할 때까지(즉, 심각한 건강 문제가 생기기 전까지) 일을 한다면, 사회 보장 제도가 현재의 형태로 살아남을 수 있기 때문이

다. 하지만 그때까지 일하려고 하는 사람은 극소수일 것이다.(나 또한 그러지 않을 것이다.) 표의 '시나리오 A'는 그런 상황을 상정한 것으로, 연금과 의료비를 충당하기 위해 분담금과 세금을 내는 근로자들의 부담을 덜어준다. 표에 따르면, 미국인 남성은 평균적으로 현재의 평균 은퇴 나이(60대 중반)보다 훨씬 늦은 75.6세에, 미국인 여성은 77.1세에 은퇴해야 한다. 시나리오 A의 상황이라면 사람들은 은퇴한 뒤에는 완전히 활동적으로 생활하며 살아갈 수 없는데, 평균적으로 건강 수명이 끝나는 시점에 도달했기 때문이다. 이것은 특히 일본과 한국, 프랑스, 스페인에서 문제가 될 수 있다. 이 나라 사람들은 80세 언저리에서 은퇴를 해야 하기 때문이다. 간단히 말하면, 시나리오 A는 젊은 세대에게는 매우 매력적이지만, 사회적으로나 정치적으로 지지받기는 힘들 것 같다. 건강에 중대한 문제가 생겨 더 이상 일할 수 없을 때까지 계속 일하라고 강요할 수는 없다. 모든 근로자는 은퇴하고 나서 아직 건강할 때 적어도 몇 년 동안은 인생을 즐길 권리가 있다.

세대 간 균형을 찾기 위해 시나리오 A의 양 극단을 피해 그 중간 지점, 즉 오늘날의 평균값인 60대 중반에 은퇴하는 '시나리오 B'를 생각해볼 수 있다. 예컨대 남녀 모두 은퇴하고 나서 건강 수명이 끝나기 전에 7년 동안 활동적으로 인생을 즐기는 것이다. 시나리오 B에서는 미국인 남성은 평균적으로 68.6세에, 여성은 70.1세에 은퇴한다. 이것은 시나리오 A보다 지지와 동의를 이끌어내기가 더 쉬워 보이지만, 7년이라는 시간이 과연 충분한가 하는 문제와

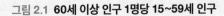

그림 2.1 60세 이상 인구 1명당 15~59세 인구

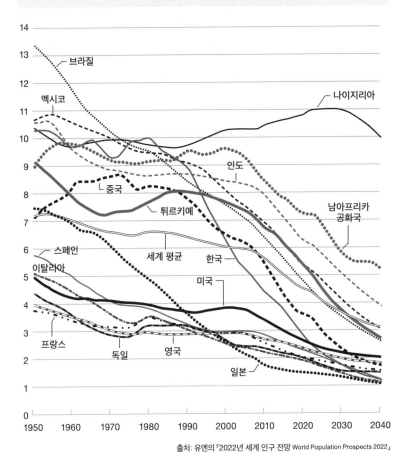

출처: 유엔의 「2022년 세계 인구 전망 World Population Prospects 2022」

세대 간 공정성 문제를 둘러싼 논쟁이 오래 지속될 수 있고 정치적 쟁점이 될 수 있다.

상상 가능한 모든 시나리오에 수반되는 문제의 근원은 노동 연령 인구 대 은퇴 연령 인구의 비율에 있는데, 이 비율이 감소하면 사회에 근본적인 문제가 생긴다. 〈그림 2.1〉은 이 상황이 얼마나 나빠질 수 있는지 보여준다. 1950년에 전 세계에서 60세 이상 인구 1명당 15~59세 인구는 7.2명이었다. 2022년에는 이 수치가 4.4명으로 내려왔다. 중국에서는 7.1명에서 3.5명으로 줄었고, 미국에서는 5.0명에서 2.5명으로 줄었다. 한국은 10.3명에서 2.5명으로, 일본은 7.5명에서 1.5명으로 더 가파르게 줄었다. 출산율 감소와 기대 수명 증가를 감안하면, 앞으로 수십 년 동안 이 비율은 계속 감소할 것이다. 그러면 일하는 사람들은 60세 이상인 사람들의 연금과 의료비를 충당하기 위해 더 많은 세금을 내야 할 것이다. 일본과 한국은 2040년이 되면 60세 이상 인구 1명당 노동 연령 인구가 간신히 1명을 기록할 것으로 예상되는데, 이것은 절대적으로 지속 불가능하다고 할 만큼 낮은 비율이다.(로봇이 힘든 작업을 모두 도맡지 않는 한 말이다.) 미국의 경우에는 2명이 될 것이다. 어느 비율도 연금과 의료 서비스를 보장하기에 충분치 않은데, 그러한 약속은 그 비율이 적어도 3~4명일 때를 상정해 설계되었기 때문이다. 이 수치들은 세대 간 상충 관계를 헤쳐나가기가 복잡하다는 것을 분명하게 보여준다. 젊은 층의 노동자들이 전체 비용의 상당 부분을 부담해야 한다면 특히 그렇다.

## 문제 해결하기 vs 문제 없애기

나는 와튼스쿨의 동료이자 시스템적 사고의 선구자인 러셀 애코프Russell Ackoff에게 유용한 것을 많이 배웠다. 가장 중요한 교훈은 1950년대의 런던 버스 파업을 다룬 90분짜리 강연에서 얻었다. 애코프는 런던 운송 당국으로부터 러시아워의 운송 지연 문제 해결에 도움을 달라는 요청을 받았다. 그 당시에 운행되던 빨간색 이층 버스 수는 전체 버스 정류장 수를 웃돌았는데, 그 때문에 버스들이 예정대로 나아가지 못해 수많은 운행 지연이 생겨났다. 각 버스에는 앞쪽에 운전기사가 있고, 뒤쪽에 운임을 받는 차장이 있었다. 운전기사 노조와 차장 노조 사이의 심한 갈등이 문제를 악화시켰는데, 운전기사 노조는 파키스탄인이 다수를 차지했고, 차장 노조는 인도인이 다수를 차지했다. 운전기사와 차장은 거듭되는 운행 지연과 병목 현상을 놓고 매일 서로를 탓하기 바빴다. 운전기사는 차장이 일을 빨리 처리하지 못한다고 뒤쪽을 향해 고함을 질렀고, 그러면 차장도 지지 않고 앞을 향해 고함을 질렀다. 험악한 설전은 상황을 더욱 악화시켰고 승객들을 불안하게 만들었다.

러셀은 문제를 처리하는 방법은 두 가지가 있다고 차분하게 설명했다. 하나는 문제를 해결하는 것이었다. 즉, 기존의 시스템 설계의 매개 변수와 제약 조건 내에서 당면한 문제를 극복하는 방법을 찾는 것이다. 대도시의 러시아워 교통 문제의 경우에는 운행 간격의 미세 조정, 버스 운행 차로 추가, 신호등 변화 예측, 덜 혼잡한 경로로 승객 분산하기, 혼잡 시간대 요금 인상 등의 방법을 쓸 수 있다. 어떤 면에서 문제를 해결하는 것은 깡통을 발로 차 땅 위로 굴러가게 하는 것과 비슷하다.

또 다른 방법은 문제를 완전히 녹여서 없애버리는 것이라고 러셀은 차분하게 제안했다. 이 두 번째 방법은 상황을 재정의함으로써 문제를 그냥 사라지게 하는 것이다. 러셀은 아주 기발한 아이디어를 생각해냈는데, 런던 운송 당국에 러시아워에는 차장이 버스 뒤쪽에 타지 말고 각 버스 정류장에 서 있게 하라고 제안했다. 만약 정류장이 혼잡해 한 명의 차장으로 부족하다면 두 명을 배치하라고 했다. 그러자 운전기사와 차장 사이에 갈등이 발생할 소지가 사라졌을 뿐만 아니라, 각 정류장에서 승객이 탑승하는 절차를 수십 배나 단축할 수 있었다. 이렇게 해서 문제가 그냥 사라져버렸다. 나는 와튼스쿨에서 강연을 듣던 임원들이 그 당시 80대이던 러셀에게 기립 박수를 보내던 장면을 생생하게 기억한다.

당면한 연금 위기를 해결하려면, 광범위한 지지를 받을 수 없는 개혁이 필요하다. 즉, 은퇴 나이를 늦추고, 연금 수령액을 줄이고, 분담금과 세금을 올리고, 젊은 노동자의 이민 문턱을 낮추는 조처를 취해야 한다. 연금 문제를 없애려면, 시스템 차원의 변화가 필요하다. 다시 말해, 순차적 인생 모형에서 완전히 벗어나야 한다. 그것을 유연하고 가역적인 포스트제너레이션 인생 모형으로 대체하면, 우리는 그 문제에서 완전히 해방될 수 있다.(그 가능성은 뒤에서 자세히 살펴보기로 하자.)

멀티제너레이션, 대전환의 시작

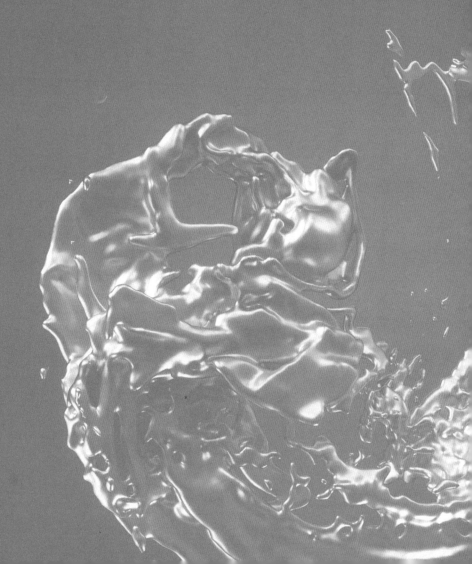

# 3장

## 가족의 재구성

이전에는 핵가족에게 오늘날 우리가 살아가는 것처럼
알아서 상자 속에서 살아가라고 한 사람은 아무도 없었다.
우리는 그들을 친척도 지원도 전혀 없이 살아가야 하는
매우 난감한 상황으로 밀어넣었다.

— 마거릿 미드 Margaret Mead (1901~1978)

"우리가 아는 한 아주 먼 옛날부터 인류는 가족을 이루어 살아
왔다. 그렇게 살지 않은 시기를 우리는 알지 못한다. 장기간 가족
을 해체하거나 대체하는 데 성공한 민족은 들어본 적이 없다." 인
류학자 마거릿 미드와 켄 헤이먼 Ken Heyman은 1965년에 출판한 저
서 『가족 Family』에서 이렇게 주장했다. "변화와 실제적인 실험을 향
한 목소리에도 불구하고, 인간 사회는 가족이라는 인간 생활의 기
본 단위(아버지와 어머니, 자녀로 이루어진)에 크게 의존한다는 사실
을 반복적으로 다시금 확인했다."

가족은 삶에서 아주 중요한 측면이지만, 그 모양과 형태와 크
기가 다양하다. 우리는 가족이라고 하면 보통 결혼한 부부와 그 자
녀로 이루어진 핵가족을 떠올린다. 하지만 조부모와 삼촌, 숙모와

이모, 사촌, 그 밖의 친척들을 포함한 확대 가족도 있다. 게다가 한 부모 가족과 자녀가 없는 가족도 늘 존재해왔다. 각 가족 구조의 등장 빈도는 시간과 공간에 따라 차이가 있다. 통념과 달리 부모와 몇 명의 자녀로 이루어진 핵가족은 대다수 선진국에서 더 이상 표준이 아니다. 1970년에는 미국의 전체 가구 중 40%가 결혼한 부부와 18세 미만 자녀를 최소한 1명 포함한 핵가족이었지만, 2021년에 그 비율은 1959년 이후 가장 낮은 18%로 떨어졌다. 이 주제가 정치적 쟁점과 큰 논란거리로 변한 이유는 아마도 이 때문일 것이다.

## 핵가족과 순차적 인생 모형

"가정home은 세상에서 가장 근사한 단어야." 공전의 히트를 친 TV 드라마 〈초원의 집Little House on the Prairie〉(1974~1983) 첫 에피소드에서 로라 잉걸스는 이렇게 말한다. 여기서 '가정'은 '잉걸스 가족'의 가정을 가리킨다. 잉걸스 가족은 부모와 자녀가 한 집에 함께 살면서 즐거움과 갈등, 그리고 삶의 모든 곳에 스며들어 모든 좌절을 치유해주는 사랑이 넘쳐나는 이상적인 가정의 전형이다. 로라 잉걸스 와일더Laura Ingalls Wilder가 쓴 베스트셀러 시리즈가 원작인 〈초원의 집〉은 19세기 미네소타주 농촌의 목가적인 전원을 배경으로 이야기가 펼쳐지는데, 결혼하고 자식을 낳아 기르면서 가정을 꾸리는 것이 모두의 꿈처럼 여겨진 시절에 전 세계 시청자의 심금을 울렸다. 다이애나 브루크Diana Bruk가 《전원생활Country Living》에 쓴 글에서 표현한 것처럼 "그것은 사람들의 삶이 교회와 학교, 가족을 중심으로 돌아가던 단순한 시절을 잘 묘사했다." 원작 도서와 드라마는 아기의 죽음, 시력 상실, 약물 중독 같은 세속적인 문제와 비극을 피해 가지 않았다. "물론 그들도 나름의 어려움이 있었지만, 모두들 항상 웃고 친절했으며, 함께 노력하면 해결할 수 없는 문제는 하나도 없었다." 어쩌면 베트남 전쟁과 닉슨 정권 이후의 미국에서는 "훌륭한 가족의 가치를 가르치는" 드라마가 필요했을지도 모른다. 등장인물들도 그보다 사랑스러울 수 없었다. 찰스 잉걸스는 정말로 "완벽한 남자였고, 신뢰할 수 있고 의롭고 선량하고 근면한" 사람이었다. 아내 캐럴라인은 친절하고 관대하고 상냥하고 충실했다. 찰스는 사냥과 낚시와 농사로 가족을 부양했으며, 캐럴라인은 집안일을 했다. 자녀들은 아직 어렸지만, 잘 커서 어른으로 성장해갔다.

1970년대는 핵가족의 전성기였다.

질서정연하고 예측 가능한 방식으로 사람들이 각 단계에 들어왔다가 떠나는 순차적 인생 모형은 이론적으로는 정부와 언론 매체, 할리우드, 종교들이 핵가족 개념(부모와 자식으로 이루어진 가족으로, 부모는 자녀가 교육을 마치고 집을 떠나 자신의 가정을 꾸릴 때까지 자녀를 돌보는)을 고취시키던 것과 같은 시기에 전 세계 곳곳에서 널리 받아들여졌다. 사회경제학적으로 가장 낮은 계층에서는 부모 모두가 일을 했고, 아이들을 이웃에 맡기거나 일터로 데리고 갔다. 독일 제국이 통일을 이룬 1870년대에 사회적으로 상위 계층에 속한 여성들은 집에 머물면서 3K에 몰두하라는 말을 들었는데, 3K는 Kinder(아이), Küche(부엌), Kirche(교회)였다. 일본에서 미국에 이르기까지 대다수 나라들은 기혼 여성이 집 밖에서 일하는 것을 막거나 완전히 금지했다. 1950년대에 이르자, 점점 형편이 나아지는 중산층의 사정을 감안해 부모와 둘 이상의 자녀, TV, 세탁기, 자동차, 개로 이루어진 미국의 핵가족이 전 세계가 따라야 할 표준이 되었다. 여성은 밖에 나가 일을 할 수 있었지만, 결혼하기 전까지만 가능했다. 마거릿 미드는 핵가족 개념이 여성을 집 안에 머물게 하고 확대 가족이 제공하는 지원 네트워크에서 배제시킴으로써 여성의 사회적 지위에 해를 끼친다고 지적했다. 마침내 많은 여성이 집 밖으로 나와 일하기 시작했을 때, 도움을 받을 수 있는 가족이 가까이에 없는 여성이 많았고, 그래서 그들은 자녀를 덜 낳거나 아예 낳지 않는 쪽을 선택하게 되었다.

하지만 이 견해에 대한 학자들의 의견이 일치했던 것은 아니다. 역사학자 피터 라슬릿Peter Laslett과 앨런 맥팔레인Alan Macfarlane에 따르면, '단순한 집'에서 살아가는 핵가족은 영국에서 멀게는 13세기부터 표준적인 가족 형태였다고 한다. 사실, 산업 혁명이 일어날 수 있었던 것은 핵가족의 유연성과 지리적 이동성 덕분이었으며, 산업 혁명 때문에 핵가족이 나타난 것은 아니라고 두 사람은 주장한다. 시장 경제는 친족과 공동체의 사슬에서 떨어져 나와 유연하고 순응적이고 재배치가 가능한 개인들을 요구한다. 브리기테 베

멀티제너레이션, 대전환의 시작

르거Brigitte Berger와 펜실베이니아대학교의 애넷 라로Annette Lareau 같은 사회학자들은 거기서 더 나아가 부모가 주도하는 핵가족은 '자녀 중심적'이어서 지난 250년 동안 현대 경제와 사회에서 점점 더 중요한 역할을 하게 된 교육에 기여했다고 주장한다. 핵가족과 교육과 사회경제적 이동성 사이의 연결 관계가 얼마나 중요한지 알고 싶다면, 과거에 흑인 노예들이 자녀를 핵가족 구성원으로 키우기가 얼마나 어려웠는지(심지어 완전히 불가능했는지) 생각해보면 된다. 이것은 오늘날까지도 흑인 남성의 높은 실업률과 범죄 발생률의 원인이 되고 있으며, 미국에서 아프리카계 미국인 공동체를 괴롭히는 문제가 되고 있다. 핵가족 개념은 때때로 여성을 예속시켰지만, 핵가족의 부재는 여러 가지 문제와 사회적 혼란을 초래했다.

핵가족의 부상에는 법과 규정의 도움이 있었다. 사회심리학자 벨라 드파울로Bella DePaulo는 "자신에게 중요한 사람들과 함께 살아가는 것을 어렵게 만드는 법과 거주 제약이 있다. 그러니까 골든 걸스(모노폴리 게임의 한 종류)와 같은 상황이다."라고 말한다. 본질적으로 "일부 장소에는 특정 수(흔히 2명)의 사람들만이 함께 살 수 있는 용도 규제가 있다." 게다가 미국에서는 가족 의료 휴가법이 있어 배우자를 돌보기 위해 무급 휴가를 쓸 수 있지만, 결혼하지 않은 파트너에게는 적용되지 않는다.

장밋빛처럼 보이는 핵가족 개념은 갈등과 절망이 넘치는 현실을 가린다. '성장'을 강조하는 것은 안정적인 연애 관계에서부터 직업적 성공에 이르기까지 아이들에게 성인으로서 성취해야 할 모든 것을 준비하라는 엄청난 압력으로 다가온다. 게다가 핵가족은 사회적 불평등을 조장했는데, 사회의 모든 집단이 이상적인 원형에 맞춰 살아갈 수 있는 위치에 있지 않기 때문이다. 《뉴욕 타임스 New York Times》의 칼럼니스트 데이비드 브룩스David Brooks는 최근에 《애틀랜틱》에 기고한 글에서 "우리는 개인의 삶을 더 자유롭게 만들었지만, 가족의 삶을 더 불안정하게 만들었다. 우리는 어른의 삶을 더 좋게 만들었지만, 아이들의 삶을 더 나쁘게 만들었다."라고 썼다. "우리는 사회에서 가장 취약한 사람들을 삶의 충격으로부터 보호하는 데 도움이 되는 상호 연결된 큰 확대 가족에서 더 작고 분리된 핵가족(결혼한 부부와 자녀로 이루어진)으로 옮겨왔는데, 이 제도는 사회의 특권층에게 자신의 재능을 극대화하고 선택지를 확대할 수 있는 기회를 준다." 그리고 결국에는 "부자를 해방시키고, 노동자 계층과 가난한 사람들을 피폐하게 만든다." 브룩스는 핵가족의 이상이 가난한 사람들과 소수 민족과 인종 집단 사이에서는 전혀 실현되지 않는다는 고통스러운 사실을 지적하고 있다.

## '비전통적인' 가정

"나는 완벽한 삶이라는 이상을 좇아왔지만, 삶은 예측할 수 없고 불합리하고 복잡해. 그리고 나는 복잡한 삶을 원해." 인기 배우들이 다수 출연한 2014년 영화 〈당신 없는 일주일This Is Where I Leave

You)에서 저드 올트먼(제이슨 베이트먼 분)은 이렇게 외친다. "석 달 전만 해도 나는 좋은 일자리와 근사한 아파트가 있었고, 아내와 사랑에 빠져 있었지."

누나인 웬디(티나 페이 분)가 재빨리 응수한다. "아니. 넌 사랑에 빠져 있지 않았어."

"아니라고?"

"아니지. 네 아내는 1년 동안 딴 놈이랑 놀아났는데, 넌 전혀 눈치를 못 챘지⋯⋯. 그러니 네가 어떻게 사랑에 빠져 있었다고 말할 수 있겠어?"

"그래⋯⋯. 그 말이 맞아." 저드는 누나의 말에 수긍한다.

올트먼 집안의 네 형제는 아버지가 죽었다는 소식을 듣고 어린 시절의 집으로 돌아와 어머니(제인 폰다 분)와 각자의 배우자(일부는 충실하지만 일부는 그렇지 않은), 전남편과 전처, 과거의 애인들과 함께 상처받은 어른의 삶을 이야기하면서 일주일을 보낸다.

관계와 결혼에 대한 우리의 견해에 일어나는 문화적 변화는 차치하더라도, 우리가 살아가는 사회는 더 이상 인생이 완벽하게 순차적으로 진행되고 전통적인 핵가족이 다수를 차지하는 곳이 아니다. 부유한 나라와 가난한 나라 모두 별거나 이혼 때문에 혹은 처음부터 같이 살지 않았기 때문에 한 부모가 이끄는 가정이 증가하고 있다. 〈그림 3.1〉은 미혼 여성에게서 태어난 아기의 비율을 나라별로 정리한 그래프이다. 항상 그런 건 아니지만 이러한 경우는 한 부모 가정이 생겨날 가능성이 높은 상황 중 하나이다. 유럽연합EU

은 2018년에 그 비율이 41.3%로 미국의 39.6%보다 높았다. 아일랜드조차 37.9%로 미국과 비슷했다. 특히 스페인(47.3%), 영국(48.2%), 에스토니아(54.1%), 덴마크(54.2%), 스웨덴(54.5%), 포르투갈(55.9%), 불가리아(58.5%), 프랑스(60.4%), 아이슬란드(70.5%)가 높았다. 요컨대, 종교적 배경이나 위도, 경제 수준과 상관없이 오늘날 부유한 나라들에서 미혼 여성이 아기를 낳는 일이 점점 많아지고 있다. 라틴 아메리카는 경제 수준이 낮은데도 불구하고 그 비율이 더 높다. 멕시코는 69.3%, 코스타리카는 71.8%, 칠레는 73.7%나 된다. 1960년에 서유럽에서 10%를 넘긴 국가가 몇 곳(아이슬란드, 오스트리아, 스웨덴)밖에 없었고, 대부분은 5% 미만이었다는 사실에 주목할 필요가 있다. 그 당시에 미국은 5.3%였고, 캐나다는 4.3%였다.

전반적으로 우상향하는 추세에서 크게 벗어나는 예외 사례는 한국(2018년에 겨우 2.2%)과 일본(2.3%), 튀르키예(2.9%)뿐이다. 이 나라들의 문화(그리고 정부와 기업 정책)는 결혼한 여성이 아기를 가지면 일을 그만두라고 권하는 경향이 강하다. 중국의 경우에는 공식 자료가 없지만, 전체 출생아 중 5~10%가 미혼 여성에게서 태어나는 것으로 추정된다. 중국 정부는 인구 증가 억제를 위한 전체적인 틀 안에서 미혼모를 처벌했다. 하지만 지금은 한 자녀 정책이 과거의 역사가 되고 말았기 때문에, 중국 정부가 이 세계적인 추세를 인구 감소를 역전시킬 수 있는 하나의 방법으로 바라볼 수도 있다. 중국과 비슷한 비율을 보이는 인도(다만 인도의 통계 자료는 미혼모와 과부를 구별하지 않는다.)에서는 혼자서 살아가는 싱글

멀티제너레이션, 대전환의 시작

그림 3.1 미혼 여성에게서 태어난 아기의 비율

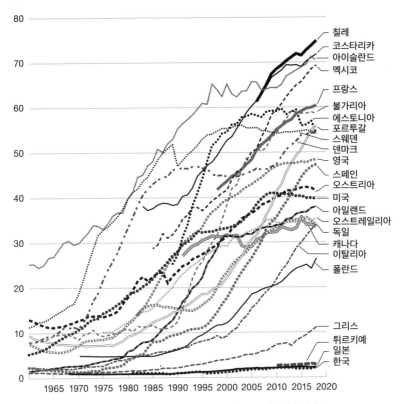

출처: OECD 가족 데이터베이스OECD Family Database

맘보다는 확대 가족과 함께 사는 싱글 맘이 두 배나 많을 것으로
추정된다. 두 딸의 어머니인 멜라니 안드라데(가명)는 "엘리베이터
를 타면 이웃 여자들이 몰래 자기 남편을 내게서 멀리 떨어지게 해
요. 내 딸들이 '결손 가정'에서 자랐다는 이유로 자기 아이들과 놀
지 못하게 하는 엄마들도 있어요. 나는 그 모든 것을 지켜보았습니

다."라고 말한다.

하지만 한 부모 가정은 미혼모 외에도 배우자의 사망이나 별거, 이혼 등의 사유로 생길 수 있다. 퓨연구센터Pew Research Center는 2019년에 발표한 연구 결과에서 "미국은 한 부모 가정 출신 자녀 비율이 세상에서 가장 높다."라고 지적한다. "18세 이하의 미국 어린이 중 약 4분의 1이 다른 어른 없이 한 부모하고만 살고 있는데, 이 비율은 전 세계 평균(7%)보다 세 배 이상 높다." 미국의 미혼모 비율이 세계 평균과 비슷하다는 점을 감안하면, 이 현상의 주된 이유는 높은 별거 및 이혼 비율에 있다. 한 부모 가정의 비율이 가장 낮은 나라들은 중국(3%), 나이지리아(4%), 인도(5%) 등이었다. 캐나다는 15%였고, 유럽에서 가장 높은 나라는 17%를 기록한 덴마크였다. 이 보고서는 또한 미국은 친척과 함께 사는 어린이 비율(8%)이 세계 평균(38%)에 비해 아주 낮은 나라 중 하나라고 지적했는데, 그 비율이 높은 곳은 대부분 신흥국과 개발도상국이다.

핵가족의 근간을 이루는 중요한 측면은 아이가 적절한 시기에 성장하고 일하고 자신의 핵가족을 꾸려야 한다는 것이다. 브룩스가 인용한 1957년 조사 자료에 따르면, 미국인 2명 중 1명은 결혼하지 않은 사람들이 '아프거나' '비도덕적이거나' '신경증이 있는' 것으로 보았다. 1장에서 보았듯이, 정해진 순차적 인생 단계들을 제때 거치지 못하는 사람은 괴짜나 버림받은 사람으로 취급될 위험이 있다. 하지만 오늘날 전통적인 핵가족이 더 이상 표준이 아닌 이유가 적어도 두 가지 있다. 첫째, 미국 인구조사국에 따르면, 미국의 기혼 여성 중 40% 이상은 이미 남편보다 더 많은 돈을 버는 데, 2030년에는 그 비율이 50%를 넘을 것으로 보인다. 둘째, 한 부모 가정과 아이가 아예 없는 가정, 그리고 어른 혼자 사는 단독 세대가 전체 미국 가구 중 절반 이상을 차지하고 있다. 세계화와 제조업 쇠퇴, 페미니즘 운동, 세속화, 이혼율 증가, 자기표현 문화의 부상 등이 이러한 변화를 이끌었다.

사회학자 프란체스카 캔시언Francesca Cancian과 스티븐 고든Steven Gordon은 여성 잡지에 소개된 결혼에 관한 조언을 장기간에 걸쳐 검토했다. 그리고 "자기희생, 갈등 회피, 엄격한 성 역할 등의 낡은 규범 대신에 자기계발, 부정적 감정과 긍정적 감정의 열린 의사소통, 더 유연한 역할 등의 이상이 있었다."라고 결론지었다. 그리고 1960년대부터 "개인주의, 감정 표현, 양성성을 향해 나아가는 추세"를 확인했다. 결혼(혹은 동거)의 목표를 자녀보다는 인생의 성취에 두는 커플이 점점 더 늘어났는데, 이러한 추세는 펜실베이니아대학교의 캐스린 에딘Kathryn Edin과 공저자인 마리아 케팔라스Maria Kefalas도 지적한 바 있다. 이 놀라운 변화에 대한 내 견해는 교육 수준이 높고 집 밖에서 일하는 여성들 사이에서 결혼이 아주 다른 의미를 갖게 되었고, 그 진화 결과가 더 적은 자녀와 더 많은 반려동물로 나타났다는 것이다. 남성은 새로운 상황에 적응하는 것 외에는 달리 선택권이 없었다.

핵가족의 또 다른 측면은 사회적 고립에 미치는 영향이다. 1985년에 나온 베스트셀러 『미국인의 사고와 관습Habits of the Heart』

에서 로버트 벨라Robert Bellah가 이끈 미국의 사회학자 팀은 "미국의 문화적 전통은 성격과 성취, 인생의 목적을 영광스럽지만 끔찍한 고립 상태에 개인을 남겨두는 방식으로 정의한다."라고 썼다. 인생에서 발전하는 것은 곧 '자신을 찾고', '집을 떠나고', 일을 통해 '출세하고', '사랑과 결혼'을 하고, 공동체와 국가에 이웃과 시민으로서 '관여'하는 것이다. 하지만 정치과학자 로버트 퍼트넘Robert Putnam이 2000년에 큰 인기를 끈 『나 홀로 볼링Bowling Alone』에서 주장했듯이, 미국의 개인주의는 전통적인 공동체 정신을 압도했는데, 중산층 가족이 교외 지역으로 이동하면서 전통적인 유대가 단절되는 바람에 특히 그랬다. 퍼트넘은 "20세기의 마지막 3분의 1 기간에 사회적 유대와 시민 참여에 뭔가 중요한 일이 일어났다. 우리는 여전히 다른 여러 나라보다는 시민 참여가 더 활발하지만, 얼마 전의 과거와 비교하면 우리는 이전보다 덜 연결돼 있다."라고 지적했다. 그 원인으로 지목되는 요소(일 중독, 교외 지역의 팽창, 세대 변화)는 많지만, "시민 참여가 감소하기 시작한 시기는 전통적인 가족 단위(부모와 아이들)가 붕괴한 시기와 일치한다."

일부 사회과학자들은 전통적인 가족 단위의 감소를 낙관적으로 바라본다. 드파울로는 "나는 핵가족이 감소하는 현상에는 단순히 혼돈이나 트라우마 이야기만 있는 게 아니라고 생각한다. 핵가족 구조에 편안하게 적응한 적이 없는 사람들에게 이러한 상황은 해방감을 선사하고 다양한 선택지를 열어준다. 그러한 선택지를 나는 인생의 큰 구성 요소들(결혼, 동거, 섹스, 임신과 출산)의 측면에

멀티제너레이션, 대전환의 시작

서 생각한다."라고 말한다. 이 주장에서 핵심은 "이 구성 요소들은 이전에는 모두 한 꾸러미로 뭉쳐져 있었지만, 지금은 모두 해체되었다. 사람들은 원하는 구성 요소를 어느 것이건 골라서 선택할 수 있다."라는 것이다. 예를 들면, 사람들은 결혼을 하지 않고도 함께 살 수 있고, 사랑을 나누는 파트너가 없이도 아이를 가질 수 있다. 하지만 현실에서는 핵가족과 히피 공동체 모두 내리막길에 놓인 반면, 다른 형태의 사회적 조직과 생활 방식이 빠르게 성장하고 있다.

## 홀로 살기

"1인 가구의 증가는 하나의 추세가 되었는데, 이들이 혼자 사는 데에는 다양한 이유가 있습니다." 연기자와 K팝 스타, 인기 운동선수가 혼자 살아가는 일상을 생생하게 소개하면서 세계적으로 유명세를 얻은 한국의 리얼리티 쇼 〈나 혼자 산다〉는 이렇게 선언한다. 한국은 합계 출산율이 여성 1명당 0.87명으로 세계에서 두 번째로 낮으며(1위는 0.76명인 홍콩이지만, 홍콩은 국가가 아니므로 국가로 따지면 한국이 1위이다.), 5200만 명의 인구 중에서 600만 명 이상이 1인 가구로 살아가고 있다. 시청자는 홀로 살아가는 다양한 유명인의 일상을 엿볼 수 있다. "이 프로그램은 독신 생활의 생생한 모습과 집안일을 슬기롭게 처리하는 비법, 혼자 살아가는 그들의 철학을 잘 보여준다."

합산 통계는 많은 나라에서 1인 가구 비율이 증가한다는 것을 보여준다. 다만 이 데이터는 다소 균일하지 못한 측면이 있는데, 혼자 사는 젊은이뿐만 아니라 이혼과 사별로 혼자가 된 사람들을 모두 뭉뚱그려 포함하기 때문이다. 브라질에서는 지난 50년 사이에 그 비율이 5%에서 12%로 증가했고, 멕시코에서는 4%에서 10%로, 칠레에서는 6%에서 9%로, 폴란드에서는 17%에서 24%로, 스페인에서는 13%에서 23%로, 아일랜드에서는 14%에서 24%로, 프랑스에서는 20%에서 35%로, 미국에서는 13%에서 29%로, 한국에서는 20%에서 27%로 증가했다. 대다수 유럽 국가에서는 전체 가구 중 약 3분의 1이 1인 가구이다. 자녀와 함께 사는 한 부모 가정(미국에서는 10%), 아이 없이 함께 사는 커플(4분의 1), 1인 가구(4분의 1)가 증가함에 따라 핵가족은 감소하고 있다. 그래서 유엔은 캐나다와 일본, 한국, 러시아, 대다수 유럽 국가에서 결혼한 부부와 적어도 한 자녀 이상으로 구성된 핵가족은 30% 미만일 것으로 추정한다. 신흥국과 개발도상국은 그 비율이 더 낮은데, 여러 세대가 함께 사는 가정이 역사적으로 중요한 의미를 지니고 있기 때문이다.

"지난 50년 동안 우리 종은 놀라운 사회 실험을 시작했다."『고잉 솔로: 싱글턴이 온다Going Solo』란 책을 쓴 사회학자 에릭 클리넨버그Eric Klinenberg는 이렇게 주장한다. "인류 역사상 처음으로 아주 많은 사람들(모든 연령대와 장소에서 온갖 정치적 이념을 가진)이 독신자로 정착해 살아가기 시작했다." 결혼을 하지 않고, 아이를 낳지 않고, 파트너 및 배우자와 별거하거나 이혼한 사람들이 점점 많아짐에 따라 그 수는 계속 늘어나고 있다.

드파울로가 《사이콜로지 투데이Psychology Today》에서 지적했듯이, 혼자 살아가는 것은 비용이 많이 들기 때문에, 독신자는 주택 공급이 많고 튼튼한 연금 제도가 갖춰진 선진국에 더 많다. 게다가 "인터넷과 그 밖의 커뮤니케이션 기술의 발전 덕분에 고립감에 시달리지 않고도 혼자 살아갈 수 있다." 2021년 6월, 나는 영국에 도착하고 나서 5일 동안 격리 기간을 가졌다. 격리 상태에서도 나는 화상 통화로 가족 및 친구들과 대화를 나누고, 온라인으로 일을 하고, 엔터테인먼트 콘텐츠에 접속할 수 있었기 때문에, 과거 그 어느 때보다 세상과 연결된 느낌을 받았다. 하지만 혼자 사는 것이 가능해지고, 과거보다 고립된 느낌이 덜하다고 해서 그런 삶이 반드시 바람직하다는 것은 아니다. 드파울로는 "혼자 살면 그런 사람으로 낙인이 찍힐 수도 있다."라고 말한다. 드파울로는 독신자 증가 원인으로 개인적 독립, 자기 의존, 자기표현, 개인적 선택 같은 개인적 가치가 부각된 현상을 꼽는다. 순차적 인생 모형과 핵가족의 붕괴도 이 추세를 거든다.

"혼자 사는 사람들의 비율 증가는 많은 점에서 현대 서양 사회의 상징적 특징이 되었는데, 기본적으로 가족을 희생해가면서 개인과 개인의 목표를 중요시하는 경향을 대표하기 때문이다." 이것은 바르셀로나의 인구통계연구센터에서 일하는 알베르트 에스테베Albert Esteve가 이끄는 인구통계학자 팀의 보고서에 나오는 내용이다. 연구진은 세계 인구의 95%를 차지하는 113개국 사람들의 거주 형태에 관한 데이터를 분석한 끝에 결혼 여부가 혼자 사는 사람들을 가려내는 최고의 단일 예측 인자라는 사실을 발견했다. 따라서 이러한 추세가 증가하는 배경의 중심에는 성장에서 결혼(또는 안정적 관계 수립)으로 이어지는 순차적 연결의 단절이 자리 잡고 있다.

늘 그렇듯이, 악마는 디테일에 있다. 유럽과 북아메리카를 제외한 대다수 나라에서는 25~29세의 젊은이가 혼자 살아가는 것이 규칙보다는 예외에 가깝다.(유럽과 북아메리카에서는 여성의 15~39%, 남성의 20~35%가 홀로 산다.) 이러한 패턴은 평생 동안 죽 지속된다. 유럽과 북아메리카에서는 30대와 40대, 50대(핵가족에서는 부모 역할을 해야 하는 연령 집단) 여성 중 약 8%가, 남성은 12%가 혼자 산다. 이 연령 집단의 아프리카와 아시아, 라틴아메리카 여성 중에서 혼자 사는 비율은 2% 미만인 반면, 아프리카와 라틴아메리카 남성은 그 비율이 네 배쯤 높다. 아시아 남성은 높은 혼인율과 혼자 사는 것을 이상하게 바라보는 주변의 시선 때문에 혼자 사는 비율이 낮다. 시간이 지날수록 성인기의 첫 10년 동안 혼자 사는 여성의 수가 점점 늘어나고 있는 지역은 유럽과 북아메리카뿐인 반면, 혼자 사는 남성의 수는 아시아를 제외한 모든 지역에서 늘어나고 있다. 요컨대 혼자 살아가는 추세는 남성 사이에서, 또 선진국에서 더 두드러지게 나타난다. 그리고 시간이 지날수록 그 수가 증가하고 있는데, 특히 20~50대 남녀 사이에서, 또 선진국에서 증가하고 있다. 이러한 패턴 뒤에는 파트너 없이 혼자 사는 개인이 증가하는 현상이 자리하고 있다. 에스테베와 동료들은 "남성은 여성보다 더 일찍 그리고 더 결정적으로 전통적인 틀을 깼다."라고 결론지었다. "다만 대다수 선진국에서는 혼자 사는 여성의 비율도 상당히 높은 편인데, 이것은 변화가 남성보다 여성 사이에서 훨씬 빠른 속도로 일어난다는 것을 시사한다." 영 어덜트에서 파트너 관계/결혼과 부모 단계로 이행하는(순차적 인생 모형이 규정하는 방식대로) 남성과 여성의 수가 점점 줄어들고 있다.

## 부모와 함께 살기

"대공황 이래 처음으로 미국의 영 어덜트 중 대다수가 부모와 함께 살고 있다." 이것은 퓨연구센터가 2020년에 발표한 놀라운 연구의 헤드라인이다. 윌리엄 매킨리William McKinley 대통령이 재선에 성공한 1900년에는 18~29세의 미국인 중 부모와 함께 사는 비율이 41%였는데, 1930년대의 힘든 시기에는 48%까지 증가했다. 전후의 호황과 핵가족의 부상으로 1960년에는 그 비율이 29%로 떨어졌다. 그 후 20년 동안 느리게 증가하다가 2000년에 38%였던 것이 2020년에는 52%로 뛰었다(〈그림 3.2〉 참고). 이 급작스러운 상승은 2008년 금융 위기로 시작되었는데, 2019년의 코로나바이러스 팬데믹 때에는 수백만 명의 대학생과 실직하거나 임금이 삭감된 청년들이 부모의 집으로 돌아갔다. 그중 상당수는 막대한 학자금 대출 빚을 떠안고 있었다. 하지만 영 어덜트 중에서도 교육 수

그림 3.2 **미국에서 부모와 함께 사는 영 어덜트의 비율**

출처: 퓨연구센터/미국 인구조사국

준이 높은 사람은 부모와 함께 사는 비율이 낮다. "오늘날 대학 졸업장이 없는 영 어덜트는 자신의 집에서 결혼 생활이나 동거 생활을 하는 대신에 부모와 함께 살 가능성이 더 높다. 반면에 대학 졸업장이 있는 영 어덜트는 배우자나 파트너와 함께 자신의 집에서 살 가능성이 더 높다." 그리고 그 비율이 큰 폭으로 치솟은 집단은 여성과 백인, 아시아계 미국인이다.

선진국 중에서 부모와 함께 사는 영 어덜트 수가 많고 계속 증가하는 나라는 미국뿐만이 아니다. 2019년 현재 EU의 25~34세 남녀 중 부모와 함께 사는 비율은 30%를 조금 넘는다. 남유럽과 동유럽의 대다수 지역은 40%를 넘는 반면, 독일과 프랑스와 영국은

멀티제너레이션, 대전환의 시작

20% 미만이고, 스칸디나비아 지역은 5% 미만인데, 이것은 경제적 조건과 실업, 주택 구입 능력이 핵심 변수임을 시사한다. 2021년 3월, 대한민국 통계청은 30대 미혼 남녀 중 62%, 40대 미혼 남녀 중 44%가 부모와 같은 집에서 살고 있다고 보고해 세상을 놀라게 했다. 이것은 30대 한국인 중 26%(미혼 비율 42%에 부모와 함께 사는 비율 62%를 곱한 수치)가 부모와 함께 살고 있다는 뜻으로, 유럽 평균보다는 낮은 비율이다. 이런 젊은이들을 '캥거루족'이라 부른다.

통계 수치 뒤에 숨어 있는 개별적인 이야기는 대중문화에서 꾸준히 묘사돼왔다. 영화 〈로키 로드Rocky Road〉(2014)에서 해리슨 버크(마크 셸링 분)는 성공한 월스트리트 은행가로, 근사한 아파트, 넓은 사무실, 법인 카드 등 모든 것을 다 가졌다. 하지만 회사가 파산한 뒤, 버크는 뉴잉글랜드의 소도시에 사는 부모 집으로 향하게 되고 머지않아 아버지의 아이스크림 트럭에서 일을 시작한다.

"부모 집으로 들어가 사는 영 어덜트 수는 전문가들 사이에 큰 논란을 일으켰다." 드파울로는 『우리가 살아가는 방법How We Live Now』에서 이렇게 지적했다. "자식들은 부메랑 세대, 앞으로 나아가지 못하는 세대, 오도 가도 못하는 세대라 불린다." 부모의 눈에 퇴보로 보이는 이 현상은 각 세대가 마땅히 통과해야 할 단계들의 순서를 완전히 뒤죽박죽으로 만든다. "자식들을 받아주는 어머니와 아버지는 헬리콥터 부모나 더 나쁜 표현으로 불린다." 이 문제의 중심에는 1장에서 보았듯이 인생의 각 단계마다 적용되는 사고방식이 자리 잡고 있다. "하지만 비평가들은 20세기의 안경을 통해 이 새로운 추세를 평가하고 있을지도 모른다."

이 주제의 한 가지 변형은 부모의 집을 절대로 떠나지 않는 자녀이다. 영화 〈달콤한 백수와 사랑 만들기Failure to Launch〉(2006)에서 트립(매슈 매코너헤이 분)은 "우리는 여전히 태어난 집에서 살고 있는 남자야. 우리는 자신이 누구이고, 어떻게 살고, 누구와 함께 사는지 사과하려고 여기 온 게 아니야."라고 말한다. 트립은 35세인데, 여전히 볼티모어의 부모 집에서 살고 있다. "친구들, 이 식탁을 둘러보면, 내 눈엔 세 명의 승자가 보여. 안 그런가? 저 밖에 있는 사람들 중 이것을 달리 보는 사람이 있다면, 그래, 그렇다면 그걸 가져오라고 말할 거야. 왜냐하면, 날 부모님 집에서 끌어내려면 다이너마이트가 필요할 테니까 말이야." 잠깐 사귀는 여자 친구들은 그가 '자신의 거처'로 데려갈 때마다 항상 그를 버린다. 부모는 절박한 심정에서 트립을 내보내려고 연애 전문가인 폴라(세라 제시카 파커 분)를 고용한다. 그리고 몇 차례의 우여곡절과 반전 끝에 둘은 결국 연인 관계로 발전한다.

순차적 인생 모형은 성인이 된 자식이 어느 시점에 자신의 거처를 마련해 새 가정을 꾸미면, 부모는 텅 빈 둥지에 남게 될 것이라고 가정한다. 성인이 되고 나서도 부모 집에 얹혀사는 부메랑 세대의 등장은 수많은 기사와 책과 자기계발서를 양산했다. 그런 안내서 중에 크리스티나 뉴베리Christina Newberry가 쓴 『집에서 함께 사는 어른이를 견뎌내는 안내서The Hands-On Guide to Surviving Adult Children Living at Home』가 있다. 뉴베리는 "만약 집에서 함께 사는 '어른이'(혹은 절대로 집을 나가려 하지 않는 자식) 문제로 고민한다면, 그런 사람이 당신 혼자만이 아니라는 사실을 알 필요가 있다. 다 자란 자식과 함께 사는 것은 매우 힘들 수 있는데, 휴일에는 특히 그렇다."라고 말한다. 그 자신도 부모 집에 얹혀사는 영 어덜트인지라, 뉴베리는 115쪽짜리 안내서뿐만 아니라, 부록으로 8쪽짜리 '집에서 함께 사는 어른이 계약서'와 가계 예산 계산기도 제공한다. 특히 이 계산기는 교묘한 회계 규칙들을 통해 직간접적 비용을 할당하고, 함께 사는 자식에게 월세를 부과하고, "모든 부담을 부모가 다 떠안는 대신에 허리가 휘는 빚을 다같이 극복하는 데" 도움을 준다.

부모와 함께 사는 것 외에 선택지가 없는 영 어덜트의 수가 증가하는 현상은 순차적 인생 모형을 떠받치는 세대 간 동역학에 생겨난 일련의 균열을 드러낸다. 첫 번째는 부모가 자식을 돌보는 책임에 만기일이 있다는 가정이다. 빈 둥지 개념 자체는 바로 이 전제에서 출발했다. 그다음에는 교육비 부담을 누가 져야 하느냐는 문제가 있다. 일자리를 얻지 못한 영 어덜트는 산더미 같은 학자금 대출을 갚을 능력이 없기 때문이다. 무엇보다도 뉴베리가 '감정적 지뢰'라고 부르는 망령을 빼놓을 수 없는데, 이것은 자녀가 생겼을 때 "어른이가 좋은 부모가 될 능력을 약화시킨다." 뉴베리는 "어른이가 자신의 가족을 데리고 집으로 들어올 경우, 기본 원칙과 기대는 매우 명확해야 한다."라고 썼다. "집에서 함께 사는 어른이는 어떤 삶을 살아가건 간에 자기 자식을 보살피는 것은 자신의 책임임을 반드시 숙지해야 한다. 그것은 당신의 책임이 아니다." 물론 실천보다는 말이 쉽다. 하지만 모든 자기계발서가 그렇듯, 요점은 도전할 의지가 있느냐 하는 문제로 귀결된다.

일부 국가에서는 30대와 40대가 부모와 함께 살려는 동기가 단순히 경제적 필요에만 국한되지 않는다. 눈여겨볼 만한 예는 한국이다. 이러한 사례의 42%는 주된 이유가 실업이지만, 나머지 영 어덜트 중에는 재정적으로 문제가 없는데도 부모 집을 떠나지 않는 사람이 많다. 서울의 공립 고등학교에서 교사로 일하는 36세의 미혼 여성 송정현은 "부모님은 외동딸이 혼자서 사는 것은 위험하다고 생각하세요. 그리고 부모님과 함께 사는 게 행복해요."라고 말한다. 결혼 자금을 마련하기에 상대적으로 용이하다는 점도 부모의 집에서 계속 사는 주요 동기 중 하나이다. 부모는 성인 자녀에게 인생의 조언을 제공하고 자녀는 부모에게 건강과 그 밖의 여러 가지 일을 돕는 양방향 관계의 이점에 주목하는 사람들이 많다. 영 어덜트가 부모의 집에 계속 머무는 이유가 이토록 복잡하다면, 거주 형태에 관한 문제를 잘 설계된 다세대 가구의 관점에서 다시 생각해볼 필요가 있다.

## 다세대 가구의 귀환

"우리 가족은 우리가…… 다세대 가구의 전형이라고 생각한다." 건축가 로버트 해비거Robert Habiger는 블로그에서 이렇게 썼다.

"우리는 같은 집에서 장모님과 자녀 2명, 남자 친구 1명, 손녀 1명, 그리고 우리 부부, 이렇게 7명이 함께 산다. 집안의 실질적인 가장 역할은 아내와 내가 맡고 있다." 뉴멕시코주 앨버커키에 사는 로버트는 최연장자와 최연소자의 나이 차가 80세나 나는 세대들 사이에서 적절한 균형을 찾으려고 많은 노력을 기울였다. 해비거 가족의 실험은 100여 년 전에 등장한 핵가족 개념(결혼을 하면 이전에 살던 부모의 집에서 나와 새로운 가정을 꾸미는)에서 벗어나려는 최근의 추세를 보여주는 예이다. "다세대가 함께 사는 우리 집에는 서로 연결된 4개의 거주 구역이 있다. 거주 구역별로 1~3명의 구성원이 독립적으로 생활한다. 이러한 집의 구조는 각 구성원이 고독/우의, 다양성/통일성, 독립성/지원을 경험하게 해준다." 로버트는 이러한 거주 형태의 이점이 아주 많다고 말한다. "이렇게 상반된 경험들이 공존하는 패턴은 다세대 공동 거주 형태의 핵심 중 하나이다. 서로 가까이 있으면서 따로 떨어져 있고, 공동의 활동에 참여하다가도 자기만의 안식처로 돌아갈 수 있다는 것은 중요한 삶의 경험이다." 이것은 아주 설득력 있는 주장이다.

다세대가 거처를 공유하며 살아온 지 수백 년 혹은 수천 년이 지나고 나서 20세기에 뿌리를 내린 핵가족 개념은 거주 형태에 새로운 시대를 열었지만, 이제 그것은 적어도 부분적으로는 종말을 고하고 있다. 해비거 가족은 더 이상 희귀한 사례가 아니라 점차 증가하는 추세의 일부이다. 다만 이 가족은 대다수 다세대 가구에 비해 경제적으로 훨씬 나은 편이다. 퓨연구센터가 종합한 데이터에 따르면, 2021년에 전체 미국인 중 약 18%(5970만 명)가 세 세대 이상이 함께 사는 다세대 가구에 속하는데, 이것은 1971년의 7%에서 크게 증가한 수치이다. 무엇보다 이 수치는 앞에서 본 핵가족 가구의 비율과 정확하게 일치한다. 비영리 단체인 제너레이션스 유나이티드Generations United는 2021년에 해리스 여론 조사 결과를 바탕으로 전체 미국인 중 약 26%가 다세대 가구에서 살고 있다고 평가했는데, 이것은 2011년의 7%보다 크게 증가한 것이다.

추정치는 조사 기관에 따라 차이가 있지만, 추세만큼은 분명하다. 핵가족이 급증하기 이전에 다세대 가구의 비율은 현재보다 더 높았지만(대공황 시절에는 약 30%, 1950년에는 21%), 1980년대까지는 계속 줄어들다가 그 이후에 다시 반등했다. 유럽 전역에서도 최근에 비슷한 증가 현상이 나타났다. 소수 인종은 다세대 가구를 이루어 사는 경우가 더 많다. 그 비율은 아프리카계 미국인과 라틴계가 약 24%, 아시아계가 24%로, 비히스패닉계 백인의 13%에 비해 훨씬 높다. 외국에서 태어나 미국으로 이주한 사람들도 그 비율이 높은 편이며, 전반적으로 남성도 그 비율이 높다. 경제적 필요와 문화적 규범이 이러한 추세에 일조하긴 하지만, 미국에서 다세대 가구를 이루어 사는 비히스패닉계 백인은 전체 인구에 비해 더 빠른 속도로 증가해왔다.

다세대 가구를 이루어 살려는 동기는 복잡하다. 퓨연구센터의 조사에 따르면, 가장 큰 이유는 경제적 문제로 전체 사례의 약 40%를 차지했다. 그리고 늘 그렇게 살아왔기 때문이라고 답한 사람이

28%, 나이 든 가족을 돌보기 위해서라고 답한 사람이 25%였다. 제너레이션스 투게더Generations Together는 자체 조사를 통해 다세대 가구를 이루어 사는 이유를 여러 가지 발견했다. 고령자 돌봄(24%), 자녀 양육과 교육(34%), 실직이나 불완전 고용(30%), 높은 의료비(25%), 문화적 규범과 가족의 기대(23%), 고등 교육과 재취업을 위한 교육비 부담(23%), 이혼 또는 별거(15%), 주택 상실(14%) 등이 그것이다. 다세대 가구는 구성원에게 많은 혜택을 가져다주는 것으로 보인다. 실제로 조사에 응한 사람들 중 70% 이상이 그렇다고 인정했으며, 특히 가족 돌봄, 재정 상황 개선, 정신적·신체적 건강 증진, 학교 교육과 취업 훈련 지원에 많은 도움이 되었다. 그중 약 절반은 가계 소득이 10만 달러 이상이라는 사실을 강조할 필요가 있는데, 이것은 주요 동기가 오직 경제적 고려만이 아님을 시사한다. 게다가 응답자의 71%는 자가 보유자였다. 이러한 거주 형태는 앞으로도 계속 유지될 것으로 보이는데, 조사에 응한 사람들 중 약 72%가 다세대 가구에서 계속 살아갈 것이라고 답했다. 여기서 분명한 사실은 다세대 가구는 가난하게 살 가능성이 낮다는 것인데, 재정적 자원을 합치고, 비용을 분담하고, 노약자를 보살피기에 상대적으로 유리하기 때문이다. 퓨연구센터의 조사에서 절반 이상은 다세대가 함께 사는 방식이 편리하고 그럴 만한 가치가 있다고 응답한 반면, 스트레스를 받는다고 응답한 비율은 4분의 1에 불과했다. 따라서 모든 다세대 가구 중 최대 3분의 1은 필요에 의해 어쩔 수 없이 그렇게 사는 것이 아니라 스스로 그런 생활 방식을 선택했

다고 결론지을 수 있다.

　미국은퇴자협회는 조부모와 손주가 함께 사는 대가족을 가리키는 '그랜드패밀리grandfamily'라는 용어를 만들었다. 2016년에 그랜드패밀리는 720만 가구를 기록하면서 4년 전보다 두 배 이상 늘어났는데, 아편 유사제 중독 위기가 그랜드패밀리 급증의 일부 원인이 되고 있다. 2016년에 2만 3000명 이상의 주택 구매 희망자를 조사한 결과에 따르면, 그중 44%는 부모와 함께 살 수 있는 곳을 원했고, 42%는 성인 자녀에게 거처를 마련해주려고 했다. 특히 65%는 욕실이 딸린 침실이 1층에 있길 원했고, 24%는 거실과 침실뿐만 아니라 간이 주방까지 딸린 스위트룸을 원했다. '인척 방'이나 '할머니 방'이라 부르는 부속 주거 공간도 인기가 높아지고 있다. 2018년에 미국은퇴자협회가 실시한 주택 선호 조사에서는 성인 중 3분의 1이 용도 규제와 그 밖의 제약이 없다면 자신의 집에 그런 거주 공간을 만드는 것을 고려하겠다고 답했다. 참고로 미국에서 다음 지침을 주 전체에 적용하는 곳은 8개 주와 워싱턴 D.C.뿐이다. "다세대 거주를 위한 주택의 규제를 없애고 개발 절차를 간소화하면, 변화하는 가족 역학에 대응할 선택지를 가족들에게 더 많이 제공할 수 있다."

　다세대가 함께 살아가는 거주 형태가 증가함에 따라 부동산 개발업자들이 이에 흥미를 느낄 것이라고 생각할 수 있지만, 안타깝게도 다세대 전용 공동 주택을 짓는 경우는 매우 드물다. 2012년에 애리조나주 피닉스에 조성된 그랜드패밀리스 플레이스Grandfamilies

Place는 손주를 키우는 조부모를 특별히 배려해 설계된 56채 규모의 주택 단지이다. 민간 자본과 공공 자본을 함께 투입해 운영하기 때문에, 그 지역의 중위 소득(전체 소득 구간에서 40~60%에 해당하는) 주민도 충분히 감당할 수 있을 만큼 임대료가 저렴하다. 하지만 대다수는 그런 목적으로 설계되지 않은 일반 주택에서 다세대가 함께 살고 있다. 미국 인구조사국의 대프니 로프키스트Daphne Lofquist는 여러 세대가 같이 살기로 결정한 주요 이유가 여전히 병이나 이혼, 사별, 실업, 가난, 주택 압류, 외국에서 국내로 불가피한 이주 등이기 때문이라고 지적한다.

따라서 다세대 가구의 귀환은 수명 연장, 출생률 감소, 세대 간 경계의 모호함, 교육 수준이 높지 않은 젊은이들이 겪는 어려움, 공동체에 대한 갈망 등이 낳은 직접적 결과이다. 안정적인 일자리 부족과 경제적 궁핍도 이 추세를 거들고 있다. 필요에 의해서건 설계에 의해서건, 다세대가 함께 살아가는 생활 방식은 아주 강한 물결을 이루며 돌아오고 있다.

게다가 미국 국립보건원이 발표한 한 논문에서 컬럼비아대학교 연구자들은 "다세대 거주 형태는 …… 심리적, 사회적, 재정적 자본을 증가시킬 수 있는데, 이것들은 건강과 수명 향상과 관련이 있는 인자들이다."라고 썼다. 선택에 의해서건 필요에 의해서건, 다세대 가구는 급속한 고령화로 인한 난관을 극복하는 데 도움이 될 수 있는 세대 간 협력과 상호 이해의 새로운 지평을 연다. 만약 다세대 생활이 수명을 늘릴 수 있다면, 10대와 20대가 인생의 중요한 결정을 내릴 때 겪는 스트레스에 대처하는 데에도 도움을 줄 수 있을까? 그리고 부모가 자녀를 양육하는 데에도 도움을 줄 수 있을까?

다세대 가구가 약속하는 이득을 얻기 위해 19~20세기 미국의 유토피아 공동체나 키부츠 모델(둘 다 종교적, 윤리적, 사회주의적 이념의 혼합에 기반을 둔)을 받아들일 필요까지는 없다. 다만 다세대 공동 거주는 개인주의에 대한 반동이라는 측면에서 그러한 역사적 운동들과 접점이 있다. 1960년대 후반과 1970년대 전반에 사회학자이자 비즈니스 컨설턴트인 로자베스 모스 캔터Rosabeth Moss Kanter는 이 주제와 관련해 "공동체 운동은 19세기에 존재했고 오늘날 또다시 존재하는 유토피아의 가능성에 대해 되살아나는 믿음의 일부인데, 그것은 올바른 사회 제도를 만듦으로써 인간의 만족과 성장을 이룰 수 있다는 믿음이다."라고 썼다. 비록 공동체 형태는 아니더라도 다세대 공동 거주 형태로 되돌아가는 것은, 《뉴욕 타임스》의 브룩스가 지적했듯이, 충분한 사회적 지원망 없이 인생의 한 단계에서 다음 단계로 이행해야 한다는 압력 때문에 생겨나는 감정적 쓰레기에 대처하는 방법이 될 수 있다.

## HE/SHE에서 HE/SHE/THEY와 그 너머로

전통적인 핵가족 개념을 집어삼키는 변화에서 또 다른 측면은 성별을 구별하는 정체성과 성별을 구별하지 않는 정체성 문제

멀티제너레이션, 대전환의 시작

를 포함한다. 오늘날의 논쟁은 용어 문제를 놓고 벌어지는 경우가 많다. 한 레딧Reddit 사용자는 "언어는 우리가 빠져나올 수 없는 감옥이다. 그것은 우리의 생각을 가두는 감옥이다. 그것은 자유로운 사고를 가둔다."라고 썼다. 심지어 언어는 우리의 지각뿐만 아니라 행동에도 큰 영향을 미친다. 성별 구별이 있는 언어는 직장과 학교와 그 밖의 사회적 장소들에서 차별을 낳는 토양을 제공하는 것으로 드러났다. 나얀타라 두타Nayantara Dutta는 BBC의 한 게시글에서 "세계는 역사적으로 남성을 기본값으로 규정해왔으며, 그 기본값은 언어를 통해 강화되는 구조를 띤다."라고 주장했다. "인간으로서 우리의 집단 정체성은 남성으로 이해된다. 우리는 우리 종을 man('인간')이라는 단어로 표현하고, 통합이 필요할 때에는 mankind('인류')라는 용어를 쓴다." 널리 사용되는 언어 중에서 성별 구별이 가장 심한 언어는 스페인어, 프랑스어, 독일어, 아랍어, 힌디어이다. 반대로 중국어는 어떤 명사와 대명사도 분명한 성이 없다는 점에서 성별 구별이 없는 언어이다. 그 중간에는 영어를 포함해 대명사는 성이 있지만 대다수 명사는 성이 없는 언어가 다수 있다. 제니퍼 프리윗-프레일리노Jennifer Prewitt-Freilino, 앤드루 캐스웰Andrew Caswell, 에미 락소Emmi Laakso는 111개국의 언어 표본을 통해 "성별 구별이 있는 언어를 사용하는 나라들은 문법적 성 체계가 다른 언어를 사용하는 나라들에 비해 성 평등 수준이 뒤떨어진다는" 증거를 발견했다. 게다가 "자연 성natural gender 언어를 사용하는 나라들은 성 평등 수준이 훨씬 높은데, 성 차별 언어 사례를 성 대

칭적으로 수정하기가 용이해서 그럴 수 있다." 이 증거에 비추어볼 때, 여성 권익 옹호 단체와 차별 반대 전문가들이 수십 년 전부터 더 포괄적인 '남성/여성' 언어를 사용해온 것은 놀라운 일이 아니다. 학계에서는 seminar(세미나)●라는 용어를 피하며, 연구의 통찰력은 penetrating이라고 표현하는 대신에 pathbreaking('틀을 깨는'), pioneering('선구적인'), incisive('예리한')라는 단어를 쓴다. 비즈니스 용어 중에서도 market penetration('시장 침투')은 피해야 하는데, 명백한 성 차별적 표현이자 추악한 의미를 담고 있기 때문이다.●●

　하지만 이 모든 변화조차도 사람들이 추구하는 다양한 생활 방식을 전부 수용하기에는 불충분하다는 것이 입증되고 있다. 21세기에 접어든 이래로 밀레니얼 세대는 다른 세대 구성원들과 함께 다양한 생활 방식을 수용하기 위해 '남성/여성'이라는 이분법적 범주를 거부하고 논바이너리non-binary 용어나 젠더 비순응적 용어를 선호했다. 국제LGBTI협회ILGA와 미국, 오스트레일리아, 뉴질랜드는 성적 지향성 권리를 가장 강하게 보호하는 곳들이다. ILGA는 성적 지향성에 관한 법 제도 현황을 묘사한 세계 지도를 발간하는데, 다양한 성적 지향성을 지닌 사람들(LGBTQIA+ 같은)의 권리에

---

● 　seminar는 '씨를 뿌리다'라는 뜻에서 유래했고, 비슷한 단어인 seminal은 '정액의'라는 뜻이다. 따라서 의미상 seminar에 대응하는 여성형 단어는 '난자의, 근본이 되는'이라는 뜻의 ovular이 된다.

●● 　기본형인 penetrate의 '관통하다'라는 뜻은 '성기를 삽입하다'라는 성적 의미에서 파생된 것이다.

어떻게 대응하는가에 따라 각 나라에 1~9점을 매긴다. 그중에는 그런 사람들을 '사형'에 처하는 나라(10여 개국)도 있고, '헌법으로 보호'하는 나라(겨우 6개국)도 있다. 당연하게도 서유럽과 북아메리카, 대다수 라틴아메리카와 카리브해 국가들은 성적 지향성 권리를 아주 강하게 보호하고 있으며, 앙골라와 보츠와나, 모잠비크, 남아프리카공화국, 네팔, 몽골, 한국, 태국도 크게 다르지 않다. 많은 정부와 항공사, 대학들은 더 이상 사람들에게 자신의 성을 보고하라고 요구하지 않으며, 그 대신에 논바이너리 범주를 제시한다.

LGBTQIA+ 혁명은 퀴어 영화 제작 물결을 일으켰는데, 이것은 곧 그것이 우리의 집단의식과 문화의 일부가 되었다는 또 하나의 징후이다. 〈톰보이Tomboy〉는 성장 과정에서 성 고정관념에 순응하는 고통을 그린 프랑스 영화이다.

"난 리사야. 이곳에 살아." 주인공의 새 친구 리사가 말한다. 잠깐 기다렸다가 리사는 다시 입을 연다. "넌 수줍음이 많구나."

"아냐. 그렇지 않아." 젠더에 순응하지 않는 열 살짜리 어린이 로라가 말한다.

"이름이 뭔지 말해주겠니?"

잠깐 망설이다가 로라가 대답한다. "미카엘. 내 이름은 미카엘이야." 물론 그것은 방금 지어낸 이름이다.

퍼트리샤 하이스미스Patricia Highsmith의 소설 『소금의 값The Price of Salt』(1952)을 원작으로 삼아 제작해 2015년에 개봉한 영화 〈캐롤Carol〉에도 이와 비슷한 내적 갈등이 중심부에 자리 잡고 있다. 이 영화는 스무 살의 사진작가 지망생 테레즈(루니 마라 분)와 매혹적인 중년 여성으로 이혼 과정을 밟고 있는 캐롤(케이트 블란쳇 분)의 금지된 사랑을 그린다.

"떨고 있군요." 테레즈에게 키스를 하려고 몸을 숙이면서 캐롤이 말한다.

"아뇨. 그렇지 않아요. 난 당신을 보길 원해요."

아마도 이 장르 영화의 최고봉은 〈문라이트〉(2006)가 아닐까 싶은데, 인종과 성적 지향성의 교차점에서 아동기, 청소년기, 성인기 초기의 정체성 갈등을 다룬 작품이다.

"패것faggot이 뭐예요?" 리틀(알렉스 히버트 분)이 묻는다. 리틀은 이 영화의 주인공인 카이런의 어린 시절 이름이다.

"패것은…… 게이들을 기분 나쁘게 하고 싶을 때 사용하는 단어야." 카이런에게 아버지 같은 존재가 된 마약상 후안(마허샬라 알리 분)이 이렇게 대답한다.

"나는 패것인가요?" 리틀이 다시 묻는다.

"아니. 넌 패것이 아니야. 넌 게이가 될 수 있지만, 다른 사람이 널 패것이라고 부르게 해서는 안 돼."

〈톰보이〉와 〈캐롤〉, 〈문라이트〉에 함축된 실질적인 메시지는, 사람들을 성별로 구별하는 상호 배타적이고 철저한 이분법적 분류가 없다면, 그리고 그 기반을 이루는 성적 지향성과 삶의 역할에 대한 틀에 박힌 가정도 없다면, 전통적인 핵가족 모형은 더 포괄적이고 다양한 가족 형태와 거주 형태에 밀려나리란 것이다.

멀티제너레이션, 대전환의 시작

21세기로 넘어올 무렵에 '브래디 번치The Brady Bunch'•는 먼 과거의 시간에서 빛나는 은하처럼 느껴졌고, 순차적 인생 모형은 각 단계들의 엄격한 순서와 시기와 함께 그 시대가 끝났다는 것을 분명히 느끼게 해주었다. 한 번에 한 단계씩 순차적으로 인생을 살아가는 방식은 여성의 새로운 경제적·사회적 역할과 기술 변화, 문화의 세계화, 개인주의의 급부상, 경제적 불평등 확대, 비전통적 거주형태, 성을 구별하지 않는 정체성 혁명의 결과로 한물간 것이 되고 말았다. 선진국에서 핵가족은 더 이상 표준이 아니며, 신흥국과 개발도상국에서도 표준으로 자리 잡을 일은 거의 없을 것이다. 가족 생활에 약간의 질서를 다시 도입해야 할 필요가 있을까? 하지만 '가족'을 어떻게 정의해야 할까? 순차적 인생 모형을 살짝 수정하는 것만으로 충분할까? 땜질식 해결책을 도입하는 대신에 문제를 완전히 없애버릴 수는 없을까? 아니면, 그 모형에 생긴 균열 때문에 전체 구조가 자체 무게를 못 이겨 와르르 무너지고 말까? 다음 장에서는 이러한 가능성들을 더 깊이 살펴보기로 하자.

---

• 1969~1974년에 미국에서 방영된 동명의 시트콤에서 파생된 표현으로, 다복한 대가족을 비유적으로 일컬을 때 쓴다.

# 4장

모두를 위한 교육

사느냐 죽느냐, 그것이 문제로다.

— 윌리엄 셰익스피어William Shakespeare(1564~1616), 「햄릿Hamlet」 제3막 제1장.

"16세의 올리비아는 무엇을 하며 나머지 인생을 살아가야 할지 몰라 불안감에 휩싸인 채 내 치료실에 앉아 있었다." 심리학자이자 저자인 재닛 새슨 에젯Janet Sasson Edgette은 이렇게 썼다. "당장 시급한 문제는, 앞으로 무엇을 하고 싶은지 모르기 때문에 대학 전공조차 선택하지 못하는 데 있다고 올리비아는 설명했다." 재닛은 곧바로 이렇게 말했다. "하지만 넌 이제 겨우 고등학교 2학년이잖아." 올리비아의 본능적인 대답은, 재닛에 따르면, "전공을 제대로 정하지 못하면 설령 노숙자는 아닐지라도 실업자나 다름없는 삶이 기다리고 있다는 시나리오를 만들어내는" 것이었다. 사실, 미국에서 대학생 중 3분의 1은 졸업하기 전에 전공을 바꾸지만, 부모와 교사, 심지어 진로 상담 교사도 "서둘러서 미래를 설계해야" 한다고 재촉한다.

　우리의 주류 문화는 아직 감정적 벼랑의 끝에서 이리저리 흔들리는 10대에게 되도록 일찍 결정을 내리라고 압박한다. 영화 〈트와일라잇Twilight〉에서 벨라 스완(크리스틴 스튜어트 분)은 이렇게 말한다. "내가 절대로 의심하지 않는 게 세 가지 있어. 첫째, 에드워드는 뱀파이어였어. 둘째, 일부 뱀파이어는 내 피를 빨아 먹으려고 했는데, 그 일부가 얼마나 강력한지는 알 수 없어. 셋째, 나는 무조건적으로 그리고 돌이킬 수 없을 만큼 그와 사랑에 빠졌어." 우유부단한 10대의 전형인 벨라는 번번이 형편없는 선택을 반복한다. "나는 내가 어떻게 죽을지 깊이 생각해본 적이 전혀 없어. 하지만 내가 사랑하는 사람이 있는 곳에서 죽는 것도 좋을 것 같아. 나를 죽음과 마주하게 한 결정들을 후회하고 싶진 않아. 그 결정들은 나를 에드워드에게 데려다주기도 했거든."

　주류 문화는 결정을 내리는 문제에서 10대를 형편없는 존재로 깎아내린다. 생화학자 엘레나 블랑코-수아레스Elena Blanco-Suárez는 《사이콜로지 투데이》에 실린 글에서 "인지 능력(작업 기억, 숫자 폭, 유창한 언어 구사력)은 16~17세 무렵에 완전히 발달하는 것으로 보인다."라고 썼다. "친사회적 성인기에 도달하려면 감정적 기술과 사회적 기술이 발달해야 한다. 하지만 10대(13~17세의 시기로 간주되는)가 비합리적이고 형편없는 결정을 내리고 불필요한 위험을 무릅쓴다는 사실은 모두가 알고 있다. 그런데 과연 그럴까?" 고정관념과 다르게 연구 결과들은 상황에 따라서 10대가 결정을 내리는 능력이 성인만큼 훌륭하다고 시사한다. 실시간으로 빠른 결정을 내려야 하거나 동료의 압력에 직면했을 때, 10대는 성인보다 훨씬 나쁜 결정을 내려 위험한 선택을 하는 경우가 많다.

앞으로 받을 교육(혹은 전공)의 선택처럼 인생을 바꿀 만한 결정을 10대가 어떻게 내리는지 이해하려고 신경과학과 심리학을 활용하는 것은 문제의 해결책을 찾으려는 노력이긴 하지만, 문제를 없애지는(2장에서 러셀 애코프가 제안한 표현처럼) 못한다. 문제를 완전히 없애는 한 가지 좋은 방법은 순차적 인생 모형을 거부하고, 10대와 영 어덜트에게 자신의 선택을 되돌려 진로를 수정하게 한 뒤 시행착오 과정을 거치며 실시간으로 적응해나가도록 하는 것이다. 순간적인 결정을 종용하고 평생 동안 그 결과를 감당하며 살아가도록 하는 것보다는 이 편이 훨씬 낫지 않겠는가? 오늘날의 "아이는 더 이상 아이가 아니다."라는 개념은 부모(그리고 사회)에게 성공을 정의하는 방식을 재고하라고 요구하는데, 단순히 학문적 영역에서뿐만 아니라 대인 관계와 그 밖의 영역에서도 그렇게 해야 한다.

평생 동안 영향을 미칠 결정을 젊은 나이에 내리는 것은 언제나 무척 어려운 일이며, 경제와 사회가 빠르게 변하는 시대에는 특히 그렇다. 평생을 바쳐야 할 것에 대한 결정은 순간의 판단으로 갑자기 내려서는 안 된다. 인생이 달린 결정을 단 한 번에 내리는 것이 최적의 선택이 아니라는 사실을 이해하려면, 다음의 두 가지 가능성을 생각해보라.

먼저, 60m 떨어진 곳에 있는 과녁을 향해 활을 단 한 번만 쏜다고 해보자. 과녁 한복판을 맞히면, 300달러의 상금을 받을 수 있다. 이번에는 과녁 3개가 20m 간격으로 죽 늘어서 있다고 해보자. 두 번째 상황에서는 ⓐ 20m 거리에서 첫 번째 과녁을 향해 활을 쏴 명중시키면 100달러의 상금을 받는다. ⓑ 그러고는 첫 번째 과녁까지 걸어가 화살을 뽑아 거기서 20m 거리에 있는 두 번째 과녁을 겨냥하는데, 이번에도 성공하면 100달러의 상금을 받는다. ⓒ 이제 두 번째 과녁까지 걸어가 화살을 뽑아 20m 거리에 있는 세 번째 과녁을 겨냥하는데, 마찬가지로 성공하면 100달러의 상금을 받는다. 자, 여러분은 60m 거리에서 활을 한 번 쏘겠는가, 아니면 20m 거리에서 활을 세 번 쏘겠는가? 당연히 60m 거리의 표적에 명중시키는 것은 20m 거리의 표적에 명중시키는 것보다 더 어렵다. 만약 각각의 확률이 1%와 5%라고 가정한다면, 기대 이득은 20m 거리에서 활을 세 번 쏘는 것($100×5% + $100×5% + $100×5% = $15)이 60m 거리에서 한 번만 쏘는 것($300×1% = $3)보다 다섯 배나 많다.

요점은 20년마다 학교를 다니면서 어떤 일을 할지 결정하는 편이 단 한 번의 선택으로 60년 동안 어떻게 살아갈지(습득한 지식과 기술이 낡은 것이 될 위험을 무릅쓰면서) 정하는 편보다 훨씬 낫다는 것이다. 게다가 경험이 쌓이면 표적의 중심을 맞힐 확률도 높아질 수 있다. 물론 이것은 60년 동안 단 한 번의 결정을 내리는 대신에 20년 간격으로 세 번에 걸쳐 무엇을 공부하고 어떤 일을 할 것인지 결정할 때 가능한 결과이다.

젊은이에게 '결정을 내리라고' 강요하는 것은 과도한 스트레스와 기회 상실, 삶에 대한 불만을 낳을 수 있다. 이 주제에 관한 대다수 연구는 10대와 20대 젊은이에게 과도한 압력을 가하는 것은 대개 역효과를 낳는다고 지적한다. 그리고 그것은 경제에도 악영향을 끼치는데, 시장에서 노동력이 적재적소에 할당되는 것이 어려워지기 때문이다. 더 나은 대안은 젊은이에게 인생의 소명은 교실과 직장을 여러 차례 오가면서 다양한 일자리와 경력을 경험하고 실험하는 과정에 있음을 일깨워주는 것이다. 놀이도 어린 시절이나 평일 저녁, 주말, 휴가 중에만 국한할 필요가 없다. 인생의 단계들이 덜 엄격하게 구분돼 있으면, 공부와 일과 놀이를 평생에 걸쳐 더 유연하게 배정할 수 있고, 사람들에게 일 이외의 관심 분야에 몰두할 자유를 더 많이 줄 수 있다. 결과적으로 이 새로운 방식의 삶은 더 많은 사람들에게 여러 일자리를 경험하고 경력을 바꿀 기회를 제공할 것이다.


## 부모의 압력과 평생 소득의 역설

"자녀 양육에서 가장 어려운 부분은 개입할 때와 물러날 때를 아는 것이다." 크리스틴 판 오흐트롭Kristin van Ogtrop은 《타임Time》을 통해 발표한 사과 편지에서 아들에게 이렇게 썼다. "그래서 나는 그것에 대해 사과하고, 내 문제를 갖고 와 네 문제로 만든 그 밖의 모든 일에 대해서도 사과한다. 내가 엄마로서 저지른 가장 큰 실수는 너의 성공을 나의 성공과 합친 것이었어. 네가 이루는 모든 성취는 내게 워킹맘의 죄책감을 덜어주었지. 네가 시험에서 A를 받으면, 나는 스스로에게 A를 주었어. 네가 대표팀에 합류하면, 나 역시 그런 것 같았지." 크리스틴은 자녀가 뭔가를 하거나 이루거든 "네가 자랑스럽구나."라고 말하는 대신에 "네 자신을 자랑스럽게 여기렴."이라고 말하는 편이 낫다는 조언으로 글을 끝맺었다.

2013년, 퓨연구센터는 "미국인은 자녀에게 학교에서 압력을 더 많이 받아야 한다고 말하고, 중국인은 더 적게 받아야 한다고 말한다."라는 조사 결과를 발표했다. 사실, 미국은 21개국 중에서 '압력이 충분치 않다'를 선택한 사람들의 비율이 가장 높은(64%) 나라였다. 이에 비해 중국은 같은 대답을 한 사람이 겨우 11%였으며, 심지어 68%의 사람들은 아이들이 이미 학교에서 너무 많은 압력을 받는다고 생각했다. 이 연구는 표준 시험의 평균 점수가 중국이 미국보다 더 높다고 지적했는데, 부모의 강한 압력이 그런 차이를 빚어낸다고 흔히 이야기한다. 《베리웰 마인드Verywell Mind》의 편집장 에이미 모랭Amy Morin에 따르면, 아이에게 더 열심히 하라고 채근하는 것은 역효과를 낼 수 있으며, 정신 질환, 부상 위험, 부정행위, 자존감 하락, 수면 장애 등의 부작용을 낳을 수 있다.

학업 수행 능력을 국제적으로 비교한 결과에 따르면, 평균 점수가 가장 높은 나라들에는 부모의 압력 수준이 높은 나라들뿐만 아니라 낮은 나라들도 포함돼 있었다. 경제협력개발기구OECD에 따르면, 2018년에 읽기, 수학, 과학 분야에서 평균 점수가 가장 높은 나라들에는 중국, 싱가포르, 홍콩, 한국이 포함돼 있었는데, 이들 나라는 모두 자녀의 노력을 채근하는 부모의 압력이 높기로 악명이 높다. 하지만 상위 10위권에는 에스토니아, 캐나다, 핀란드, 아일랜드, 포르투갈도 포함돼 있었는데, 이들 나라는 부모의 압력이 훨씬 낮은 편이다. 미국은 스웨덴과 뉴질랜드의 뒤를 이어 13위를 차지했다. 미국을 포함해 대다수 나라들에서 남학생은 여학생보다 수학과 과학에서 점수가 더 높고, 가족의 사회경제적 지위가 성적과 높은 상관관계가 있는 것으로 드러났다. 이 연구는 인종을 살펴보진 않았지만, 미국 국립교육통계센터는 그 부분도 살펴보았다. 같은 2018년에 중퇴 비율, 즉 16~24세 중에서 학교를 다니지 않는 사람의 비율은 우울하게도 인종과 민족과 밀접한 관련이 있었다. 아시아계 미국인은 1.9%, 백인은 4.2%, 둘 이상의 인종이 섞였다고 보고한 사람들 중에서는 5.2%, 흑인은 6.4%, 라틴계는 8.0%, 태평양 섬 주민은 8.1%, 아메리카 원주민과 알래스카 원주민은 9.5%였다. 모든 집단에서 남성의 중퇴율이 여성보다 높았고, 마지막 두 범주를 제외한 대다수 소수 집단에서 남녀 간 차이가 더 컸다. 흥미롭게도 이민자 가정 출신의 아이들도 주류 가정의 아이들과 비슷한 비율을 보였다.

이 통계 수치들에 부모의 압력이 미친 영향을 살펴볼 때, 순수한 압력의 효과와 롤 모델의 영향을 구분할 필요가 있다. 부모의 교육 수준이 높은 가정의 자녀는 더 좋은 학교에 다니고, 고등학교와 대학교를 졸업하고, 더 좋은 성적을 거둘 가능성이 높다. 게다가 스웨덴의 연구자들은 '성-비정형적gender-atypical' 선택(예컨대 여성이 대학에서 수학을 전공하는 것처럼)에는 어머니가 과학도였는지 여부가 큰 영향을 미친다는 사실을 발견했다. 교육 연구자인 그레이스 첸Grace Chen에 따르면, 자녀의 교육에 부모가 관여하는 정도가 클수록 학업 성적과 교실에서의 행동, 교사의 의욕을 높이는 것으로 드러났다. 하지만 부모의 압력은 역효과를 낳을 수도 있다.

부모의 압력이 미치는 부정적 효과는 진학할 대학교를 선택할 때 더 광범위하고 깊게 나타나는데, 특히 선택지가 너무나도 복잡하고 평가하기가 어려운 미국 같은 나라에서는 더욱 그렇다. 교육기업 프린스턴 리뷰Princeton Review의 공동 창업자인 존 캐츠먼John Katzman과 변호사이자 저자인 스티브 코언Steve Cohen은 "가족들은 대학 선택에서 낙제를 하고 있다."라고 주장한다. 이들은 학생 5명 중 3명은 선택을 잘못해 중간에 다른 대학으로 옮겨간다고 지적한다. 돈과 학비 마련을 위해 공부하면서 일까지 해야 하는 스트레스가 문제인 경우도 많다.

부모는 또한 자녀의 진로에 간섭하면서 압력을 가하는 경향이 있다. 영국의 한 연구 결과에 따르면, 대학생 중 69%는 부모가 대학교를 선택하는 데 영향을 미치려 했다고 대답했고, 54%는 전공과 경력의 선택에 영향을 미치려 했다고 대답했다. 2016년, 그 당시 컬럼비아대학교 졸업반이던 애나 래스킨드Anna Raskind는 학생

신문인 《컬럼비아 데일리 스펙테이터Columbia Daily Spectator》에 "다양한 배경의 많은 학생들이 부모로부터 안정적인 직업을 얻을 수 있는 특정 전공이나 경력을 선택하라는 압력을 받는다."라고 썼다. 미국 대학에서는 소수 집단 출신이거나 외국에서 온 학생들은 그런 압력을 받기가 더 쉬운데, 부모가 처음부터 자녀의 선택에 간섭하려 드는 경향이 더 크기 때문이다. 많은 부모가 인문학을 전공하는 것은 경영, 공학, 과학 분야의 학위를 따는 것이나 로스쿨 혹은 의학대학원 진학을 준비하는 것만큼 '시장성'이 있다고 생각하지 않는다. 경력 카운슬러인 안드레아 세인트 제임스Andrea St. James는 "만약 부모가 자녀에게 과감하게 거꾸로 생각하면서 해결책을 찾을 기회를 주고, 스스로 그렇게 할 여지를 준다면, 그들은 틀림없이 그렇게 할 것이다."라고 주장한다. "그리고 그들은 억지로 강요받은 경력보다 자신이 선택한 경력에서 훨씬 행복하게 살 수 있는 방식을 찾을 것이다. 실제로 연구 결과는 경력 선택을 강요하면 점수와 소득과 자존감이 하락하는 반면, 스트레스와 좌절과 심지어 우울증 발생률이 높아질 수 있음을 보여준다.

"나머지 인생 동안 무엇을 하려고 하니? 이게 정말로 네가 원하는 거니? 같은 경력을 원하는 사람이 100만 명 이상이나 되는데, 원하는 것을 이루는 사람은 겨우 1%밖에 안 돼."《레저Ledger》의 편집국에 따르면, 학업과 경력의 진로를 선택해야 할 때 많은 부모는 자녀에게 이와 같은 질문을 던진다. 하지만 교육학, 사회복지학, 인문학, 교양예술을 전공하고 그 분야의 경력을 쌓는 미국인 중 소득이 상위 25%에 드는 사람들의 수입은 공학, 경제학, 컴퓨터과학, 경영학, 회계학을 전공한 사람들 중 소득이 하위 50%에 드는 사람들과 비슷하다는 사실을 아는 부모는 거의 없다. 이 계산을 한 미국 연방준비제도의 경제학자 더글러스 A. 웨버Douglas A. Webber는 "학생들과 부모들은 어떤 전공이 가장 많은 수입을 가져다주는지 아주 잘 알고 있지만, 같은 전공 분야 안에서 소득 차이가 얼마나 큰지는 잘 모르고 있다."라고 썼다. 소득이 상위 25% 안에 드는 공학자나 컴퓨터과학자는 소득이 중위권에 드는 인문학 혹은 교양예술 전공자보다 소득이 두 배나 높은 것은 사실이지만, 퀀트quant● 투자자 중 소득이 하위 25%에 속하는 사람은 시인들의 평균 소득보다 낮거나 비슷하다. 따라서 단순히 평생 동안 벌게 될 소득 전망이 더 낫다는 이유로 전공을 선택하는 것은(압력을 받건 받지 않건) 비생산적일 뿐만 아니라 근거가 박약한 논리에서 나온 결정일 수 있다.

모든 퀀트 투자자가 돈을 잘 버는 것은 아니듯이 평생 동안 버는 소득의 산포도가 아주 크다는 사실에 더해 시장성을 바탕으로 경력을 선택하지 말아야 할 이유가 또 한 가지 있다. 가장 큰 문제가 어디에 있는지 설명하기 위해 고등학생 올리비아와 심리 치료사 재닛 이야기로 다시 돌아가보자. 10대들이 자신의 진짜 열정 대신에 '실용적인' 진로를 택하는 실태를 재닛이 염려하는 것은 충분히 일리가 있다. 재닛은 순차적 인생 모형이 해체되는 것이 무엇을

---

● 고도의 수학과 통계 지식을 활용해 금융 시장을 분석하고 투자하는 사람.

의미하는지 정확하게 간파하고 있다. "게다가 한 가지 전공과 한 가지 경력 개념은 낡은 것이 되고 있다. 오늘날 직무 기술서는 더 유동적이며, 적용 기술도 적어도 콘텐츠 기반 전문 지식만큼 필요하다."

## 젊은이 특유의 완벽주의와 모험주의 신화

부모의 압력 이야기에서 또 한 가지 변형은 압력을 가하는 쪽과 압력을 받는 쪽이 자주 뒤바뀌는 것이다. "나는 그저 딸이 행복하길 바랄 뿐이에요. 하지만 딸은 '스스로에게 너무 많은 압력'을 가해요." 저자이자 걸스 리더십Girls Leadership의 공동 창업자인 레이철 시먼스Rachel Simmons를 만난 부모들은 거의 항상 이렇게 말한다고 한다. 이 진술의 문제점은 완벽주의와 성취를 강조하는 주류 문화와는 반대로 10대에게 그 책임을 덮어씌운다는 데 있다. 심리학자 토머스 커런Thomas Curran과 앤드루 힐Andrew Hill은 지난 30년 동안 미국과 영국, 캐나다 대학생 4만 2000여 명을 조사한 결과를 바탕으로 한 최근 연구에서 "하는 일 전부에서 뛰어나야 하며", "만약 뒤처진다면 완전한 실패자가 되고 만다."라고 느끼는 10대가 점점 더 많아지고 있다고 보고했다. 또한 이들은 "몇 세대 전에 비해 더 경쟁적인 환경과 더 비현실적인 기대, 그리고 더 많은 것을 바라며 간섭하려는 부모와 맞닥뜨리면서 더 개인주의적이고 더 물질주의

적이고 사회 적대적으로 변해갔다."라고 지적했다. 완벽주의 문화는 개인주의와 물질주의가 팽배하는 분위기 속에서 10대가 부모와 동료 모두에게서 느끼는 압력에서 비롯되며, 우울증, 불안, 자살 생각을 증가시킨다. 거기다가 디지털 소셜 미디어의 확산은 이 추세를 악화시켰다.

극단적인 완벽주의는 대중문화에서 정반대에 위치한 자유분방한 모험주의와 짝을 이룬다. 1890년대에 재치가 넘치는 아일랜드 작가 오스카 와일드Oscar Wilde는 『도리언 그레이의 초상The Picture of Dorian Gray』에서 젊은 주인공을 위해 더 자유로운 세계를 옹호했다. 와일드는 "아! 아직 가지고 있을 때 너의 젊음을 실현하라. 따분한 자의 말에 귀를 기울이거나 가망 없는 실패자를 개선하려고 노력하거나 무지한 자와 평범한 자와 저속한 자에게 너의 삶을 나누어 주면서 황금 같은 나날을 낭비하지 마라."라고 썼는데, 이 통렬한 비판은 쾌락주의에 아주 가깝다. "이것들은 우리 시대의 병약한 목표이자 그릇된 이상이다. 인생을 즐기며 살아라! 네 안에 있는 놀라운 삶을 살아라! 그 어떤 것도 놓치지 마라. 항상 새로운 감각을 찾고, 아무것도 두려워하지 마라."

『도리언 그레이의 초상』은 처음 출판되었을 때 큰 파문을 불러일으켰다. 오스카 와일드가 이 소설을 쓴 것은 비스마르크가 획기적인 연금 계획을 제안한 지 불과 9년이 지난 뒤였다. 그는 자신의 유일한 소설에서 10대가 20세(이보다 두 살 많을 수도 있고 적을 수도 있지만) 무렵에 성인기로 이행해야 한다는 개념을 정면으로 공격

**멀티제너레이션, 대전환의 시작**

했다.

오늘날 우리는 반항적이고 모험심이 강하고 인생을 즐기고 항상 새로운 경험을 추구하는 '영 어덜트'의 경향은 생물학에 일부 원인이 있다는 사실을 알고 있다. 10대의 뇌는 여전히 발달 과정에 놓여 있기 때문에, 위험을 판단하는 능력이 아직 불완전하며, 위험한 행동에서 느끼는 쾌감에 끌리는 경향이 있다. 하지만 지금도 부모들은 10대 자녀에게 결정을 내리고, 인생 전체를 좌우할 큰 선택을 하고, '완전한 어른'이 되라고 막대한 압력을 가한다.

반항적인 젊은이라는 주제는 〈이유 없는 반항〉(1955)에서부터 〈보헤미안 랩소디Bohemian Rhapsody〉(2018)에 이르기까지 우리 문화 곳곳에서 울려 퍼졌다. 록 밴드 퀸Queen에 관한 영화인 〈보헤미안 랩소디〉의 시작 장면에서는 프레디 머큐리Freddie Mercury의 엄격한 아버지가 아들의 산만한 생활 방식을 비난한다. "네 머릿속엔 미래가 전혀 들어 있지 않아. 생각, 훌륭한 일, 좋은 행동. 이것이 네가 갈망해야 하는 것들이야." 공항에서 수하물 담당자로 일하는 23세의 록 스타 지망생은 4옥타브를 넘나드는 특유의 목소리로 짧게 "아버진 그렇게 해서 뭐가 되었는데요?"라고 응수한다. 머큐리가 태어난 세계에서 영 어덜트는 직업 교육, 대학 전공, 직업, 전문성, 경력, 가정 꾸리기 등 인생의 다음 단계에 대한 계획을 세워야 했다. 20세가 되면 이미 기대 수명 중 3분의 1이 흘러가고 난 뒤였던 지난 세기에는 이러한 결정들이 합리적으로 보였다. 하지만 이제는 20세가 되어도 여생이 60~70년이나 남아 있는데, 이 시점에서 나머지 인생을 좌우하는 결정을 내리는 것이 과연 현명할까? 그것은 과연 젊은이에게 좋을까? 경제에는 또 어떨까? 왜 부모들은 고용 환경이 급격하게 변하는 시대에 살면서도 그토록 이른 시기에 운명적인 선택을 해야 한다고 계속 고집할까?

## 부수적 피해와 기회 불평등

반항적이건 아니건, 순차적 인생 모형을 엄격하게 고수하는 태도의 부정적 결과는 불만을 품은 10대와 그들에게 실망한 부모를 넘어서서 더 멀리까지 영향을 미친다. 오늘날 선진국에서 상당 비율(약 15~30%)의 사람들은 순차적 인생 모형이 제공하는 혜택을 완전히 누리지 못하는데, 주된 이유는 그들이 이 모형이 제시하는 선형 경로에서 벗어나 있기 때문이다. 이들 중에는 고등학교 중퇴자, 10대 어머니, 사생아, 약물 남용자, 인생에서 돌연히 빙 둘러가는 길을 선택한 사람들이 포함된다. 2015년에 열린 미국 상원 재무위원회 청문회에서 알렉산드라 모건 그루버는 "내 어린 시절은 고통스럽고 혼란스러운 적이 많았습니다. 그 결과로 심한 불안과 우울증을 앓았지요. 다른 가정에서 위탁 양육을 받게 되자, 내가 알고 있던 유일한 가족과 가정을 잃은 충격으로 정신적 외상을 입었습니다." 알렉산드라는 자신이 왜 부모 없는 아이가 되었는지 자세히 설명하려 하지 않았다. 그 후 알렉산드라는 여러 수양 가족과 보호소를 전전하다가 고향인 코네티컷주의 치료 시설에 정착했다. 알렉산드라는 역경을 딛고 열심히 노력해 고등학교를 졸업했고, 정확하게 때를 맞춰 22세에 퀴니피악대학교를 우등으로 졸업했다. 그리고 워싱턴 D.C.의 비영리 단체에서 일자리를 얻었다.

하지만 불행하게도 알렉산드라의 이런 이력은 위탁 양육 아동들 사이에서 예외에 가깝다. 애니 E. 케이시 재단에 따르면, 위탁 양육을 받는 10대 청소년이 대학교에 진학하는 비율은 평균적인 미국인 청소년에 비해 절반에 불과하고, 대학교에 진학한 경우 6년 안에 학위를 따는 비율은 겨우 18%에 불과하다. 2021년 기준으로, 고등학교 졸업 후 교육비를 지원하는 주는 35개 주뿐이며, 그중 24개 주는 주 전체에서 학비를 면제해주고, 7개 주는 장학금을 제공하며, 4개 주는 보조금 지원 프로그램을 운영한다. 진정한 포스트제너레이션 사회에서는 핵가족이 제공하는 감정적, 경제적 지원을 제대로 받지 못하는 어린이들을 위해 기울어진 운동장을 평평하게 하는 데 더 많은 자원을 투입할 필요가 있다. 하지만 기회 균등을 제대로 보장하려면, 이러한 혜택들을 고등학교를 졸업한 직후뿐만 아니라 모든 연령대에서 누리게 하는 것이 무엇보다 중요하다.

약물 중독자나 알코올 중독자의 회복도 '부수적' 피해의 한 예이다. 4명 중 3명은 결국 회복한다는 사실을 감안하면, 사회와 경제에 생산적인 시민으로 복귀할 수 있도록 그들에게 서로 다른 시점에 다양한 경로를 제공하는 것이 꼭 필요하다. 2021년에 약물 남용에서 회복하는 데 성공한 미국인은 2230만 명이었다.(성인 10명 중 1명에 이를 만큼 엄청난 수이다.) 촘촘한 치료 프로그램 네트워크와 지원 그룹, 심지어 보험 설계까지 가세하여 75%의 성공률을 달성하는 데 큰 도움을 주었다. 하지만 중독에서 벗어났다고 해서 건강이나 고용 측면에서 반드시 이상적인 결과를 얻을 수 있는 것은 아니다. 이들은 평균적인 미국인에 비해 일자리를 얻지 못하거나 신체적, 정신적 장애로 고통받을 가능성이 더 높다. 회복 후에 누리는 삶의 질에서 라틴계와 아프리카계 미국인 중독자는 당연히 백인 중독자보다 훨씬 불리하다. 게다가 기업과 사회가 찍은 낙인과 장벽을 극복하지 못하는 사람도 많다.

위탁 양육 아동 출신과 10대에 출산한 여성, 회복한 중독자를 모두 합친 숫자는 전체 미국 인구에서 결코 작은 비율이 아니다. 대략 계산하면, 현재 살아 있는 미국인 중에서 이 세 범주 중 하나 이상에 속한 사람은 약 5000만 명이나 된다. 위탁 양육 과정을 거친 사람 1500만 명(매년 새로 위탁 양육을 받는 20만 명에 18세 이후의 평균 기대 여명을 곱한 값), 10대에 아기를 출산한 여성 1500만 명(비슷한 논리로 계산한 값), 약물 남용에 빠진 사람 3000만 명(그중에서 2230만 명이 회복했다.)을 더한 수치이다. 이 세 가지 중 어느 하나로 고통받는 사람은 전체 미국 인구의 약 15%에 이른다. 순차적 인생 모형은 이들이 큰 좌절을 겪은 후에 사회와 경제로 복귀하는 것을 매우 어렵게 만들었다. 결과는 잔인할 정도로 단순하다. 만약 인생의 어느 교차로에서 방향을 잘못 틀기라도 하면, 만약 인생의 여러 단계들을 제때 밟기 위한 길을 뭔가가 가로막는다면, 당신은 파국

멀티제너레이션, 대전환의 시작

을 맞이하거나 세상에서 가장 부유하고 가장 발전된 사회와 경제가 제공하는 혜택(일자리와 어느 정도의 재정적 안정을 포함해)을 완전히 누리지 못할 가능성이 매우 높다. 코로나바이러스는 세계적 위기와 국지적 위기가 젊은이들, 특히 불리한 집안 배경을 가진 젊은이들이 순차적 인생 모형의 여러 단계들을 제때 통과하는 것을 매우 힘들게 만들 수 있음을 생생하게 보여주는 예이다.

## 미래의 일자리

"진심인가요? 지금 미래의 노동력에 대해 묻는다고요? 마치 그런 게 남아 있기라도 할 것처럼 말하시네요." 이것은 퓨연구센터가 전문가들을 대상으로 실시한 조사에서 익명을 원한 한 과학 편집자가 퉁명스럽게 내뱉은 말이다. "'고용주'는 해외에서 노동력을 착취하는 공장을 운영하거나 '제1세계'에서 사람들을 고용하여 그들이 싫어하는 일을 시키는 반면, 점점 더 많은 비숙련 노동자와 숙련 노동자가 영구적으로 복지에 의존해 살아가거나 0시간 계약●에 종사하게 될 것입니다. 그리고 상대적으로 '안정적인 일자리'인 '전문직'에서 일할 능력이 있는 사람들도 이와 동일한 절벽에 자신

●  미리 정해둔 근로 시간 없이 사용자의 필요에 따라 근로자가 호출에 응해 근로를 제공하는 방식의 근로 계약.

이 생각하는 것보다 훨씬 가까이 다가갈 가능성이 높습니다." 이것은 분명히 과장된 주장일 테지만, 우리가 일자리와 기술의 미래에 대해 충분히 깊이 고민하고 있지 않다는 사실을 냉혹하게 상기시킨다.

모든 연령대의 사람들은 노동 시장에 일어나는 엄청난 변화에 대처하기 위해 교육과 평생 학습에 대해 더 유연해질 필요가 있다. 세인트루이스의 연방준비은행에 따르면, 2020년에 미국 제조업 부문에 고용된 근로자 수는 1987년에 비해 26%나 줄어들었지만, 생산량은 63%나 늘어났다. 지난 수십 년 동안 여러 가지 기술 변화의 파도가 중첩되어 몰려오면서 경제에 급격한 변화가 일어났다. 서비스 부문은 극적으로 팽창했다. 오늘날 미국인 중 다수는 화이트칼라 직종에서 일하고 있으며, 심지어 명목상으로는 제조업에 종사하는 사람들 중에도 실제로는 화이트칼라인 경우가 많다. 노동통계국에 따르면, 대다수 화이트칼라는 전체 미국인 노동자 중 41%를 차지하는 '전문직과 기술직 인력'에 속하는데, 유럽과 캐나다, 오스트레일리아, 일본, 싱가포르와 그 밖의 선진국에서도 비슷한 비율을 차지한다. 교육 수준이 높고 비교적 높은 봉급을 받는 이 이질적인 집단에는 관리자와 컴퓨터 프로그래머, 공학자, 건축가, 의사, 연구자, 변호사, 교수와 교사, 디자이너, 예술가 등이 포함된다. 흥미롭게도 그중에서 여성은 절반을 조금 넘는다. 해당 직종에서 이들이 성공할 수 있었던 비결은 업무 수행에 필요한 최신 지식을 습득하는 능력에 있다. 이들은 대개 틀에 박히지 않은 인지

멀티제너레이션, 대전환의 시작

과제를 수행하는데, 비록 미래에는 인공 지능이 일자리를 위협할지 몰라도 이들이 하는 일은 아직까지는 자동화하기 어려운 작업이다.

전문직과 기술직의 성장을 촉발한 것은 분석 기술의 수요 증가였다. 하지만 노동경제학자들이 철저히 기록한 것처럼 사회적 기술에 대한 수요는 더 빠르게 증가했는데, 의사소통 능력, 협업 능력, 불확실한 상황에서의 결단력, 효율적 협상 능력 등이 여기에 포함된다. 감정 지능에 대한 요구도 치솟았다. 감정 지능이란 "감정을 정확하게 추론하는 능력과 감정과 감정 지식을 사용해 사고를 증진시키는 능력"을 말한다. 리틀 버드Little Bird의 공동 창업자 마셜 커크패트릭Marshall Kirkpatrick의 표현을 빌리면, "미래는 소프트 스킬과 자기인식, 공감 능력, 네트워크 사고, 평생 학습을 점점 더 많이 요구할 것이다."

영화 제작자이자 웨비상Webby Awards(인터넷 콘텐츠와 디지털 미디어 분야에서 권위를 지닌 상)을 제정한 티파니 슈레인Tiffany Shlain은 "현재와 미래의 세계에서 성공하려면 호기심과 창의성, 주도성, 융합적 사고 능력, 공감 능력 같은 기술을 갖추어야 한다. 이 기술들은 흥미롭게도 기계와 로봇이 흉내 낼 수 없는 인간만의 독특하고 고유한 능력이다."라고 설득력 있게 지적한다. 예술가가 그런 식으로 사고한다는 것은 전혀 놀랍지 않다. 메릴랜드대학교의 컴퓨터 과학자 벤 슈나이더만Ben Shneiderman의 주장에 귀를 기울일 필요가 있는데, 그는 거기서 한 발 더 나아가 "학생들을 더 혁신적이고 창의적이고 적극적인 선도자가 되도록 훈련시킬 수 있다. 글쓰기와 말하기, 영상 제작 기술도 중요하지만, 비판적 사고와 공동체 만들기, 팀워크, 숙고와 대화, 갈등 해결 같은 기본적인 기술이 강력한 힘을 발휘할 것이다."라고 주장한다. 말할 필요도 없지만, 그러한 사회적 기술은 1차 교육이나 2차 교육, 3차 교육의 교육 과정에서 중점적으로 다루지 않는다.

미래의 기술은 무엇이라고 묘사하는 대신에 무엇이 아니라고 묘사하는 방식으로 정의할 수도 있다. MIT 교육시스템연구소 소장으로 일하는 저스틴 라이시Justin Reich는 "미래에 가장 중요한 기술들은 컴퓨터가 쉽게 할 수 없는 종류의 일들, 인간 노동자가 컴퓨터보다 비교 우위에 있는 분야들이 될 것이다."라고 주장한다. 그리고 그 예로 "비구조적 문제 해결과 복잡하고 설득력 있는 의사소통"을 든다. 파블로 피카소Pablo Picasso가 말했듯이, "컴퓨터는 아무 쓸모가 없다. 컴퓨터는 단지 답만 내놓을 뿐이다." 올바른 답을 얻으려면 올바른 질문을 던지는 것이 전제 조건이다. 만약 당면한 문제나 도전을 적절한 방식으로 제기하지 않는다면, 올바른 답이 나올 수 없다.

전문가들이 의견 일치를 보이는 견해에 따르면, 미래의 일자리는 전문화보다는 학제간 융합 기술을 요구할 것이다. 인디애나대학교 블루밍턴캠퍼스 제이콥스음악대학의 커리어 전문가 메릴 크리거Meryl Krieger는 "미래의 노동자들에게 가장 중요한 기술들은 ① 전이 가능한 기술(한 분야에서 배운 기술이 다른 분야나 업무에도 적용될 수 있는 기술)과 ② 기술을 맥락과 연관 짓고 실제로 전이하는 방법을 배우는 것"이라고 믿는다. 국제프라이버시전문가협회 CEO인 J. 트레버 휴스J. Trevor Hughes는 "미래의 기술 중 대부분은 하이브리드 기술로, 여러 전통적인 영역을 아우르는 전문성이나 숙련도가 필요하다."라는 주장에 동의한다. 그는 자신이 일하는 프라이버시 보호 분야를 예로 든다. "모든 디지털 경제 전문가는 프라이버시와 그것이 조직에 어떻게 위험을 야기하는지 이해할 필요가 있다. 그러려면 법과 정책, 기업 경영, 테크놀로지에 대해 잘 알아야 한다. 오늘날에는 전문가가 이 모든 분야를 아우를 필요가 있다." 뉴올리언스주 로욜라대학교 교육의질과공정성연구소 소장이자 저명한 교수인 루이스 미론Luis Miron은 "가장 중요한 기술들은 뛰어난 비판적 사고와 문화적, 종교적, 정치적으로 다양한 사회에 영향을 미치는 세계화에 대한 지식이다."라고 주장한다. 이것은 내가 인류학자 브라이언 스푸너Brian Spooner와 함께 지난 20년 동안 펜실베이니아대학교에서 학부생을 대상으로 세계화에 관한 강의를 하면서 가르친 바로 그 내용이다.

모스크바 고등경제대학교의 연구원 폴리나 콜로자리디Polina Kolozaridi는 학제간 융합 교육의 힘을 아주 잘 표현했다. "미래의 노동력에서 성공에 필요한 가장 중요한 기술들은 과정 지향적이고 시스템 지향적인 사고와 코딩 등이다." 폴리나는 인공 지능 커뮤니케이션과 3D 모델링, 물리학 같은 전문적 기술의 중요성을 강조한다. 뿐만 아니라 비판적 사고와 정보 관리, 기록과 입증 기술, 특히 역사와 저널리즘을 공부하며 개발한 기술이 필수 기술이 될 것이라고 믿는다.

다른 전문가들은 학습과 탈학습(과거의 지식이나 경험을 고치거나 버리는 과정)과 재학습을 강조한다. 핀란드 투르쿠의 오보아카데미대학교 조직관리학과 교수이자 학과장인 알프 렌Alf Rehn은 "기술과 미래에 대해 알아야 할 중요한 사실은 핵심적이거나 중요한 것이라고 규정할 수 있는 일련의 기술들이 존재하지 않는다는 점이다."라고 주장한다. "기술의 미래는 끊임없는 변화와 갱신이 될 것이며, 현재 우리가 특별하다고 간주하는 기술들은 모두 머지않아 틀림없이 낡은 것이 되고 말 것이다. 창의성과 비판적 사고는 현재와 마찬가지로 미래에도 중요할 테지만, 오만하게 그 이상으로 너무 많은 것을 상정하지 않도록 매우 주의해야 한다." 마크 트웨인 Mark Twain이 오래전에 뛰어난 통찰력으로 말했듯이, "곤경에 빠지는 것은 뭔가를 몰라서가 아니다. 뭔가를 확실히 안다는 착각 때문이다."

분석 기술과 사회적 기술은 둘 다 오늘날 대다수 사람들이 노동 시장에서 성공을 거두는 데 중요한 역할을 한다. 하지만 우리는 최선의 방법으로 대비하고 있는가? 어떤 교육 프로그램이 가장 좋은 선택일까? 그리고 평생 학습의 역할은 어떤 것이어야 할까?

멀티제너레이션, 대전환의 시작

## 초등 교육과 중등 교육이 맞닥뜨린 문제

교육계를 고민하게 만드는 근본적 문제는 학생들에게 아직 존재하지 않는 일자리에 대비하는 교육을 시켜야 한다는 것이다. 세계경제포럼에 따르면, 초등학교에 입학하는 어린이 중 3분의 2는 미래가 닥쳐야 그 정체가 분명하게 드러날 직종에서 일하게 될 것이라고 한다. "새로운 범주의 일자리들이 생겨나 다른 범주의 일자리들을 부분적으로 혹은 완전히 대체할 것이다. 기존의 직업과 새로운 직업 모두에 필요한 일련의 기술들은 대다수 산업에서 변할 것이며, 사람들이 일하는 방식과 장소에 변화를 가져올 것이다." 전미과학공학의학한림원은 184쪽짜리 보고서에서 교육은 노동 시장의 추세를 감안해 대대적인 변화가 필요하며, "최근의 IT 발전은 교육에 새롭고 더 광범위하게 접근할 수 있는 방법들을 제공한다."라고 결론지었다.

조지아공과대학교의 캘턴 푸Calton Pu 교수는 "가장 중요한 기술은 메타기술, 즉 변화에 적응하는 능력"이라는 데 전문가들이 의견이 일치하고 있다고 주장한다. 하지만 이것은 현재 운영되고 있는 학교 교육 과정과 어긋나는 것처럼 보인다. "기술 혁신 속도가 가속화됨에 따라 미래의 노동력은 새로운 테크놀로지와 새로운 시장에 적응할 필요가 있을 것이다." 기술 혁신(인구와 경제 변화뿐만 아니라)은 유연성과 함께 특정 분야에 치중되지 않은 교육을 요구한다. "가장 잘(그리고 가장 빨리) 적응할 수 있는 사람들이 승리할 것이다." 문제는, 퓨연구센터가 전문가 1408명을 대상으로 조사한 결과가 보여주듯이, 기술과 교육, 경영 분야의 지도자들이 교육 제도가 이러한 도전에 대응할 준비가 되어 있다고 믿지 않는다는 데 있다. 다가올 변화에 제대로 대처할 수 있도록 아이들을 준비시키려면 어떤 종류의 교육이 필요할까?

서튼리서치Sertain Research와 스트림퓨전StreamFuzion의 창업자이자 회장인 배리 추다코프Barry Chudakov는 "미래의 노동력에서 성공하는 데 필요한 첫 번째 기술은 데이터를 이해하고 관리하고 다루는 능력이 될 것이다."라고 확신한다. 그의 견해에 따르면, 미래에는 기술 분야에서 일하는 사람은 모두 "퀀트 분석가가 되거나 퀀트 분석가와 엇비슷한 수준에 이를 필요가 있다." 나는 모든 일자리와 모든 경제 부문을 통틀어 '누구나' 데이터를 이해하고 관리하고 다룰 수 있어야 한다고 주장하고 싶다. 학교들은 분명히 이러한 통찰력을 교육 과정에 반영하려는 노력을 기울여왔다.

미래에 성공하는 데 꼭 필요하고 더 중요한 두 번째 기술은 "데이터가 알려주는 문제나 조건, 기회를 결합하여 그 데이터의 의미와 가치를 찾는 능력"이라고 추다코프는 말한다. 이제 우리는 전문적인 기술 그 자체보다는 사회적 기술과 맥락 인식 기술 쪽으로 나아가고 있다. "간단히 말하면, 최고의 기술은 제품과 서비스에 필요한 사실과 데이터, 경험, 전략적 방향을 통합해 사고하는 능력이 될 것이다. 특히 디자인 사고나 시각적 사고는 데이터 기반 세계를 관리하는 데 핵심 부분이 될 것이다." 이러한 맥락에서 '디자인'은 문제나 쟁점, 도전 과제를 이해하기 쉬운 방식으로 구성하는 것을 뜻한다. 그러려면 숲을 나무와 구분하는 것이 필요하다. 즉, 단지 패턴을 파악하는 것(인공 지능이 얼마든지 할 수 있는)에 그치지 않고 패턴의 의미까지 찾아내야 한다.

초등 교육을 개혁하려고 할 때 맞닥뜨리는 주요 난제 중 하나는, 1장에서 설명했듯이, 현대 교육 제도가 비판적 사고를 하는 사람들이 아니라, 19세기에 고분고분한 산업 노동자 집단을 양산하려는 목적으로 시작되었다는 데 있다. 뉴욕시립대학교의 크레이그 뉴마크언론대학원 교수인 제프 자비스Jeff Jarvis는 학교는 "창조적인 해결책보다는 하나의 정답만을 내놓는 방식을 기반으로 세워졌다."라고 주장한다. 그는 역사학자 E. P. 톰프슨의 "시간, 규율, 산업 자본주의"에 관한 분석에 공감하면서 "학교는 낡아빠진 주의력 경제attention economy를 기반으로 세워져 있다. 마치 45시간 동안 주의력을 집중하면 당신의 지식을 인정해주겠다는 듯이."라고 썼다. 톰프슨은 그 해결책이 "필요한 결과를 분명히 보여주고, 학생들에게 그 결과를 달성하는 길을 여러 가지 제공하는 능력 기반 교육으로" 옮겨가는 데 있다고 본다. 그래서 그는 학생들이 시험이나 테스트 대신에 포트폴리오를 통해 자신의 진전을 보여주는 쪽을 선호한다.

요컨대 현대 학교 교육의 핵심 문제는 아이들을 새로운 경제적, 기술적 현실과 일치하지 않는 존재로 만들려고 하는 데 있다. 미디어심리연구센터 소장인 패멀라 러틀리지Pamela Rutledge의 표현을 빌리면 "전통적인 모형들은 사람들을 급변하는 세계에 적합한 비판적 사고와 유연한 태도를 습득하기보다는 자신이 하는 일을 자신이 어떤 사람인지와 동일시하도록(즉, 커서 어떤 사람이 되길 원하는지) 훈련시킨다." 러틀리지는 의무 교육이 "적극적이고 자기 주도적인 학습을 이끌어내는 수요자 중심의 학습 모형 대신에 공급자 중심의 학습 모형에 치중하고" 있다고 본다. 지난 수십 년 동안 대다수 나라에서 의무적으로 실시해온 초등 교육의 타성과 관료주의, 뿌리 깊은 이해관계를 감안하면, 19세기 후반에 발명된 이학교 교육 제도를 21세기에 유용한 목적을 달성하도록 재창조하는 방법은 상상하기 어렵다. 애리조나주립대학교의 엘리자베스 지 Elisabeth Gee 교수는 2차 산업 혁명 때처럼 "우리는 노동자를 대규모로 훈련시킬 필요가 없다."라고 주장한다. "우리는 사람들이 경력 발전과 평생 학습을 위해 다양한 경로를 추구할 수 있도록 일자리에 초점을 맞춘 것이 아닌 진짜 교육과 기회가 필요하다." 이것은 바로 순차적 인생 모형에서 벗어나야만 이룰 수 있는 결과이다.

## 기능적 문맹

초등 교육에 대한 나의 온건한 제안은 사람들의 적응과 학습, 탈학습, 재학습 능력에 초점을 맞추자는 것이다. 고등학교에 다니거나 중퇴할 무렵에는 어느 학생이든 창조적으로 글을 쓰고, 효율적으로 글을 읽고, 복잡한 텍스트를 이해하고, 숫자를 다루는 것과

**멀티제너레이션, 대전환의 시작**

추상적 사유에 능숙해져야 한다. 미래는 비판적 사고를 하는 사람들, 그리고 새로운 정보를 처리해 자신의 현실 모형에 포함시킬 수 있는 사람들의 것이다. 불행하게도 우리는 이러한 목표들에서 멀찌감치 벗어나 있다. 미국과 영국에서는 성인 7명 중 1명이 언어와 수학에서 기본적인 해독 기술이 부족하다. 이를 '기능적 문맹 functional illiteracy'이라 부른다. 일부 원인은 학습 장애에 있지만, 학교 교육의 결함에도 책임이 있다.

"월터 롱은 59세이고, 자신이 자라난 피츠버그 외곽에서 살고 있습니다." 기능적 문맹에 관한 CBS 뉴스 첫머리는 이렇게 시작한다. "그는 카운티의 수자원 관리소에서 좋은 일자리를 갖고 있고, 근사한 집에서 네 자녀와 사랑하는 아내와 함께 살고 있습니다." 그에게는 큰 비밀이 있는데, 바로 글을 읽지 못한다는 것이다. "그는 그것을 잘 숨겨왔고, 어느 날 밤에 네 살짜리 딸 조애나에게 이야기를 읽어주는 척했습니다." 그런데 그 나이 또래 어린이의 순수함 속에는 뭔가 이치에 맞지 않는 것을 본능적으로 알아채는 불가사의한 능력이 숨어 있다. "딸이 저를 올려다보더니 이렇게 말하더군요. '엄마가 읽어준 것과 다르잖아.'" 그때 월터는 "네 살짜리 아이에게 글을 읽지 못한다고 말하는 것은 훨씬 어렵구나."라는 생각이 들었다고 한다.

월터는 미국 국립교육통계센터가 2003년에 실시한 조사에서 글을 읽지 못하는 것으로 드러난 미국 성인 3200만 명 중 1명이다. 더 최근인 2012~2014년과 2017년의 조사에서는 문해력과 산술 능력의 평균 점수가 더 하락했다. 여성은 산술 능력에서는 남성보다 뒤처지지만, 문해력에서는 약간 앞선다. 아프리카계 미국인은 백인과 히스패닉계보다 뒤처진다. 다른 집단들은 점수가 계속 하락하는 반면, 히스패닉계는 문해력과 산술 능력 점수가 놀랍도록 상승했다. 하지만 이 문제는 너무나도 만연한 나머지 사회의 주변부 구성원뿐만 아니라 좋은 일자리를 가진 사람들 사이에서도 흔히 발견된다. 심지어 포드와 모토로라Motorola는 독해력이 부족한 직원을 위해 교정 프로그램을 마련하기까지 했다.

OECD는 국제성인역량평가계획PIAAC의 일환으로 다른 나라들의 데이터를 수집했다. 당연히 부유한 나라들은 가난한 나라들보다 문맹률이 낮았다. 대다수 유럽 국가들과 일본, 한국은 문해력 수준이 미국보다 높았다. 산술 능력은 상황이 더 심각한데, 미국은 OECD 평균치보다 낮은 수준을 기록했다. 과학 기술이 가장 발전한 나라가 문해력과 산술 능력 수준은 세계에서 바닥을 기고 있는 것이다. 이러한 상황을 빚어낸 주요 원인은 양질의 교육을 받을 수 있는 기회의 불평등에 있다.

## 교육에서 외국어 학습의 역할

모국어가 영어가 아닌 학생들을 위해 초등 교육 과정에서는 비즈니스, 과학, 기술 분야에서 세계 언어가 된 언어를 유창하게 사용할 수 있도록 가르쳐야 한다. 전 세계에서 영어를 제2언어로 유창하게 구사하는 사람은 7명 중 1명에 불과하다. 이 비율은 북유럽에서는 70%나 되지만, 남유럽과 라틴아메리카, 중동, 아시아, 아프리카에서는 5~10%에 불과하다. 일부 사람들은 영어를 읽을 수는 있어도 유창하게 구사하지는 못한다. 어쨌든 숫자만 보면, 전 세계 인구 중 절반 이상이 영어 웹사이트의 내용(여전히 전체 웹사이트 내용의 절반 이상을 차지하는)을 제대로 읽지 못하는 셈이다.

제2언어를 배우는 것은 단순히 정보의 접근성이나 상호 작용 능력만 길러주는 데 그치지 않는다. 그것은 마음도 풍요롭게 한다. 캐나다의 정치과학자이자 사회학자였던 시모어 마틴 립셋Seymour Martin Lipset은 "한 나라만 아는 사람은 어느 나라도 모른다."라고 말했다. 다른 문화를 모른다면, 자국의 문화를 제대로 이해한다고 말할 수 있을까? 오래전에 나는 《크로니클 오브 하이어 에듀케이션 The Chronicle of Higher Education》에 설령 영어가 모국어라 하더라도 다른 언어를 배워야 하는 실질적인 이유에 대해 의견을 밝힌 적이 있다. 나는 언어 학습이 교육에서 어떤 역할을 담당해야 하는지에 대해 사람들이 기본적으로 잘못 알고 있다고 주장했다. 언어는 단순히 어떤 나라에서 생활하고 일하고 배우는 것처럼 어떤 목적을 달성하는 데 유용한 도구에 불과한 것이 아니다. 그것은 다른 문화를 들여다보는 창이며, 세계를 달리 보는 방법이다. 다른 언어를 습득하는 학생은 문제를 감지하는 능력이 폭발적으로 발전하고, 정보를 찾고 처리하는 방법이 풍부해지며, 언어를 배우지 않았더라면 몰랐을 쟁점과 관점에 눈을 뜨게 되면서 문제 해결 능력이 크게 향상된다. 나는 둘 이상의 언어와 문화에 노출된 학생들이 더 창의적인 생각을 하는 것을 자주 목격했는데, 특히 답이 명확하지 않은 복잡한 문제를 다룰 때 그런 능력이 두드러지게 발휘되었다.

언어를 배우는 사람은 다른 문화와 제도에 노출되는 경험을 통해 자신의 가치와 규범뿐만 아니라 타인의 가치와 규범까지 포괄하는 관점으로 문제에 접근함으로써 의견의 차이와 갈등의 본질을 더 제대로 파악할 수 있다. 다른 언어에 대한 지식은 관용과 상호 이해를 촉진하기도 한다. 따라서 언어 학습은 단순히 지식의 폭이 늘고 다른 환경에서 제대로 기능하는 것 이상의 의미를 지닌다. 그것은 세계의 다양성을 이해하고 존중하는 태도를 기르는 데 아주 효과적인 방법이다.

언어 공부에 관한 또 하나의 오해는 세계화가 대다수 언어의 시장 가치를 감소시킨 반면에 비즈니스와 과학, 기술 부문의 '링구아 프랑카lingua franca'(국제어)로서 영어의 시장 가치는 증가시켰다는 것이다. 이 논리에 따르면, 일단 영어 말하기와 글쓰기에 통달한 학생은 시간과 에너지를 다른 분야에 투자하는 게 현명할 것이다. 주요 다국적 기업들이 중요한 회의에서 영어를 사용하는 것은 사실이다. 하지만 만약 독일이나 일본, 중국, 스웨덴, 브라질 등지에서 일한다면 그 나라 언어를 쓰는 것이 좋으며, 그러지 않으면 의사 결정의 미묘한 지점을 간과하거나 경력을 높이는 데 불리해진다는 사례 기반 증거가 계속 발견되고 있다. 능숙한 영어 실력은 다국적 기업이나 대다수 조직에서 일하기 위한 자격 요건일지 몰라도, 국제적 맥락에서 전문 경력을 성공적으로 쌓으려면 그것만으로는 부족하다. 다른 언어에 비해 영어의 시장 가치가 높아지고 있다는 주장을 논리적 극단까지 밀어붙이면, 영어가 모국어인 사람들이 다른 언어를 배우는 것과 다른 학문 분야에 집중하는 것 사이에서 잘못된 선택을 내리게 만들 것이다.

많은 대학들은 빠르게 변화하는 비즈니스 세계의 현실을 제대로 파악하지 못하고 있다. 일부 대학과 대학원의 경영학 과정은 국제 교육 프로그램을 제공한다고 주장하는데, 단기 현장 학습까지 병행하는 경우도 있다. 하지만 엄격한 언어 강좌 코스를 표준 경영학 과목들에 통합시킨 곳은 거의 없다. 대학원 과정에서 특정 국가의 비즈니스 리더를 만나기 위해 1~2주간 여행하는 것이 적어도 하나의 외국어와 문화를 깊이 공부하는 것을 대체할 수 있다고 확신하는 셈이다. 만약 글로벌 경영 교육을 하면서 진지한 언어 교육 대신에 단기 현장 학습이 충분히 효과적이라고 믿는다면, 우리는 자기기만에 빠지는 셈이다.

언어를 배우든 악기를 익히든, 노력이 필요한 활동에 진지하게 임하는 학생은 다른 분야를 배우는 것에 더 큰 동기를 느낀다. 언어를 배우는 학생은 학습 과정의 어려움에 굴하지 않으며, 언어 학습이 제공하는 훈련을 통해 혜택을 얻길 기대한다. 나는 케임브리지대학교 저지경영대학원 학장이 되기 전까지 약 30년 동안 대학생과 대학원생에게 사회학과 경영학을 가르쳤는데, 영어 외에 다른 언어를 구사하는 학생이 더 나은 성과를 올리는 경향이 있었다.

다른 언어를 배우는 것의 중요성을 깎아내림으로써 우리는 학생들을 더 나은 세계 시민으로 만들 교육의 기회를 잃고 있으며, 복잡한 문제를 이해하고 해결하는 데 필요한 사고방식과 도구를 제공하는 데 실패하고 있다. 언어를 배우는 것은 마음을 단련시키고 정신을 풍요롭게 한다. 그것은 기본적으로 겸허한 과정으로, 학생들은 자신의 문화와 그것을 표현하는 방식이 절대적인 것이 아니라 상대적인 것임을 배우게 된다. 이러한 관점은 세상을 더 열린 마음으로 바라보게 하고, 세계의 여러 문제들에 대해 획일적인 해결책을 피할 수 있게 해준다.

## 고등학교와 대학교 교육은 무엇이 잘못되었을까?

"계좌에 100달러가 있고, 연이율이 2%라고 해보자. 만약 돈을 찾지 않고 그대로 두면, 5년 뒤에는 계좌에 얼마가 있을까?" 복리에 관한 이 표준적인 질문은 사람들의 금융 이해력 수준을 평가하는 데 자주 사용된다. 선택지는 다음과 같다. ① 102달러 이상, ② 정확하게 102달러, ③ 102달러 미만. 물론 정답은 ①이다.

이번에는 다음 문제를 살펴보자. "계좌의 연이율이 1%이고, 물가 상승률이 연 2%라고 한다면, 1년이 지난 뒤에 계좌에 있는 돈으로 얼마나 많은 상품을 살 수 있을까?" 선택지는 ① 현재보다 더 많이, ② 현재와 똑같이, ③ 현재보다 더 적게. 이 경우에는 ③이 정답이다.

마지막으로 참/거짓 질문이다. 다음 진술은 참일까, 거짓일까? "한 회사의 주식을 매수하면, 일반적으로 뮤추얼 펀드에 드는 것보다 더 안전한 수익을 얻을 수 있다." 이 경우에 정답은 '거짓'이다.

세 가지 질문 모두에 정답을 맞히는 비율은 미국 대학교 졸업생 중 43%, 석사나 박사 학위를 딴 사람 중 64%뿐인 것으로 드러났다. 고등학교 미만 학력을 가진 사람들은 13%, 고등학교를 졸업한 사람들은 19%만이 정답을 맞혔다. 대학교 졸업 이상의 학력을 가진 사람들은 이들보다 훨씬 높은 점수를 얻긴 했지만, 그렇다고 해서 훌륭하다고 할 만한 수준은 아니다. 학교 교육을 17년이나 받았는데도 대다수 대학교 졸업생들이 복리와 실질 이자율, 포트폴리오 다각화 같은 개념을 이해하지 못한다면, 교육 제도 자체에 근본적인 잘못이 있다고 봐야 한다. 만약 고등학교 졸업생 중에서 정답을 제대로 아는 사람이 5명 중 1명에 불과하다면, 이것은 그야말로 국가적 비극이다. 상황이 이러한데, 어떻게 사람들이 건전한 재정적 결정을 내리고, 은퇴를 위해 저축을 하고, 과도한 수준의 개인 부채를 피하리라고 기대할 수 있겠는가? 독일과 네덜란드, 스위스에서는 정답을 아는 사람들의 비율이 미국보다 약 두 배 높지만, 그 나라들에서도 대학교 졸업생 중 3분의 1과 고등학교 졸업생 중 약 절반이 모든 문제의 정답을 맞히지 못했다. 그리고 남녀 차이도 크다. 이 네 나라에서 여성은 남성보다 정답을 맞히는 비율이

8~23%나 낮았다. 와튼스쿨의 올리비아 미첼Olivia Mitchell은 앞의 문제들로 측정했을 때 기본적인 금융 이해력이 낮았던 사람들도 은퇴를 위한 저축을 충분히 하는 것처럼 개인 재정을 관리하는 데에는 훨씬 능숙하다는 사실을 발견했다.

이 끔찍한 상황은 그 기저에 깔린 경제적 불평등 패턴과 관련이 있다. 유럽인보다 미국인의 금융 이해력 수준이 떨어지는 것은 교육 접근 기회의 불평등에 그 원인이 있다. 유럽 국가들은 국가적 표준, 중앙 집권식 예산 지원 체제와 함께 국가 차원(일부 경우에는 지역 차원)의 초등 교육과 중등 교육 제도를 갖추고 있다. 반면에 미국에서는 학교들이 지역 차원에서 운영되며, 주로 부동산세를 통해 예산을 지원한다. 가난한 지방 자치 단체는 부유한 지방 자치 단체만큼 양질의 교육을 제공할 여력이 없다. 유럽의 대학교는 비록 하버드대학교나 예일대학교와 어깨를 나란히 할 만한 곳은 없어도, 평균적으로 미국 대학교들보다 질이 더 낮다.

렌슬리어폴리테크닉대학교의 컴퓨터과학 교수 짐 헨들러Jim Hendler는 원래는 초등학교와 중고등학교에서 제공해야 하는 교육 과정을 대학교에서 더 확대할 필요가 있다고 주장한다. 대학교는 "학생들에게 평생 학습자가 되도록 가르치는 데 초점을 맞출 필요가 있으며, 급변하는 정보 세계에 대응하는 기술을 향상시키기 위해 온라인 콘텐츠와 현장 실습, 그 밖의 [기본기를] 더 많이 가르쳐야 한다." 온라인 학습의 증가에도 불구하고, 여전히 대다수 전문가는 대학 생활이 이롭고 필요하다고 생각한다. 어큐먼Acumen의 데이터 분석가 프랭크 엘라브스키Frank Elavsky는 "대인 관계와 인문학"이 실제로는 더 중요한 기술이라고 주장한다. "사람의 몸은 다른 사람의 몸과 가까이 있을 때, 진정한 연민과 공감, 취약성, 그리고 사회성과 감정 지능에 자극을 받는다." 오스트리아 빈에 있는 응용과학대학교의 마케팅 교수 우타 루스만Uta Russmann은 일반 대중을 대상으로 한 온라인 교육 프로그램은 정교한 사회적 기술을 발전시키는 해결책이 될 수 없으며, 대학들도 지금으로서는 그 해결책을 제공할 준비가 제대로 되어 있지 않다고 주장한다. 우타는 그런 기술들은 현장에서 직접 일하면서 배워야 하는 경우가 더 많아질 것이라고 믿는다.

디지털 혁명은 대학교 세계에 큰 변화를 몰고 올 것으로 보인다. MIT의 컴퓨터과학 교수 데이비드 카거David Karger는 "온라인 교육 시스템이 아무리 훌륭해진다 하더라도, 현재의 4년제 대학교 모델은 상당 기간 지배적인 체제로 남을 것"이라고 주장한다. 온라인 교육의 혜택은 유명한 대학교들이 누릴 것으로 보이는데, 이들이 새로운 지식의 주요 원천이기 때문이다. 덜 유명한 대학교들은 가치 제안을 바꿀 필요가 있을 것이다. 카거는 교수진은 더 줄어들고 학생들의 온라인 학습을 돕는 조교와 강사는 더 늘어난 대학교의 모습을 상상한다.

순차적 인생 모형을 더 유연하게 만들면, 초등학교와 중고등학교와 대학교 교육의 질과 영향을 개선하는 데 도움이 될 수 있다. 즉, 학생과 학교 모두 새롭게 적응하고 경로를 바로잡을 수 있는 두 번째 혹은 세 번째 기회를 가질 수 있다면, 그 결과는 분명히 지금보다 개선될 것이다. 다음 장에서 다루는 주제가 바로 이것이다.

# 5장

한 번의 삶에 세 번의 경력

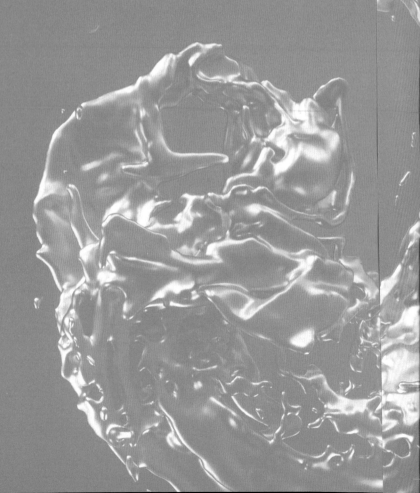

인생은 자신을 찾는 것이 아니다.
인생은 자신을 창조하는 것이다.

— 조지 버나드 쇼 George Bernard Shaw(1856~1950)

애니타 윌리엄스는 대학교를 졸업한 뒤 15년 동안 소프트웨어 개발자로 일했다. 회사는 애니타를 팀장으로 승진시켰지만, 애니타는 한때 자신이 고객을 위해 하던 일을 지금은 많은 고객이 인공 지능 도구를 사용해 스스로 해결한다는 것을 알아챘다. 그 사실을 깨닫는 순간, 애니타는 자신의 직종에 곧 위기가 닥치리라고 직감했다. 지난 20년 동안 전 세계의 교육 기관들에서는 소프트웨어 엔지니어를 수천만 명이나 배출했다. 인도 한 나라에서만 약 1000만 명을 배출했고, 매년 이 분야의 졸업생이 30만 명씩 쏟아져 나오고 있다. 애니타는 인테리어 디자인에 관한 온라인 강의를 여러 개 듣기로 결정했다. 지금 살고 있는 지역에서 공인 디자이너로 일하기 위해 자격을 취득하기 위해서였다. 애니타는 아직은 인공 지능이 인간의 창조성이나 미적 감각을 흉내 내기에는 역부족이라고 생각했다. 하지만 20여 년이 지나자 기계 학습과 패턴 인식, 가상 현실 기술이 그런 분야까지 침투하기 시작했다. 이제 많은 사람들이 온라인에서 자신의 주방을 손쉽게 설계할 수 있게 되었다. 심지어 건축 허가에 필요한 서류 일체를 자동으로 작성해주고, 모든 자재와 전문 인력을 주문하는 기능까지 탑재된 인공 지능 프로그램도 등장했다. 어느덧 50대 후반에 접어든 애니타는 자신의 창조적 재능을 더욱 갈고닦아 미술가가 되기로 결정했다. 미술 분야의 학위를 따는 것을 오래전부터 갈망하기도 했고, 자녀들은 대학교를 다니고 계좌에 예금도 두둑해서 관심 분야를 더 자유롭게 파고들 여유가 있었다. 머지않아 애니타는 집에 작업실을 마련하고, 자신이 그린 미술 작품을 온라인으로 판매하기까지 했다.

애니타는 가상 인물이지만, 애니타의 이야기는 현실과 크게 동떨어신 것이 아니다. 실제로 사람들은 애니다가 그랬던 것처럼 경력 변화를 시도한다. 앨리사 M.은 전남편의 식당 운영을 몇 년 동안 돕다가 컴퓨터 프로그래머가 되었다. "한 친구가 내게 SAP(독일의 거대 IT 기업)를 알아보라고 하더군요……. 그때가 2003년이었고, 나는 45세였어요." 앨리사는 예전에 프로그래머가 되기 위해 공부한 적이 있지만, 아주 빠르게 발전하는 이 분야의 특성상 이전에 배웠던 지식이 이미 낡은 것이 되어 처음부터 다시 공부해야 했다. "그래요, 그것은 가능해요. 심지어 나는 2년 뒤에 퇴직하고 경력을 바꿔볼까 생각하고 있어요. 여러 가지 아이디어를 찾고 있는

데, 어쩌면 독자에게 의견을 구할 수도 있겠지요. '당신은 지금 하고 있는 일에서 은퇴하고 나면 어떤 일을 하려고 하나요?'라고 물으면서 말이죠." 버나드 리마커스 박사는 수십 년 동안 교사와 고등학교 스포츠 팀 감독으로 일하다가 내과 전문의가 되었다. "나는 나이가 많았기 때문에 동기가 명백했습니다……. 나이 많은 학생으로 의학대학원을 다니는 것은 유리한 점이 많다고 느꼈습니다."

　이러한 경력 전환 사례들은 모두, 2008년 금융 위기 이후에 금융 부문 일자리가 드물었던 짧은 기간을 제외하면, 경력 전환이 비교적 드물던 시절에 일어났다. 영국에 본사를 둔 커리어시프터스 Careershifters에서 경력 전환 코치로 일하는 나타샤 스탠리Natasha Stanley는 "단일 경력 경로나 평생 직업은 아직 사라지지 않았지만, 사람들이 평생 동안 적어도 한 번 이상 경력 변화를 겪을 가능성이 점점 더 높아지고 있다."라고 말한다. 기술이 모든 직업과 산업을 파괴해가는 속도를 감안하면, 우리는 20년마다 새로운 업무나 직종에서 새로 시작해야 할지도 모른다. 이러한 변화가 시작됨에 따라 세대 간 학습 가능성이 더욱 커질 것이며, 기술과 강점뿐만 아니라 가치관과 태도가 제각각 다른 다세대 인력을 관리하는 방법을 더욱 고심하게 될 것이다. 20대 팀장은 베이비붐 세대 직원을 어떻게 관리해야 할까? 알파 세대는 제니얼 세대와 X 세대하고만 일하는 걸 편하게 느낄까?

## 수명 × 건강 × 기술 = 복수의 경력

미래를 보려면 점들을 연결할 필요가 있다. 평생 동안 여러 가지 경력을 쌓는 새로운 추세의 뿌리에는 세 가지 독특한 추세가 수렴하고 있다. 첫째, 사람들의 수명이 늘어나고 있다. 미국에서 1년 중 어느 날에 60세 생일을 맞이하는 사람의 수는 약 1만 2000명으로, 이들은 평균적으로 23년을 더 살 수 있다. 일부 유럽 국가와 아시아 국가는 기대 여명이 이보다 더 길다. 일본과 홍콩은 27년이고, 오스트레일리아, 프랑스, 스페인, 스위스는 26년이다. 싱가포르, 한국, 캐나다, 이스라엘, 그리스, 아이슬란드, 스웨덴, 아일랜드, 포르투갈, 몰타, 노르웨이, 핀란드, 파나마는 25년이다. 이러한 추세가 낳은 즉각적 결과는 은퇴 후 생활을 위해 돈을 충분히 준비한 사람이 많지 않다는 것이다. 둘째, 2장에서 보았듯이, 사람들이 건강하게 살아가는 기간이 이전보다 훨씬 길어졌다. 그 결과로 우리는 60세가 지난 뒤에도 상당히 오랫동안 일을 하고 활동적인 생활 방식을 유지할 수 있는데, 이 기간을 '건강 수명'이라 부른다. 셋째, 4장에서 보았듯이, 기술 변화 때문에 우리가 학교에서 배운 것은 이전보다 훨씬 빠르게 쓸모없거나 낡은 것으로 변해가고 있다.

이러한 추세들이 동시에 일어남에 따라 점점 더 많은 40대 초반의 사람들이 곧 자신이 알고 있는 지식으로는 노동 시장에서 더 이상 경쟁력이 없다는 걸 깨닫고 학교로 되돌아가기 위한 결정을 내릴 것이다. 그렇다고 해서 이들이 캠퍼스에 있는 기숙사나 남학생 클럽 또는 여학생 클럽으로 향하지는 않을 것이다. 아마도 디지털 플랫폼을 사용해 새로운 지식을 배운 뒤에 다시 일터로 돌아갈 것이다. 그리고 나서 60세가 되면, 살날이 아직도 약 25년(평균적으로)이나 남았으며 그렇게 긴 은퇴 생활을 버틸 만큼 저축이 충분하지 않다는 사실을 깨닫고는 다시 학습 모드로 전환했다가 풀타임 또는 파트타임 일자리를 구할 것이다.

많은 사람들은 단순히 일자리를 바꾸는 데 그치지 않을 것이다. 경력이나 직업이나 전문성을 완전히 다른 것으로 전환하려 할 텐데, 학교로 돌아갈 때마다 자신을 다시 고쳐 새로운 사람으로 거듭날 것이다. 일리노이대학교 스프링필드캠퍼스의 온라인 학습 부문 부총장 레이 슈로더Ray Schroeder는 "이제 막 노동 인구에 진입하는 사람들은 평생 동안 네다섯 가지 경력(단순히 일자리가 아니라)을 추구할 것으로 예상된다. 이러한 경력 변화에는 재정비와 훈련과 교육이 필요할 것이다."라고 말한다.

오늘날에는 기술 변화가 너무 빨라 분명히 많은 노동자들은 이를 따라잡기가 버거워졌다. 대다수 사람들은 자신의 직종에서 일어나는 새로운 발전을 쫓아가느라 애를 먹고 있다. 로봇공학과 인공 지능, 블록체인 같은 첨단 기술 때문에 특정 직군 전체가 쪼그라드는 경우도 있다. 자동화 때문에 저숙련 반복 노동 중심의 일자리가 사라져간다는 이야기도 자주 듣는다. 미래에는 블록체인으로 계약 과정이 디지털화되어 수많은 화이트칼라 사무직과 관리자가 해고 통지를 받을지도 모른다. 중간 관리자의 책임에는 계약 조항

이 제대로 이행되는지, 그리고 업무가 제대로 처리되는지 확인하면서 공급자와 직원을 감독하는 일이 포함된다. 기술 기업가인 앤드루 J. 샤핀Andrew J. Chapin은 "스마트 계약은 인간의 노력과 비교가 안 될 정도의 효율성을 제공하는데, 질을 확인할 때에는 특히 그렇다."라고 지적한다.

와튼스쿨의 린 우Lynn Wu는 "로봇이 인간의 노동력을 대체할 것이라는 일반적인 생각과는 달리, 로봇을 채택한 기업들은 시간이 지남에 따라 더 많은 사람들을 고용하고 있다."라고 주장한다. 이와는 대조적으로 린 우는 20년 동안의 연구를 통해 자동화 때문에 사라진 일자리는 대부분 관리직과 감독직이었다는 사실을 발견했다. 린 우는 "직원들이 제때 출근하는지, 그리고 일을 제대로 하는지 등을 감독하는 관리자의 필요성이 줄어들었다. 로봇은 자신이 한 일을 정확하게 기록할 수 있기 때문에, 관리 업무에 별도의 비용이 들지 않으며, 수치에 오류가 생길 가능성도 없다."라고 지적한다.

다른 경력을 밟기 위해 학교로 돌아가는 사람은 아직 극소수이시만, 그 추세는 점점 강해지고 있다. 2018년에 《포브스Forbes》는 「50세 이후에 대학으로 돌아가는 사람들: 이들은 뉴 노멀New Normal일까?」라는 헤드라인을 단 기사를 실었다. 설문 조사에 따르면, 대학교 졸업장이 없는 23~55세의 미국인 중 60%가 대학에 들어갈 생각이 있는 것으로 나타났다. 충격적인 사실은, 미국 교육부에 따르면, 대학교 학위를 원하는 사람들 중 절반 이상이 과거에 고등학교 이상의 교육 과정을 밟지 못한 성인이다. 대학교에 뒤늦게 들어가거나 다시 돌아가기로 결정하는 가장 큰 동기는 "새로운 기술 때문에 외주 용역자나 쓸모없는 존재로 전락할" 위험에 대한 두려움, 젊은 직원들에게 뒤처지지 않으려는 노력, 새로운 도전 추구 등이다. 중국에서는 60세 이상 인구 2억 3000만 명 중에서 4분의 1이 정부가 후원하는 프로그램을 통해 대학교를 다니고 있다. 중국의 관영 매체인 신화통신사新华通讯社에 따르면, "리우웬지는 아침에 일찍 일어나 아침 식사를 준비하고 손주들을 학교로 보낸다." 그러고 나서 그녀는 산둥성의 더저우노인대학교로 간다. 중국에는 이와 비슷한 노인대학교가 약 6만 개나 있다. 리우웬지는 "현악기, 전자 피아노, 경극, 종이 공예" 수업을 듣는다. 전직 농부 출신인 63세의 양루이준은 자기 마을에서는 처음으로 리우웬지와 같은 대학교를 다니는 사람이 되었다. 그녀는 노래 강사가 되었다.

2017년, 《파이낸셜 타임스Financial Times》는 「한 번의 생애에 다섯 번의 경력을 위한 계획: 일은 비영구적이다—재창조는 합리적이다」라는 제목의 기사로 눈길을 끌었다. 헬렌 배릿Helen Barrett은 그 당시 《파이낸셜 타임스》에서 '일과 경력' 코너를 담당하고 있었는데, 자신이 직접 경험한 것을 토대로 이 기사를 썼다. "경력을 바꾸는 것은 어렵고 외롭고 두렵고 비용이 많이 든다. 나는 10년 동안 광고계에서 일하다가 30대 중반에 언론계로 전직했는데, 바닥에서부터 다시 시작해야 했을 뿐만 아니라(한 기자는 나를 향해 '그때까지 가장 나이 많은 인턴'이라고 지적했다.) 급여마저 절반으로 줄어들었다. 다른 사람들을 따라잡는 데에는 4년이 걸렸다." 그리고 나서 헬렌은, 교수와 박물관 큐레이터, 예비 사업가 컨설턴트를 거쳐 네 번째 경력을 위해 변호사 자격증을 따려는 50대 여성 이야기를 들려주었다. 동기가 무엇이냐고? "그녀는 다음번 도전을 생각하고 있었다. 그녀는 끊임없이 자기계발과 도전을 계속하는 사람이었다."

20대에 유니콘 기업(10억 달러 이상의 가치를 지닌 기업)을 만들어 성공하는 기업가들이 널린 시대에, 40세의 나이에 인간의 독창성과 창의성으로 무엇을 이룰 수 있는지 생각해보는 것은 흥미롭다. 유명한 패션 디자이너인 베라 왕Vera Wang은 피겨스케이팅을 통해 처음으로 자신의 재능을 시험해보았다고 한다. 19세에 미국 선수권 대회에 출전했고, 그 덕분에 《스포츠 일러스트레이티드Sports Illustrated》에 특집 기사의 주인공이 되기도 했지만, 경쟁이 매우 치열했던 탓에 최고의 위치에 오르지는 못했다. 그래서 공부에 집중하기로 결심했는데, 대학교를 졸업한 뒤에는 《보그Vogue》 잡지의 최연소 편집자가 되었으며, 랄프 로렌Ralph Lauren에서도 잠깐 근무했다. 40세가 되었을 때, 베라 왕은 독보적인 웨딩드레스 디자이너가 되기로 마음먹었다. 그리고 그 후의 이야기는 역사가 되었다.

## 구원의 손길을 내민 온라인 교육

평생 학습과 경력 전환은 사실 말처럼 쉬운 일은 아니다. 둘 다세대와 관련해 중요한 측면을 지니고 있다. 둘 다 현실이 되려면 정부뿐만 아니라 교육 기관(초등학교에서 대학교까지)과 기업에서 거대한 변화가 일어나야 한다. 교육 부문은 나이로 엄격하게 계층화되어 있다. 와튼스쿨에서 경영자 교육 과정을, 펜실베이니아대학교에서 '비전통적 학생'(고등학교 졸업 후 곧바로 대학교에 진학하지 못한 사람들을 지칭하는 완곡한 표현)을 위한 학사 학위 프로그램을 맡아 가르쳐온 내 경험에 비춰볼 때, 사람들이 인생의 어느 시기에나 상급 학교로 진학하거나 학교로 돌아가도록 장려하는 것이 옳다고 확신한다. 같은 맥락에서 미국 전역의 고등학교 수십 군데가 성인을 위한 평생 교육 프로그램을 실시하고 있다. 그리고 이것은 다세대 교육 시스템을 통해 세대 간 학습을 경험할 수 있는 기회를 제공한다. 앞서 이야기한 펜실베이니아대학교의 프로그램은 평생 학습자를 젊은 대학생과 분리함으로써 세대 간 학습 기회를 놓치고 있다. 컬럼비아대학교는 오래전부터 이를 잘 이해해 전문 대학원에 다니는 30~40대 학생들과 젊은 학부생들이 함께 수업을 듣게 함으로써 여러 세대가 섞일 수 있는 환경을 조성한다. 학교와 대학에서 다양성이 주는 이점은 우리 자신이 타인에게 얼마나 풍부한 지식을 배울 수 있는지 설명할 때 자주 거론된다. 이제 교육자들이 교실과 교육 프로그램을 설계할 때, 각자의 독특한 경험과 기술을 그것을 갖지 못한 사람에게 도움이 되도록 사용함으로써 세대 간 배움을 촉진하기 위해 세대 다양성을 포함시켜야 할 필요가 있다.

디지털 학습은 경력 전환을 더 용이하게 하는 데 큰 도움을 주고 있다. 예를 들면, 해나 크로스는 유니버시티칼리지런던에서 미술사를 공부했고, 졸업 후에 런던에서 테이트갤러리와 현대미술학회 같은 주요 기관에서 일했다. 그러다가 진로를 바꾸어 프로그래머가 되기로 결심했다. 석 달간 코딩 심화 과정을 밟았고, 그 도움을 받아 스타트업에서 일자리를 얻었다. 처음에는 일이 쉽지 않았다. 해나가 코딩 문제를 푸느라 끙끙대는 동안, 동료들은 순식간에 문제를 해결했다. 그래도 열심히 노력한 끝에 그녀는 새로운 분야에서 성공을 거둘 수 있었다. 인문학 교사였던 마사 체임버스도 이와 비슷한 과정을 거쳐 영국의 방송국인 ITV에서 자바스크립트 소프트웨어 엔지니어가 되었다. 마사는 "이 과정의 좋은 점은" 디지털 장비를 가지고 "방에서 많은 시간을 보내지 않는 사람에게도 이 분야로 진입할 방법을 제공한다는 거예요."라고 말한다. 현재 마사의 상사도 경력 전환자인데, 전에는 사회 복지 분야에서 일했다.

기술은 기존의 지식을 쓸모없게 만드는 문제가 있지만, 그와 동시에 평생 학습과 경력 전환을 가능케 하여 해결책을 제공한다. 혁신적인 온라인 프로그램은 근로자-학습자가 가정을 돌보면서도 새로운 지식을 습득하도록 도와준다. 예를 들면, 비대면 수업 위주의 학위 취득 프로그램은 모든 연령대 사람들에게 변화하는 일자리 시장에 계속 적응할 수 있도록 도와준다. 로즈헐먼공과대학교의 컴퓨터과학 부교수 마이클 월로스키Michael Wollowski는 "앞으로 교육 및 훈련 프로그램이 크게 증가할 것이다."라고 말한다. "또한 맞춤형 훈련이나 현장 연수에 해당하는 프로그램들도 생겨날 것이다."MIT의 컴퓨터과학 교수 데이비드 카거는 많은 온라인 서비스가 "미화된 교과서에 불과하다."라고 말하지만, 온라인 교육의 성공을 믿는다. 서튼리서치와 스트림퓨전의 창업자이자 회장인 배리 추다코프는 앞으로는 학교 교육과 일이 분리되지 않을 것이라고 믿는다. "이 둘은 학습, 실현, 노출, 실무 경험을 학생 자신의 삶과 통합시키면서 아주 매끄럽게 합쳐질 것이다." 그는 나와 마찬가지로 "우리가 이러한 벽을 허무는 한 가지 방법은 …… 학습이 일어나는 '장소'로서 물리적 교실과 경쟁할 수 있는 디지털 학습 공간을 만드는 것이다. 시뮬레이션과 게임, 디지털 프레젠테이션을 통해(직접적인 현실 세계 경험과 결합해) 학습과 재교육이 책에서 벗어나 세계로 옮겨갈 것이다."라고 굳게 믿는다. 미래연구소의 연구원 리처드 애들러Richard Adler는 그런 기술들이 "광범위한 분야들에서" 독특한 학습 경험을 만들어낼 것이라고 예상한다. 레이 슈로디는 한 걸음 더 나아가 "마이크로소프트가 실시간 3차원 증강 현실을 구현하기 위해 홀로렌즈HoloLens를 사용해 개발한 것과 같은 홀로포테이션holoportation˙ 기술이 더욱 발전하고 확산될 것으로 기대한다."라고 말한다. 인텔의 연구 부문 관리자이자 비영리 단체 오리건 스토리 보드Oregon Story Board의 회장인 토니 슐리스키Tawny Schlieski는 증강 현실과 가상 현실 같은 새로운 기술은 학습자를 학습 상황

---

˙ 3D 홀로그램을 사용해 원격 장소에 있는 사람을 실시간으로 전송하는 기술을 말한다.

에 고도로 몰입시킴으로써 그 과정을 생생하게 상호 작용하는 경험으로 만들 잠재력이 있다고 생각한다.

교육 부문에서의 기술 혁명은 단순히 전달 방식에 관한 것뿐만이 아니다. 그것은 사람들이 자기 주도적 학습자로 거듭날 가능성에 관한 것이기도 하다. 브라질 상파울로대학교의 커뮤니케이션학 명예 교수 프레드릭 리토Fredric Litto는 "전통적인 '강의' 형식을 따르건, 자기 주도적이고 독립적인 학습 기회(필요하다면 대면 학습이나 실습으로 보완하면서)에 중점을 두건, 잘 조직되고 관리되는 온라인 프로그램에서는 어떤 업무 분야라도 완전히 또는 상당 부분을 학습할 수 있다."라고 말한다. 찰스턴대학교의 문해교육 조교수 이언 오번Ian O'Byrne은 기술이 개인 맞춤형 디지털 학습을 가능하게 해줄 것이라고 생각한다. "멘토가 비판적 피드백을 제공하는 한편으로 일대일 학습과 상호 작용을 통해 학습자를 인도하는 프리미엄 콘텐츠나 유료 콘텐츠 공급이 크게 늘어날 것이다. 우리는 과거에 존재한 도제 학습 모형의 디지털 버전을 구축할 기회를 확인하게 될 것이다." 그는 탈중앙화 디지털 레지스트리●를 구축할 수 있다는 점에서 온라인 교육과 블록체인의 결합을 지금까지 제안된 것 중에서 가장 매력적이라고 생각한다. 이 디지털 레지스트리의 한쪽에서는 노동자가 자신의 능력과 졸업장, 경험을 게시할 수 있고, 다른 쪽에서는 회사나 조직들이 필요한 인재를 찾을 수 있다.

---

● 정보나 자산을 디지털 형태로 저장하고 관리하는 시스템.

"대체 자격증과 디지털 배지는 시간이 갈수록 전통적 및 비전통적 학습 자료로부터 학습 내용을 더욱 세분화된 방식으로 문서화하고 보존할 수 있는 기회를 제공할 것이다." 그는 블록체인 기술을 통해 학습자가 자신이 원하는 수업의 특정 부분이나 모듈을 정확하게 선택하여 자신에게 맞는 학습 여정을 세울 수 있을 것이라고 예상한다.

자기 주도 학습의 한계는 명백하며, 사람들이 이 한계를 극복하는 데 기술이 얼마나 도움을 줄 수 있는지는 앞으로 두고 보아야 한다. 뮬런버그대학의 베스 코르조-두카트Beth Corzo-Duchardt 교수는 "자기 주도 학습은 교수와 학습의 연금술을 변화시키는 [하나의] 변수이다."라고 말한다. 연구 결과에 따르면, 자기 주도 학습자는 기초 교육과 가족의 지원 환경이 좋을수록 훌륭한 학습 경험을 하는 것으로 드러났다. 그들은 스스로 학습하고 비판적 사고를 하는 데 필요한 기술을 개발할 수 있는 특권을 누린 학생인 경우가 많다.

온라인 교육이 불평등을 확산시키지 않고 줄일 수 있는 한 가지 방법은 고품질의 가치를 저렴한 비용에 공급하는 것이다. MIT 미디어연구소의 연구원 배러툰데 서스턴Baratunde Thurston은 이렇게 주장한다. "목표 달성에 더 적합하고 소득 창출 잠재력도 더 큰 강좌를 들을 수 있는데, 뭐 하러 4년제 대학교를 다니면서 10만 달러의 빚을 진단 달인가?" 뉴욕시립대학교의 크레이그뉴마크언론대학원 교수 제프 자비스는 "교육에 진정한 혁신이 일어나려면, 학생

1명을 더 가르치는 데 드는 한계 비용이 0으로 떨어져야 한다. 나는 0에는 결코 이르지 못할 것이라고 생각한다. MOOC(온라인 공개 수업)는 해결책이 아니다!"라고 지적한다. 그는 기술을 사용해 학습 경험을 제공하고 인증하면서 '급격한 경제적 붕괴'가 일어날 것이라고 예상한다. 기조 연설자인 마르셀 벌린가Marcel Bullinga는 "미래는 저렴하고, 교육의 미래도 저렴하다."라고 생각한다. 그는 기술 덕분에 교육에 저렴한 비용으로 광범위하게 접근하는 것이 가능해지리라고 믿는다. "나는 이미 1000달러에 학사 수준의 교육을 제공한다는 광고를 보았다. 학교와 대학들은 상점들이 지난 10년 동안 아날로그/인간 중심에서 디지털/모바일/인공 지능 중심으로 변한 것과 같은 방식으로 변할 것이다." 그는 블록체인 기반의 온라인 교육 자격 증명이 학위 중심의 전통적인 시스템보다 더 인기를 끌 것이라고 예측한다.

하지만 온라인으로 이룰 수 있는 것에는 한계가 있다. 라스베이거스의 네바다대학교 사회학자 사이먼 갓초크Simon Gottschalk는 "코딩, 빅데이터 분석 능력, 효율적인 자원 관리, 추론적 사고, 신속한 대응, 정보 시스템 전반을 포괄하는 사고 능력 등은 이 새로운 업무 현장의 한 부분에서 필수적인 기술이 될 것이다. 또 다른 영역에서는 복종, 신속한 반응, 효율적인 고객/단순 서비스/기계 관리, 보안, 긴급 상황 대처 능력 등이 필요한 기술이 될 것이다."라고 말한다. 그는 사회적 기술은 대면 학습을 통해 더 쉽게 습득할 수 있다고 생각한다. 온라인에서의 동료 간 학습이 일부 제약을 극복

멀티제너레이션, 대전환의 시작

하는 데 도움을 줄 수는 있지만, 모든 제약을 극복하지는 못할 것이다. 퀸즐랜드공과대학교의 인터랙티브시각디자인 교수 마커스 포스Marcus Foth는 "MOOC의 대중 교육 접근법은 온라인과 오프라인 영역을 넘나드는 보다 정교한 P2P 연결 학습으로 강화될 것이라고 생각한다."라고 말한다. 캘리포니아대학교 로스앤젤레스캠퍼스의 컴퓨터과학자 마이클 다이어Michael Dyer는 "가장 확장하기 어려운 기술은 인간의 상호 작용이 필요한 기술(예컨대 환자를 포함하는 의료 기술)이다."라고 말한다. 그는 가상 현실과 인공 지능 같은 새로운 기술이 온라인 학습을 훨씬 더 효과적이고 확장 가능하고 즐겁게 만들 것이라고 믿는다.

인문학 분야 교수들도 온라인 교육은 몇 가지 주의할 점이 있기는 하지만 그 잠재력을 인정하기 시작했다. 아메리칸대학교의 언어학 교수 나오미 배런Naomi Baron은 "수준 높은 교육에 뒤따르는 막대한 비용, 더 많은 사람들에게 교육을 제공하려는 바람, 점점 더 정교하게 발전하는 온라인 강좌" 등은 모두 온라인 교육이라는 선택지를 더 매력적으로 만드는 요인이라고 말한다. 나오미는 여기서 남은 주요 과제는 학습 경험 중 어느 부분을 온라인으로 진행하고, 어느 부분을 대면 학습으로 진행할지 결정하는 것이라고 말한다.

모든 것을 감안할 때, 온라인 학습은 이용 가능성, 참신성, 신속성, 경제성 때문에 직업과 경력 전환에 중요한 역할을 할 것이다. BBB시장신뢰연구소의 임시 대표 겸 CEO인 재니스 R. 라천스Janice

R. Lachance는 온라인 교육이 다양한 학습 요구에 훌륭한 선택지를 제공한다고 주장한다. 그것은 "당장 필요한 기술이나 지속적인 전문성 개발에 매우 중요하다." 라천스는 나이와 무관하게 배우지 않는 것은 더 이상 선택지가 아니라고 말한다. 그리고 온라인 교육이라는 선택지는 사람들에게 경력의 발전이나 "단순히 뒤처지지 않기 위한" 기회를 무제한으로 제공할 것이라고 예상한다.

온라인 학습은 수요 증가, 서비스 다양화, 새로운 기술 도입과 함께 빠르게 발전할 것이다. 나는 2022년 5월에 처음으로 메타버스를 사용해 온라인 수업을 했다. 처음에 나는 메타버스가 디지털 상호 작용에 대한 또 하나의 근사한 접근법이자 유행일 뿐이며, 기존 플랫폼을 통해 이미 이룰 수 있는 것 이상으로 실제적인 가치를 증대시키는 것은 없다고 생각했다. 특히 메타버스가 게임과 쇼핑, 의료 분야에 혁신을 가져올 수는 있어도, 교육 분야에서는 그러지 못할 것이라고 생각했다. 하지만 내 생각은 틀린 것으로 드러났다. 효과적으로 사용하는 방법을 배우기만 하면, 메타버스는 지금까지는 불가능했던 학습 경험에 학생들을 몰입시키는 온갖 종류의 새로운 가능성을 활짝 열어준다. 나는 메타버스의 열렬한 팬이 되었다.

어떤 전문가나 기업가의 말보다도 트럭 운전기사이자 작가인 제임스 힌턴의 말에 귀를 기울여보자. "아이다호주의 새먼처럼 외딴 곳에 사는 약사도 약학 박사 학위를 딸 수 있어요. 하던 일을 그만두고 대학교가 있는 곳으로 옮겨가지 않고도 말이죠." 이렇듯 온라인 교육은 아주 먼 벽지에 사는 사람들에게도 새로운 지평을 열어줄 수 있다. 제임스는 시골에 사는 사람들이 온라인 교육의 선택지에서 가장 많은 혜택을 얻을 것이라고 믿으며, 젊은이들에게 굳이 대도시 지역으로 이주할 필요가 없다고 설득하려고 한다. "이것은 정말로 흥미진진한 발전이에요."

확실히 그렇다.

## 기업과 정부는 어떻게 변해야 할까?

미국 노동통계국에 따르면, 미국인은 18세부터 50세까지 평균적으로 12개의 일자리를 전전하는데, 2.7년마다 한 번씩 일자리를 옮기는 셈이다. 유럽인과 일본인은 10년에 한 번꼴로 일자리를 옮긴다. 미래에는 누구나 평생 동안 두세 가지 직종을 옮겨 다니게 될 것이고, 이에 따라 측정 기준도 일자리에서 경력으로 변할 것이다. 그리고 그것은 우리가 경력을 바라보는 방식뿐만 아니라 회사가 직원을 고용하는 방식도 변화시킬 것이다. 지금의 20대들은 평생을 한 계통의 직군에서 일하면서 보내는 대신에 여러 번의 경력 전환을 계획할 것이다. 회사들도 이 새로운 상황에 적응해야 할 것이다. 고용주의 관점에서 본다면, 관리자와 인사 담당자는 신입 사원이 반드시 20대일 것이라고 기대할 수 없다. 40대나 50~60대도 얼마든지 새로운 직업에 도전할 수 있고, 필요한 기술을 습득했다면 이제 막 고등학교나 대학교를 졸업한 사람만큼이나 충분한 자격이 있을 것이다.

여러 세대가 공존하는 상황에서 평생 학습이 그 잠재력을 최대한 발휘하려면, 기업과 정부와 교육 기관이 변해야 한다. 고용주는 경력의 여러 지점에 있는 사람들을 풀타임 학습 단계로 돌려보내 젊은 세대의 관점과 능력으로부터 배우게 하는 정책이 어떤 이득을 가져다주는지 깨달을 필요가 있다. 여기에는 자금 지원이 뒷받침되어야 하는데, 학교로 돌아가면 수입이 끊길 근로자들에게는 특히 그렇다. 이동 통신사에서 30년 동안 일하다가 60대 초에 학사 학위를 딴 마이크의 사례를 살펴보자. 그의 고용주는 버몬트주 벌링턴에 있는 샘플레인대학교와 온라인 교육 제휴를 맺고 직원들에게 사이버 보안 같은 분야에서 신기술을 습득하도록 장려했다.

브라질 상파울로대학교의 프레드릭 리토는 "우리는 지금 원격 교육으로 학습한 사람들의 고용에 대한 고용주들의 편견이 점차 줄어들고, (온라인에서 공부했기 때문에) 직장에서 더 큰 혁신과 주도성, 규율, 협동심을 보여주리라고 기대되는 '졸업생'에 대한 선호도가 점차 올라가는 과도기에 있다."라고 지적한다. 애스펜연구소의 커뮤니케이션 및 사회 프로그램 부문 전무 겸 부사장인 찰리 파이어스톤Charlie Firestone은 매우 낙관적이다. "기술과 역량에 대해 예컨대 디지털 배지를 수여하거나 그와 유사한 방법을 비롯해 더 정확하고 나은 자격 인증 제도 쪽으로 이동이 일어날 것이다." 테이블록 미디어TableRock Media의 연구 관리자 샘 퍼닛Sam Punnett도 이 견

     **멀티제너레이션, 대전환의 시작**

해에 동의한다. "나는 고용주들이 새로운 자격 인증 제도를 인정할 것이라고 생각한다. 전통적인 자격증은 계속 가치가 있겠지만, 그러한 자격증은 '배우는 방법을 배우는' 지원자의 인식을 감안해 받아들여야 한다고 생각한다." 네바다대학교의 사회학자 사이먼 갓초크도 같은 의견이다. 그는 고용주들이 온라인 학습을 한 사람보다 4년제 대학교 졸업생을 선호하는 태도는 한동안 지속될 테지만, 전자에게 아주 적합한, 심지어는 전자가 더 잘할 수 있는 일자리가 점점 더 늘어날 것이라고 생각한다. "어쨌든 이러한 선호 역시 시간이 지나면 점점 사라질 것이다."

럿거스대학교의 커뮤니케이션/정보학 교수 메리 차이코Mary Chayko는 기업들이 온라인 교육 자격증을 받아들이게 될 것이라고 설득력 있게 주장했다. "고용주들은 전통적 상황과 비전통적 상황, 대면 상황과 디지털 상황 같은 다양한 상황에서 훈련받아 끊임없는 변화에 민첩하게 대응할 수 있는 지원자들을 높이 평가할 것이다." 요컨대, 온라인 강의와 온라인 교육 자격증의 확산이 전통 교육의 종말을 가져오는 것은 아니다. 양쪽 모두 충분히 살아남을 수 있으며, 고용주는 양쪽 모두를 활용하길 원한다. 요점은 교육 제도와 노동 시장이 늘 변한다는 것이다. "고용주가 오늘날의 직장이 요구하는 채용 방법을 항상 아는 것은 아니며, 특정 과목의 자격증이 합격과 낙방을 가를 수 있다."라고 재니스 R. 라천스는 주장한다. 라천스는 만약 고용주가 온라인 자격증을 받아들인다면, 온라인 교육은 선택지가 확산되면서 그 질과 다양성이 개선될 것이라고 확신한다. 우리는 오랫동안 계속될 변화와 발전 과정의 초입에 서 있다.

복수의 경력을 지닌 구직자의 미래를 가로막는 가장 큰 장애물은 아마도 정부일 것이다. 특정 직종의 경우, 노동 규정 때문에 사람들이 경제 변화에 따른 기회를 활용할 수 있을 만큼 신속하게 경력 전환에 필요한 자격을 인정받기가 쉽지 않다. 게다가 조직화된 노동계와 정부에는 긱 노동에 대한 적대감이 뿌리 깊게 박혀 있다. 세부적인 단계와 계급으로 구분되어 있는 공무원 조직의 관료주의는 끊임없이 변하는 기술 중심의 경제와 완전히 상충되는 것처럼 보인다.

정부는 사실상 거의 모든 나라에서 가장 큰 고용주이다. 독일의 거대 IT 기업인 SAP와 영국의 정부연구소가 2020년에 내놓은 보고서는 기술 발전 때문에 정부의 후선 지원 업무와 대면 업무가 모두 완전히 바뀌었다고 주장한다. 전 세계의 많은 국가에서 공무원 제도는 지난 100년 동안 많은 개혁이 일어났는데도 불구하고, 여전히 직선형 승진 제도와 연공서열을 기반으로 한 호봉제라는 낡은 원칙에 얽매어 있는데, 이 상황은 21세기의 새로운 인구학적, 경제적, 기술적 현실과 크게 어긋난다.

컨설팅 회사인 딜로이트는 "급진적인 기술 변화와 공공 서비스 업무에 대한 새로운 세대의 기대가 정부 전반에 걸친 임무 변화와 결합해, '공공 서비스'의 전통적인 개념을 특정 공공기관에 평생 고용되던 것에서 더 유연한 연방 경력 중심 모형으로 변화시킬 수 있다."라고 주장한다. 순차적 인생 모형의 종말이라는 관점에서 볼 때, 더 개방적이고 유연하며 구멍이 많은(그래서 직원들이 훨씬 쉽게 정부 안팎을 오가며 순환 근무할 수 있는) 공무원 조직이 미래의 특징이 될 것이다. 경직된 국가 관료 제도에서는 정부 부서들과 기관들이 새로운 추세에 적응하기 어렵다. 이 새로운 환경에서 효율적이고 효과적으로 일하기 위해 필요한 기술을 갖춘 인재를 영입하고 유지하는 데에는 특히 그렇다.

## 다세대 직장의 잠재적 이점

정부와 기업, 그 밖의 많은 조직은 디지털 교육과 경력 전환의 이점, 수명과 건강 수명의 증가, 은퇴 나이를 넘긴 뒤에도 계속 일하고 싶어 하는 열망에 힘입어, 같은 공간에서 여러 세대가 함께 일하는 일터의 잠재적 이점에 서서히 눈을 뜨고 있다. 기술 발전 덕분에 고령자들의 재택근무가 가능해지고, 새로운 지식을 습득해 직장 생활을 연장하는 상황도 이러한 추세를 더욱 강화하고 있다. 이 주제에 관한 기존의 연구들을 철저히 분석한 노스캐롤라이나대학교 키넌플래글러경영대학원의 킵 켈리Kip Kelly는 "노동력에 세대 다양성을 추가해야 한다는 요구가 오늘날 점점 높아지고 있다."라고 썼다. 폭넓은 연령대의 사람들을 같은 일터에서 함께 일하게 하면, 독특한 인적 자원 및 인재 관리 문제가 생기는데, 여러 세대가 함께 일하는 직장은 각 세대의 재능을 활용할 수 있는 기회(그리고 과제)를 제공하기 때문이다.

이 주제에 관한 여러 연구를 바탕으로 켈리가 간파했듯이, 세대에 따라 사람들의 세계관은 제각각 다르다. 가장 위대한 세대와 침묵의 세대, 그리고 제2차 세계 대전 때 어린 시절을 보낸 세대는 "규율과 엄격한 훈육으로 자녀를 키우던 핵가족 가정에서 자랐다. 그들은 대공황에도 영향을 받았다. 베이비붐 세대는 "강한 노동 윤리를 갖고 있는데, [침묵의 세대처럼] 일을 특권으로 간주해서 그런 게 아니라, 지위와 부, 명성에 강한 동기를 느끼기 때문이다. 이들은 고용주에게 충성심이 매우 강하고, 서비스와 목표 지향적이며, 경쟁심이 강하다. 이들은 또한 훌륭한 팀플레이어이기도 하다." 따라서 연구 결과는 이들이 "의견일치를 추구하고, 자신들을 동등하게 대하는 관리자를 선호"한다고 시사한다. X 세대는 어린 시절과 성인기 초기에 흑인 민권 운동과 워터게이트, 에너지 위기, 에이즈 창궐, 베를린 장벽 붕괴 사건을 겪으며 그 영향을 받았다. 이들의 어머니들은 이전 세대보다 훨씬 많은 수가 직장을 다녔다. "그 결과로 많은 사람들이 일찍부터 독립을 경험하고 변화 속에서 성공하는 법을 배웠다. 이들은 독립적이고 회복력이 강하며 유연하고 적응력이 뛰어나다." 이들은 "정직하고 성실하며 '불간섭주의' 관리 방식을 추구하는" 사람을 고용하길 선호한다.

흥미롭게도 2013년에 컨설팅 회사 언스트 앤드 영Ernst & Young이 조사한 결과에 따르면, 베이비붐 세대와 밀레니얼 세대는 모두

X 세대와 함께 일하는 걸 선호했는데, 협력을 바라는 열망이 성공하고자 하는 욕구를 누그러뜨리기 때문이라고 했다. 밀레니얼 세대는 어린 시절에 9·11 테러를 포함한 국내외 테러 사건이 증가하는 걸 목격했고, 기후 변화의 위협을 처음으로 크게 실감한 세대이다. 이들은 기술에 능숙하며 소셜 미디어를 통해 소통하고 정보를 교환하려는 욕구가 강한 특징이 있는데, 그래서 이전 세대보다 더 수평적인 관계와 정보 흐름을 기대한다. 이들은 "서열 구조에 얽매이길 원치 않으며, 전통적인 하향식 의사소통을 거부한다." 이들은 또한 지금까지 직장에서 일했던 세대들 중에서 인종, 민족, 출신 국가, 성적 지향성이 가장 다양한 세대이며, 적어도 학력 증명서만 놓고 보면 역대 최고 수준의 학력을 자랑한다. 이 연구에 따르면, 이들은 멘토링과 일대일 지도의 가치를 중시하고 목표 지향적이면서도 수평적 의사소통을 하는 협력적 성향의 관리자를 선호한다. 현 시점에서 Z 세대가 직장에서 어떻게 행동할지는 추측만 할 수 있을 뿐이다. 밀레니얼 세대와 비교할 때 이들은 다양한 기술에 더 능숙하고 학력이 높다.

연구에서는 또한 세대 간 차이 중 많은 것은 실재하지만, 그런 차이가 반드시 직장에서 상반된 가치와 태도와 행동을 초래하지는 않는다는 사실을 발견했다. 일부 차이는 고정관념에서 비롯된 것이며, 각 세대 안에도 엄청난 수준의 이질성이 숨어 있다. 각 세대에 특유한 것이라고 일컬어지는 일부 차이는 맥락보다는 나이를 반영해 나타나는 결과인데, 이 문제는 9장에서 더 자세히 살펴볼 것이다. 다세대 직장의 주요 이점으로는 경험 많은 직원이 회사를 떠나는 '두뇌 유출' 방지, 모든 연령대의 잠재적 직원들을 끌어들이는 효과를 통한 지원자 풀 확대, 다양성을 바탕으로한 더 창의적인 노동력 형성 등이 있다.

하지만 1장에서 보았듯이, 다세대 작업 현장을 가장 열렬하게 지지하는 사람들도 갈등의 씨앗이 늘 잠재되어 있다는 것을 인정한다. 한 연구 결과에 따르면, 직장에서 세대 간 오해와 갈등이 업무 시간의 12%를 잠식한다고 한다. 이런 연구에서 아마도 가장 흥미로운 것은 동일한 잘못을 놓고 다른 세대끼리 서로 비난하는 경향이 있다는 점이다. 그렇다면 문제의 핵심은 고정관념으로 인한 오해와 잘못된 의사소통에 있을지도 모른다. 켈리는 "제대로 된 이해와 의사소통은 지각된 세대 격차를 최소화하고, 직원들이 공통의 가치와 기대에 초점을 맞추도록 하는 데 도움을 줄 수 있다."라고 낙관적인 결론을 내린다.

한 가지 좋은 소식은, 고용주들이 갈수록 점점 더 많이 요구하는 사회적 기술(4장 참고)이 세대 간 갈등을 극복하는 데에도 도움을 준다는 점이다. 말레이시아 림콕윙대학교의 캐롤라인 응오뇨 은조로게Caroline Ngonyo Njoroge 교수와 라샤드 야즈단니파르드Rashad Yazdanifard 교수는 "사회적 지능과 감정 지능은 관리자가 세대 차이 문제를 긍정적인 것으로 바꾸는 기술을 제공한다."라고 주장한다. 여기서 요점은 일반 통념이 잘못되었다는 것인데, 세대 차이가 반드시 동기와 행동의 차이로 이어지지는 않기 때문이다. 게다가 세

멀티제너레이션, 대전환의 시작

대가 서로 다른 직원들도 공통의 가치와 관심사가 있다. 모든 세대는 안정적인 직업과 성취감을 열망한다. 핵심은 관리자가 사회적 지능과 감정 지능을 사용해 "직원들의 행동에 긍정적 영향을 미침으로써 직업 만족, 긍정적 업무 태도, 자기 효능감, 리더십 잠재력과 변화 관리 같은 결과를 이끌어내는 것"이다.

영국 베크넬대학교의 에디 응Eddy Ng과 크랜필드대학교의 에마 패리Emma Parry는 기존의 연구를 분석한 결과를 토대로 현재의 인적 자원 관리 정책과 관행은 "조직들이 베이비붐 세대의 경력을 연장하려고 애쓰는 한편으로 밀레니얼 세대를 끌어들이고 유지하기 위해 노력하던" 시절에 베이비붐 세대가 베이비붐 세대를 위해 만들고 시행한 것이라고 지적한다. 100건 이상의 연구 결과를 검토한 끝에 두 사람은 대다수 연구자가 나이와 시기와 세대의 효과를 제대로 분리하지 못했다는 사실을 알아냈다. 사실, 이것도 상당히 누그러뜨린 표현이다. 더 정확하게 표현한다면, 대다수 연구는 세대 차이가 나이 차이나 역사적 시기의 차이를 벗어나 독립적으로 존재한다는 사실을 입증하는 데 실패했는데, 이 단점은 9장에서 포스트제너레이션 마케팅에 대해 논의할 때 다시 살펴볼 것이다.

각각의 세대가 등장하는 시기가 국가마다 다르다는 점도 문제를 더 복잡하게 만든다. 예를 들면, 미국의 베이비붐 세대는 1950년대에 태어났지만, 여성 1인당 출산 자녀 수가 정점에 이른 시기는 남유럽과 인도는 1960년대 전반, 중국은 1960년대 후반, 사하라 이남 아프리카는 1970년대였다. 기존 연구 중 대부분이 북아메리카와 서유럽을 대상으로 한 것이라는 사실이 실망스럽다. 웅과 패리는 "대중 매체에서 그려진 에피소드와 고정관념"에 의존하는 대신에 다세대 직장에 관해 더 나은 연구가 필요하다고 결론지었다.

직장은 이전과는 극적으로 달라지고 있다. 이토록 많은 세대들이 같은 일터에서 나란히 일하고, 이토록 많은 여성이 집 밖에서 일자리를 얻고, 자녀가 없는 30~40대 직장인이 이토록 많고, 60세 이상의 노동 인구가 이토록 많고, 전통적 가치에서 세속적이고 자기표현이 강화된 가치로의 이동이 이토록 거세게 일어나고, 기술 변화가 이토록 많이 일어난 적은 일찍이 없었다. 우리는 이 추세들을 가로지르며 흩어져 있는 점들을 연결할 필요가 있다. 간단히 말해서, 다세대 직장을 연구할 때에는 현재의 인구학적, 문화적, 기술적 변화의 효과를 고려해야 한다. 많은 연구자들이 기술적 변화의 효과는 고려하지만, 단순히 Z 세대가 밀레니얼 세대보다 기술에 더 능숙하고, 밀레니얼 세대가 X 세대보다 기술에 더 능숙하다는 식으로 말할 뿐이다. 이것은 실제로 일어나는 현상을 수박 겉핥기식으로 다루는 것과 같다. 전통적인 접근법과 관점이 통하지 않는 현상을 이해하려고 낡은 사회적·심리학적 설문 조사와 척도, 실험, 그 밖의 연구 도구를 적용하는 대신에, 숨이 꺼져가는 순차적 인생 모형이 어떻게 조직과 노동 시장을 거꾸로 뒤집는지, 그리고 그 모형의 종말이 다세대 직장에 대해 무엇을 의미하는지 더 깊이 이해할 필요가 있다. 또다시 우리는 연구자들(그리고 그들의 말에 귀를 기울이는 관리자들)이 문제를 없애려고 하는 대신에 문제를 해결하려

멀티제너레이션, 대전환의 시작

고 시도하는 모습을 본다.

## '퍼레니얼'을 생각하라

이 책의 서두에서 보았듯이, BMW 같은 미래 지향적 기업들은 세대 간 차이, 오해, 갈등과 관련된 문제들을 해소하기 위해 선제적으로 조직 개편에 나서 다양한 연령대의 사람들이 함께 일하도록 했다. 2013년, 금융 서비스 부문의 거대 기업인 하트퍼드Hartford는 밀레니얼 세대 직원이 다른 세대, 특히 경영진에게 디지털 기술을 지도하는 역멘토링 프로그램을 도입했다. 짝이 된 멘토와 멘티는 자주 만나 상호 학습을 도모한다. 기술에 관한 조언이 한쪽 방향으로 흐른다고 하면, 사업과 직장 생활에 관한 조언은 그 반대 방향으로 흐른다. 브리지트 판 덴 하우트Brigitte Van Den Houte는 세계적인 운송 기업이자 전자 상거래 기업인 피트니 보우스Pitney Bowes에서 인사 및 글로벌 인재 관리 부문 부사장이다. 브리지트는 다양한 연령대의 직원 약 15명으로 이루어진 다기능 팀들을 만들었는데, 각 팀에서는 나이나 근속 연수에 상관없이 모두가 의사결정에 동등한 영향력을 행사했다. 브리지트는 "낡은 작업 방식은 더 이상 효과가 없다."라고 말한다. 미시간주의 서류 캐비닛 제조업체인 스틸케이스Steelcase에서는 상호 이익을 위해 고참 직원과 신입 직원이 함께 모여 팀을 이룬다. 실제로 퓨연구센터는 자신을 특정 세대로 간주하는 추세가 줄어들고 있는 현상을 보고했는데, 특히 밀레니얼 세대에서 그런 추세가 뚜렷하게 나타난다. 베이비붐 세대는 전체의 79%가 자신이 베이비붐 세대라고 생각하는 데 반해, 밀레니얼 세대는 자신이 밀레니얼 세대라고 생각하는 사람이 40%에 불과하다.

딜로이트 같은 컨설팅 회사는 '다세대 노동력'이라는 개념을 퍼뜨리기 시작했다. 대다수 조직은 나이와 세대를 바탕으로 직원들을 조직한다. 컨설턴트인 에리카 볼리니Erica Volini와 제프 슈워츠Jeff Schwartz, 데이비드 맬런David Mallon은 고객을 위한 브리핑에서 "미래 지향적 조직은 직원의 태도와 가치를 더 잘 이해하기 위해 접근 방식을 바꾸고 있는데, 기술을 활용해 직원의 요구와 기대를 분석하고 더 새롭고 유의미한 통찰력을 이끌어냅니다."라고 설명한다. "조직은 직원 개개인의 특성에 더 정확하게 맞춘 노동력 관리 전략과 프로그램을 설계하고 실행할 기회를 얻게 됩니다." 그 목표는 사람들 사이에서 의미를 찾고 자신의 업무보다 더 큰 무언가에 기여한다는 느낌을 갖게 함으로써 업무 만족도를 높이는 것이어야 한다.

다시 말해서, 직장에서 세대 차이와 고정관념에 대해 끝없이 논쟁하는 대신에 기업들은 지나 펠이 주장한 '퍼레니얼' 개념을 받아들여야 한다. 퍼레니얼은 "고정관념을 초월해 서로 그리고 주변 세계와 연결되면서 늘 꽃이 피는 모든 연령·종류·유형의 사람들……. 즉, 자신이 속한 세대로 정의되지 않는 사람들"이다. 이 개념을 바탕으로 딜로이트의 컨설턴트들은 "급격한 기술과 조직의 변화로 인해 근로자는 이제 평생 직장에서 일하는 동안 여러 번 자신을 재창조해야 하고," 누가 상사나 관리자가 되어야 하는가에 대한 문화적 기대가 달라졌으며, 아주 젊은 사람들이 설립하고 운영하는 회사들이 경제의 상당 부분을 차지하고 있다고 주장한다. 그리고 이러한 추세는 조직 내에서 60대 인턴이 20대 관리자와 함께 일하는 현실로 나타나고 있다고 주장한다.

나이를 기반으로 한 전통적인 조직 계층 구조가 이렇게 뒤집히는 현실은 인적 자원과 재능과 경력 관리에 수반된 가정들이 대부분 쓸모없어진다는 것을 의미한다. 순차적 인생 모형에서 경력은 지위와 명성, 책임, 급여가 낮은 단계에서 높은 단계로 나아간다고 상정했다. 딜로이트의 글로벌 인적 자본 동향 보고서에 따르면, 직원들은 더 이상 과거처럼 나이나 세대를 승진 가능성과 연결 짓지 않는다. 와튼스쿨의 피터 카펠리Peter Cappelli는 "이것은 고용주들에게 상전벽해 같은 변화로, 권위의 역전을 초래하고 있다."라고 말한다. "갑자기 20~30대는 부하 직원 또는 동료로서 그들의 부모나 조부모 세대의 직원들과 함께 일하게 되었는데, 이들은 예전처럼 젊은이들의 상사가 아니라 부하 직원이나 동료로 일한다."

테크 기업들이 이러한 추세를 선도하는 것은 놀라운 일이 아니다. 온라인 상거래 플랫폼인 노터라이즈Notarize의 인사팀에서 일하는 다이애나 프레치오시Diana Preziosi는 "우리 팀은 20대부터 50대까지 다양한 연령대의 직원들로 구성되어 있으며, 모두 함께 이 과정을 구축해왔다."라고 말한다. "그 가치는 하나의 좁은 관점으로 팀에 무엇이 최선인지 결정하는 것이 아니라, 다양한 관점을 조합해 노터라이즈의 모든 팀원을 고려하는 결정을 내리는 데 있다." 증강 현실 기술을 개발하는 프로젝트 아처Project Archer의 CEO 조던 와이스먼Jordan Weisman은 "'미래'를 설계할 때, 우리는 늘 과거의 관련 경험에서 많은 정보와 교훈을 얻는다."라고 말한다. 그의 회사에서는 "나이가 많은 팀원이 애니메이션 〈우주 가족 젯슨The Jetsons〉의 내용을 소개하기도 하고, 젊은 팀원이 틱톡에 올라온 K팝 밴드의 놀라운 소식을 전하기도 한다. 이러한 학습은 모든 연령대에서 보편적으로 이루어지며, 문화적 경험과 시간적 경험이 결합되면서 놀라운 성과를 만들어내고 있다." 로스앤젤레스에 본사를 둔 디지털 마케팅 에이전시인 GR0의 인재 영입 담당자 조던 파인버그Jordan Feinberg는 "조직 내에, 심지어 부서 내에 작은 업무 공간들을 만들면, 여러 세대들이 서로에 대한 신뢰를 쌓을 수 있는 더 개방적이고 협력적인 환경이 조성된다는 사실을 발견했다."라고 설명한다. 예를 들면, 이 회사의 검색 엔진 최적화 부서는 더 작은 단위의 팀들로 쪼개져 있는데, 각각의 팀은 여러 세대의 직원들로 이루어져 있다.

하지만 큰 기업이라고 해서 연령과 세대를 탈피해 의미 있는 범주로 인적 자원을 분류하는 데 반드시 불리한 것은 아닌데, BMW, 하트퍼드, 피트니 보우스가 그런 사례를 보여준다. 린지 폴랙Lindsey Pollak은 2019년에 출간한 책 『리믹스The Remix』에서 AT&T,

멀티제너레이션, 대전환의 시작

제너럴일렉트릭, 뉴욕멜론은행, 에스티 로더처럼 다양한 대기업의 경험을 바탕으로 새로운 인구통계학적 현실에 대처하는 단계별 지침을 제시한다. 린지는 관리자와 직원 모두에게 "어떤 세대이건 정적이고 경직된 태도를 고수한다면 아무도 살아남을 수 없다는 기본 사실을 받아들여야 한다."라고 촉구한다. 적응력과 유연성, 열린 마음, 그리고 낡은 가정을 당연시하지 않는 태도는 효율적인 조직과 만족스러운 경력을 위해 필수적이다. "과거 그 어느 때보다 더 많은 기회와 선택, 다양성을 누리는 시대에 살고 있는 우리는 굉장한 행운아들이다. 두려움과 혼란을 느낄 때도 많지만, 아주 흥미진진하지 않은가?"

순차적 인생 모형의 해체라는 관점에서 볼 때, 미래는 유망해 보인다. 다세대 직장은 그토록 중대한 변화가 가져올 긍정적 결과 중 하나일 뿐이다. 그 밖의 결과로는 우리가 알고 있던 은퇴 개념이 단계적으로 폐지되어 모든 연령대의 사람들이 더 폭넓은 선택권을 갖게 되는 것, 전통적인 상속 관행의 퇴조와 그에 따른 경제적 불평등 감소, 세상을 더 나은 곳으로 만들 페미니즘 운동의 활성화, 연령으로 정의된 어떤 부문도 무시당하지 않는 포스트제너레이션 소비자 시장, 그리고 더 넓게는 포스트제너레이션 사회가 있다. 이어지는 장들을 놓치지 말길 바란다.

# 6장

## 은퇴를 다시 생각하다

내가 그만두기 전에 항상 하고 싶었던 것이 하나 있다…….
그것은 바로 은퇴다!

— 그루초 막스 Groucho Marx (1890~1977)

"저는 많은 사람들과 함께, 풀타임으로 하던 일이 모두 끝난 뒤에 어떻게 살아갈 계획인지 이야기를 나눴습니다. 그리고 몇몇 분을 이 자리에 불러 제게 한 이야기를 모두에게 들려달라고 요청했습니다." 작가이자 블로거이며 전직 연금 담당 공무원인 돈 에즈라 Don Ezra는 이렇게 말한다. 돈은 자신의 은퇴를 준비하기 위해 사람들을 집단으로 인터뷰하여 그들의 계획과 은퇴에 대한 생각을 조사하기로 결심했다. 그중 한 사람은 이렇게 답변했다. "저는 아직 40세가 되지 않았기 때문에 은퇴는 먼 미래의 일입니다. 하지만 벌써부터 은퇴에 대해 걱정하고 있죠. 제 바람은 젊을 때 은퇴하는 것입니다. 체육관에 다니든 심부름을 하든, 하고 싶은 일을 마음대로 하는 자유를 누리고 싶어요. 매일 어딘가에 갈 필요도 없고, 누구의 말에 대답할 필요도 없이 말이에요." 그러고는 입맛을 다시며 설명을 이어갔다. "일을 하며 행복을 느끼는 사람도 있겠지만, 제게 일은 그저 목적을 이루기 위한 수단일 뿐입니다. 저는 일 자체를 위해 일하고 싶진 않습니다." 이처럼 일을 목적을 이루기 위한 수단으로 여기는 사고방식이 만연해진 이유는 우리가 모든 직업에 의미를 부여하는 것에 큰 신경을 쓰지 않았기 때문이다. 그 부작용으로 우리는 은퇴를 간절한 소망이자 해방으로 여기게 되었다.

"남편과 저는 이제 막 40대에 접어들었어요! 가까운 미래에 은퇴하길 바라고 있어요." 두 번째 인터뷰 참여자는 이렇게 말했다. "우리는 서로 사랑하긴 하지만, 사회적 상호 작용도 필요해요. 우리끼리 어느 정도 시간을 보내고 나면, 나머지 시간은 다른 사람들과 어울릴 필요가 있어요!" 사랑하는 배우자가 곁에 있어도 사회적으로 단절될 수 있다는 두려움은 사람들이 은퇴의 장점과 단점을 고려할 때 떠올리는 또 하나의 공통적인 생각이나. "우리는 자식 부부와 좋은 관계를 유지하길 바라지만, 그것은 원한다고 되는 일이 아니에요." 실제로 부모의 은퇴는 독립된 삶을 영위하려는 젊은 부부에게 스트레스를 더하는 요인이 될 수 있다. "우리는 무엇을 해야 할까요? 우선은 추운 겨울을 피하고 싶을 거예요. 어쩌면 다른 가족(예컨대 동생 부부 등)과 함께 휴가를 보낼 수도 있겠지요. 자원 봉사도 하겠지요. 남편은 스포츠 코치로 일해요. 저는 교회에서 봉사하고요. 호스피스도 할 수 있겠지요. 마침 호스피스가 필요하다는 친구를 본 적이 있거든요. 좋은 일을 위해 모금도 할 수 있을 겁니다." 은퇴자들은 세대 간 관계를 얼마나 갈망하는지 강조하는 경향이 있다. "그리고 할아버지와 할머니가 되어주세요! 제발요! 손주들의 응석을 다 받아주세요! 자녀가 손주를 키우는 데 우리의 도움이 필요하다면 진심으로 도와야죠!" 물론 너무 늦기 전에 손주가 태어나야 하겠지만 말이다.

자녀와 손주와 함께 시간을 보낼 계획을 너무 많이 세우는 것은 힘들 수 있다. "어디서 살아야 할까요? 우리 집은 너무 커요. 손주들이 사는 집 근처에 살아야 할까요? 우리 아들이 지금 사는 곳에서 계속 살리란 보장도 없어요." 또 다른 인터뷰 참여자가 이렇게 거들었다. "그래서 우리가 태어난 고향으로 돌아갈 계획을 잠정적으로 세우고 있지만, 그러려면 고향 사람들과 다시 긴밀한 관계를 회복해야 하겠지요."

"저는 토니예요. 저희는 몇 년 전에 은퇴했습니다. 토비는 몇 년 전에 은퇴했지요. 저는 교사인데 토비보다 먼저 은퇴했어요. 그후 저희는 M(소도시와 농촌 사이의 중간쯤에 해당하는 지역)으로 이사했어요. 그게 다예요, 정말로!" 토니는 삶에 대해 자조적 태도를 가지고 있으며, 그저 흐름에 몸을 맡기며 살아가는 것에 만족한다. "처남은 아침에 일어나면 할 일이 아무것도 없는데, 하루가 끝날 때쯤이면 일이 절반이나 남았다고 농담을 합니다!" 그들은 시간을 때우고 자신이 쓸모 있다는 것을 느끼기 위해 다양한 자원 봉사 활동에 참여한다. "노인들을 차에 태워 목적지까지 데려다주고, 책을 읽어드리고, 행사 준비를 돕기도 해요. 정말로 뭔가 할 일을 찾으려고 하면, 그 목록은 끝이 없어요."라고 토비는 말한다. 토니가 옆에서 말을 보탰다. "물론 손주들이 있죠! 우리는 항상 손주를 만나러 가는 것을 좋아했고, 토비가 은퇴한 뒤에는 더 가까이 지낼 수 있었어요. 자식들도 우리가 이곳에 있는 것을 좋아해요. 우리가 손주들을 잘 봐주고, 그 덕분에 둘 다 밖에 나가 일할 수 있기 때문이지요. 그렇게 아이들을 돌보고 학교에 데려다주고 다시 집으로 데려오는 일까지 하느라 정말 정신없이 바쁩니다."

돈이 "또 다른 일은 없나요?"라고 묻자, 토니가 신난 듯이 대답한다. "사실은 훨씬 더 많아요! 우리의 사회생활은 교회와 독서 클럽과 그 밖의 지역 사회 단체로 뻗어 있어요. 우리는 책을 많이 읽어요. 옛날 노래를 들으며 향수에 젖거나 춤을 추러 가기도 하지요! 전반적으로 우리는 정말 바빠요. 하지만 앞서 말했듯이, 우리에게는 다른 사람의 롤 모델이 될 만한 특별한 점이 없습니다. 그래도 아주 만족스러워요." 은퇴 후의 새로운 삶이 곧바로 구체화되었느냐는 질문에 두 사람은 단호하게 그렇지 않았다고 대답한다. "사실은 시간이 좀 걸렸어요. 이곳은 친밀한 구성원들로 이루어진 공동체예요. 처음에는 우리가 이방인처럼 느껴졌지만, 교회와 독서 클럽이 도움을 주었지요. 물론 손주들의 존재와 학교 활동도 도움을 주었어요. 아이들을 통해 다른 부모, 조부모와 긴밀한 관계를 맺을 수 있었거든요."

대다수 사람들이 은퇴 결정에서 느끼는 어려움과 정규직 직장을 그만둔 뒤에 겪는 경험은 은퇴가 현대인의 삶에서 가장 크게

멀티제너레이션, 대전환의 시작

부풀려진 한 측면임을 시사한다. 은퇴 재무 설계사 에릭 브로트먼 Eric Brotman은 "은퇴는 가급적 피해야 한다고 생각합니다."라고 말한 다. "은퇴는 (대개) 되돌릴 수 없습니다……. 은퇴는 건강에 위험하 고…… 재산에도 위험합니다." 비록 은퇴는 적어도 부분적으로 되 돌릴 수 있고, 은퇴가 건강이나 재산에 해롭다는 증거도 없지만, 브로트먼의 말은 일리가 있다. 우리는 은퇴의 가치를 높게 평가하 고, 많은 나라에서는 은퇴를 헌법상 권리로 인정하고 있다. 그렇다 면 은퇴의 장점과 비용에 대한 증거를 살펴보기로 하자.

은퇴의 다양한 영향 중에서 건강에 미치는 영향은 연구자들 사 이에서 열띤 논쟁의 대상이 되고 있다. 살아가면서 일어나는 모든 전환은 몸과 마음이 적응하는 데 시간이 필요하기 때문에 스트레 스를 유발한다. 은퇴는 사회적 고립과 활동 부족을 초래할 수 있 고, 두 가지 모두 신체 건강과 정신 건강을 심각하게 해칠 수 있다. 돈이 부족하면 불안이 커질 수 있다. 하지만 대다수 연구에 따르 면, 은퇴가 건강에 미치는 영향은 전혀 없거나 약간 긍정적인 것으 로 나타났다. 블루칼라와 화이트칼라 사이의 차이는 미미하지만, 사회경제적 지위가 낮은 집단은 은퇴 후에 누리는 혜택이 더 많은 경향이 있다. 최근에 기존의 연구를 검토한 연구에서는 "은퇴 나이 를 지나 계속 일하는 것과 비교했을 때, 조기 퇴직과 사망률 사이 에는 아무 연관성이 없다."라는 결론이 나왔다. "제때 퇴직하는 것 은 정년을 넘겨 계속 일하는 것과 비교했을 때 사망 위험이 더 높 은 경향이 있지만," 은퇴 이전의 건강 상태를 고려한(당연히 그래야 하지만) 연구들에서는 이러한 상관관계가 사라졌다. 요컨대, 은퇴 결정과 시기는 건강과 최종 사망률에 체계적인 영향을 미치지 않는 것으로 보인다.

은퇴가 자산에 미치는 영향에서도 비슷한 양상이 나타난다. 은퇴가 부의 축적 과정을 늦추고 심지어 역전시킬 가능성이 있다는 것은 명백한데, 저축과 연금 수급에 의존해 생계를 꾸려나가야 하기 때문이다. 은퇴 후 지출 수준과 투자 수익에 대해 지나치게 낙관적인 가정을 할 위험도 있다. 예상치 못한 의료비 지출이나 집안에 불상사가 생길 수도 있다. 하지만 내가 강조하고 싶은 것은 순차적 인생 모형이 우리에게 과도한 압력을 가한다는 점이다. 근로자에게는 은퇴에 대비해 저축을 많이 하라고 압박하고, 정부에는 기존의 연금 제도가 인구의 연령 구조 덕분에 지속 가능했던 시절에 내걸었던 약속을 지키라고 강하게 압박한다.

2021년 트랜스아메리카Transamerica 은퇴 설문조사에 따르면, 여러 세대의 미국인들이 꼽은 가장 큰 걱정거리는 '부족한 은퇴 자금'(42%)이었고, '장기 간병이 필요한 건강 악화'와 '사회 보장 연금의 축소 또는 폐지'가 그 뒤를 이었다. 이 설문조사에서 눈길을 끄는 것은 베이비붐 세대와 X 세대뿐만 아니라 아직 은퇴까지 수십 년이나 남은 밀레니얼 세대도 '부족한 은퇴 자금'('건강 악화'와 함께 공동 1위를 차지)을 가장 큰 걱정거리로 꼽았다는 사실이다. 훨씬 젊은 Z 세대에서도 '부족한 은퇴 자금'이 두 번째로 높은 응답률을 기록했다.(1위는 '기본적인 생계 유지'였다.) 가장 젊은 세대의 근로자들조차 은퇴와 관련된 재정적 부담에 큰 신경을 쓰는 셈이다. 이러한 걱정은 은퇴를 계기로 촉발되는 것이 아니라, 성인기 초기부터 뚜렷하게 나타난다. 은퇴 자금에 대한 걱정이 인지 기능 저하, 독립성 상실, 외로움, 주택 마련, 해고 등에 대한 걱정보다 앞선다는 사실이 놀랍다. 놀랍게도 젊은 세대의 근로자들 중에서 은퇴에 대한 걱정이 없다고 답한 비율은 매우 낮았는데, 밀레니얼 세대에서는 8%, Z 세대에서는 6%에 불과했다.

은퇴가 항상 삶의 질이 더 나은 생활로 이어지는 것은 아니다. 미국 노동통계국에 따르면, 일하지 않는 65세 이상의 미국인은 여가를 즐길 수 있는 시간이 더 많다. 그러나 이들은 독서나 사교 활동을 즐기는 대신에 주로 TV 시청 시간이 더 늘어나는데, 일하는 사람은 매일 2.9시간을 TV 시청에 쓰는 반면, 일하지 않는 사람은 4.6시간을 쓴다. 따라서 은퇴 후에 사람들이 찾는 것은 여행이나 운동이 아니다. 그 결과는 매우 나쁜 것이 될 수 있다.

영국 유니버시티칼리지런던의 연구원들은 50세 이상 성인 3662명을 대상으로 실시한 영국 노화종단연구ELSA 데이터를 분석했다. "분석 결과, TV를 하루에 3.5시간 이상 시청한 사람들은 연구가 진행된 6년 동안 단어와 언어 관련 기억력이 평균 8~10% 감소한 것으로 나타났다." TV를 덜 보는 사람들은 감소폭이 그 절반에 그쳤다. "텔레비전은 강하고 빠르게 변하는 단편적 고밀도 감각 자극과 이와 대조되는 시청자의 수동성을 겸비한다는 점에서 독특한 문화 활동으로 표현돼왔다." 활동에 쓸 수 있는 시간이 제한

돼 있다는 사실을 감안할 때, 이러한 기억력 감소는 '주의 집중과 수동성'이라는 양면성을 지닌 TV 시청의 부정적 효과뿐만 아니라, 독서와 놀이, 박물관 관람, 친구나 가족과의 대화, 여행처럼 인지적으로 유익한 활동에 참여하지 않는 데에서도 비롯된다.

TV 외에도 스마트폰, 태블릿, 컴퓨터 등의 스크린 앞에서 보내는 시간이 점점 더 많아지고 있다. 2019년, 퓨연구센터는 10년 동안의 조사에서 60세 이상의 미국인이 스크린 앞에서 보내는 시간은 더 늘어난 반면, 사교 활동과 독서 시간은 줄었다고 보고했다. 일반적으로 밀레니얼 세대와 Z 세대가 전자 기기 사용에 상당히 많은 시간을 쓴다고 알려져 있지만, 실제로는 노년층이 더 많은 시간을 쓴다. 닐슨Nielsen의 조사에 따르면 미국의 노년층은 하루에 거의 10시간을 스크린 앞에서 보내고 있는 것으로 드러났는데, 이것은 35~49세 미국인보다 12%, 18~34세 미국인보다 무려 33% 더 긴 시간이다.

50세 이상 소비자를 겨냥한 무선 기기 재판매업체인 컨슈머 셀룰러Consumer Cellular의 CEO 존 마릭John Marick은 "좋은 스크린 타임과 나쁜 스크린 타임의 차이를 인식하는 것이 중요하다."라고 주장한다. "단순히 심리적 안정이나 기분 전환을 위해, 또는 지루해서 기술을 사용한다면 나쁜 방향으로 나아갈 수 있다." 미국은퇴자협회는 이러한 문제를 인정하는 한편으로 노인들 사이에서 스크린 타임을 유용하게 쓰는 사례들도 있다고 지적한다. 예컨대 TED 강연이나 뉴스, 다큐멘터리 시청, 손주들을 위한 이야기 동영상 녹화,

온라인으로 다양한 장소 방문하기 등이 있다. 또한 디지털 기기는 유연한 근무 방식을 가능하게 함으로써 은퇴에 대한 고정관념을 깨는 데에도 도움을 줄 수 있다.

은퇴의 구체화와 은퇴에 대한 두려움과 은퇴의 나쁜 측면은, 이제 사회가 태도를 바꾸어, 직장 생활 초기부터 사람들을 불안하게 하는 인생의 순차적 단계들에 이의를 제기해야 할 필요성을 강하게 제기한다. 대안으로는 어떤 것들이 있을까? 정부와 기업이 도움을 줄 수 있을까? 기술이 구원의 손길을 내밀 수 있을까?


## 변화의 바람

"오늘 나는 온라인으로 일하고 놀고 쇼핑하고 스와이프했다." 미국의 새로운 조부모 원형은 이렇게 보고한다. 2020년대가 끝나기 전에 긱 노동과 온라인 쇼핑을 하는 사람의 수는 30세 미만보다 60세 이상이 더 많아질 것이다. 포스트제너레이션 사회에서는 30세 미만보다 60세 이상의 인구가 훨씬 더 많고, 기술은 나이에 상관없이 모든 사람의 생활 방식을 변화시킬 것이기 때문이다. 극작가 조지 버나드 쇼는 "우리가 늙어서 놀기를 멈추는 것이 아니다. 우리는 놀기를 멈추기 때문에 늙는다."라고 말했다. 팬데믹이 닥치기 전에도 60세 이상 인구 중 상당수는 새로운 기술을 활용해 더 편하고 효율적으로 놀고 배우고 일하고 쇼핑을 하고 있었다. 다만 인터넷 접근성의 불평등은 지속되었는데, 팬데믹으로 인한 자가 격리와 사회적 거리 두기 과정에서 그때까지 가장 큰 저항을 보였던 사람들이 처음으로 디지털 플랫폼을 사용하게 되었고, 그들 중 상당수는 그것이 유용하고 재미있다는 사실을 알게 되었다. 역사적으로 지금 우리는 일을 처리하고 삶을 즐기는 새로운 방식을 받아들이려고 할 때 과거에 비해 나이가 훨씬 덜 중요한 시점에 서 있다.

활동 수명이 늘어남에 따라 은퇴를 재고하는 사람들도 점점 더 늘어날 것이다. 2015년에 개봉한 〈인턴The Intern〉은 그러한 상황을 위트 있게 그려낸 영화이다. 이 영화에서 로버트 드니로는 70세의 홀아비 벤 휘태커 역을 맡아, 참을 수 없을 만큼 지루한 은퇴 생활에 대해 불평한다. "일상의 나머지 시간은 어떻게 보내냐고요? 뭐든지 하는 거죠. 골프, 책, 영화, 피노클(카드놀이의 일종) 같은 거요. 요가도 했고, 요리노 배웠고, 식물도 몇 개 샀고, 중국어 수업도 들었죠. 정말 안 해본 게 없을 정도입니다." 마침내 그는 브루클린의 어느 온라인 패션 스타트업에 시니어 인재 유치 프로그램을 통해 입사하는데, 이곳에서 창업자이자 CEO인 줄스 오스틴(앤 해서웨이 분)의 가장 가까운 조언자이자 절친이 된다.(그리고 훨씬 행복한 삶을 살아간다.)

많은 육체노동 종사자들이 무한정 일할 수 없다는 것은 분명하다. 예를 들면, 항공기 조종사는 법적으로 65세에 은퇴하도록 규정되어 있는데, 이것도 2009년에 미국 의회에서 그 시기를 5년 연장

멀티제너레이션, 대전환의 시작

한 결과이다. 육체노동의 강도가 높고 심지어 위험한 일부 직군(농업, 광업, 건설업, 제조업, 치안, 소방 등)에서는 특정 연령을 넘어서면 안전하게 직무를 수행할 수 없다. 하지만 육체적 부담이 덜한 직종으로 전환하거나 학교로 돌아갈 기회를 준다면, 이들이 반드시 은퇴하지 않아도 된다. 교육이나 지적 업무처럼 연령 제한이 엄격하지 않은 경우도 있다. 존 업다이크John Updike는 "노년기는 프리랜서 작가에게 아주 점잖은 대우를 해준다."라고 말했다. 나 같은 교수는 무한정 계속 일하기가 분명히 더 쉽다.

유럽의 대다수 국가들에서는 노동자로서 경제에 기여할 능력이 있더라도 의무적으로 퇴직해야 하는 연령이 60세와 67세 사이로 정해져 있다. 이것을 연령 차별이라고 항의하는 시도가 많이 있었지만 법원에서 기각되었으며, 대다수 정부는 연령 제한을 없애면 실업이 증가할 것이라고 우려한다. 설상가상으로 오스트리아, 불가리아, 크로아티아, 체코, 이탈리아, 리투아니아, 폴란드, 루마니아, 슬로베니아는 여성의 의무 퇴직 연령이 남성보다 최대 5년이나 낮다. 평균적으로 유럽인 여성은 남성보다 약 7년이나 더 오래 사는데도 말이다!

중국은 상황이 더 심각한데, 퇴직 연령이 모든 남성은 60세, 여성 공무원은 55세, 블루칼라 여성 노동자는 50세로 정해져 있다. 중국인의 평균 은퇴 연령은 54세로, 세계에서 부유한 국가들에 비해 약 10년 정도 낮다. 한 자녀 정책을 폐지한 후에도 기대 수명의 증가와 출산율 감소가 지속되고 있어 퇴직 연령을 높여야 한다는 목소리가 커지고 있다. 하지만 퇴직 연령을 높이는 것은 또 다른 역효과를 초래할 수 있는데, 은퇴한 부모에게 육아를 의존하는 젊은 부부가 너무나도 많기 때문이다. 실제로 한 연구에 따르면, 부모가 은퇴한 뒤에 젊은 부부가 자녀를 가질 확률이 60% 이상 증가하는 것으로 나타났다. 그래서 중국의 정책 결정자들은 진퇴양난의 딜레마에 빠져 있다.

각국 정부에서 정년을 자주 바꾸지 않는데도 실질적인 은퇴 연령은 빠르게 변해왔다. 유럽과 미국에서 남성의 평균 유효 은퇴 연령은 1990년대 후반까지 감소했는데, 여기에는 넉넉한 연금과 사양 산업 부문의 조기 퇴직 인센티브가 큰 요인으로 작용했다. 21세기로 접어들면서 이러한 상황에 눈에 띄는 변화가 나타나기 시작했다. 불평등 심화, 개인 저축 감소, 2008년 글로벌 금융 위기의 영향으로 사람들은 늦은 나이까지 일해야 했다. 2018년에 미국 남성과 여성의 은퇴 시기는 2000년에 비해 각각 평균 3.1년과 2.8년 더 늦어졌다(〈표 6.1〉 참고). EU의 경우, 동유럽과 남유럽(프랑스 포함)은 전반적으로 유효 은퇴 연령의 증가가 덜 두드러지는 반면, 중유럽과 북유럽은 미국과 비슷한 추세를 보였다. 영국은 독일보다 프랑스에 더 가까웠다. 한편, 캐나다에서는 여성의 은퇴 연령이 남성보다 더 빨리 증가했다. 그러나 전 세계에서 은퇴 연령이 가장 큰 폭으로 증가한 나라들은 오스트레일리아와 뉴질랜드, 그리고 한국을 비롯한 동아시아 선진국과 중동의 일부 국가들(예컨대 튀르키예)이다. 한편, 신흥 시장국에서는 정반대 추세가 나타나고 있는데, 멕

## 표 6.1 평균 유효 은퇴 연령

| | 남성 | | | | 여성 | | | | 2000년부터 2018년까지의 변동 폭 | |
|---|---|---|---|---|---|---|---|---|---|---|
| | 1970 | 1980 | 2000 | 2018 | 1970 | 1980 | 2000 | 2018 | 남성 | 여성 |
| 미국 | 68.4 | 66.4 | 64.8 | 67.9 | 67.9 | 66.3 | 63.7 | 66.5 | 3.1 | 2.8 |
| EU(27개국) | 68.4 | 65.1 | 61.5 | 64.0 | 65.8 | 62.9 | 59.7 | 62.4 | 2.5 | 2.7 |
| 프랑스 | 67.9 | 63.6 | 59.0 | 60.8 | 68.8 | 63.9 | 58.6 | 60.8 | 1.8 | 2.2 |
| 독일 | 66.5 | 63.1 | 61.0 | 64.0 | 64.2 | 60.9 | 60.3 | 63.6 | 3.0 | 3.3 |
| 이탈리아 | 64.9 | 61.9 | 60.4 | 63.3 | 61.8 | 61.9 | 58.4 | 61.5 | 2.9 | 3.1 |
| 폴란드 | 73.6 | 68.0 | 61.6 | 62.8 | 72.2 | 65.1 | 59.2 | 60.6 | 1.2 | 1.4 |
| 스페인 | 69.4 | 64.8 | 61.6 | 62.1 | 69.0 | 66.6 | 61.8 | 61.3 | 0.5 | -0.5 |
| 스웨덴 | 67.9 | 65.3 | 63.7 | 66.4 | 66.6 | 64.0 | 62.4 | 65.4 | 2.7 | 3.0 |
| 영국 | 67.7 | 66.0 | 62.5 | 64.7 | 65.7 | 62.6 | 60.9 | 63.6 | 2.2 | 2.7 |
| 캐나다 | 66.0 | 65.1 | 62.7 | 65.5 | 66.3 | 63.9 | 60.8 | 64.0 | 2.8 | 3.2 |
| 오스트레일리아 | 67.4 | 64.1 | 62.0 | 65.3 | 65.2 | 60.0 | 59.6 | 64.3 | 3.3 | 4.7 |
| 뉴질랜드 | 69.6 | 66.3 | 64.3 | 69.8 | 69.0 | 63.8 | 59.9 | 66.4 | 5.5 | 6.5 |
| 브라질 | 72.1 | 69.7 | 66.7 | 66.6 | 73.6 | 73.3 | 62.8 | 63.3 | -0.1 | 0.5 |
| 멕시코 | - | 78.6 | 74.5 | 71.3 | - | 78.7 | 69.6 | 66.5 | -3.2 | -3.1 |
| 칠레 | 70.8 | 69.2 | 69.9 | 70.0 | 65.9 | 67.0 | 67.4 | 66.7 | 0.1 | -0.7 |
| 이스라엘 | - | - | 66.3 | 69.4 | - | - | 64.1 | 66.0 | 3.1 | 1.9 |
| 튀르키예 | 68.6 | 68.3 | 61.6 | 66.3 | 57.4 | 64.8 | 57.0 | 64.9 | 4.7 | 7.9 |
| 일본 | 72.8 | 71.0 | 70.1 | 70.8 | 68.4 | 66.6 | 66.2 | 69.1 | 0.7 | 2.9 |
| 한국 | 65.7 | 68.4 | 67.0 | 72.3 | 63.1 | 64.4 | 65.8 | 72.3 | 5.3 | 6.5 |
| 중국 | - | - | 66.5 | - | - | - | 59.0 | - | - | - |
| 인도 | - | - | 72.0 | 69.8 | - | - | 70.6 | 62.3 | -2.2 | -8.3 |

출처: OECD

시코와 인도는 유효 은퇴 연령이 계속 감소하고 있고, 브라질과 칠레는 정체된 추세를 보인다. 〈표 6.1〉에는 중국의 데이터가 포함돼 있지 않지만, 중국도 유효 은퇴 연령이 낮아지고 있다.

정리하면, 전 세계에서 두 갈래 추세가 나타나고 있다. 모든 나라에서 수명과 건강 수명이 계속 증가하고 있지만, 시간이 지남에 따라 선진국에서는 은퇴 시기가 늦어지는 반면에 많은 신흥 시장국에서는 은퇴 시기가 빨라지고 있다. 그 이유는 경제 실적 차이와는 아무 관계가 없다. 오히려 21세기에 접어든 뒤에 선진국과 신흥 시장국에서 상반된 추세가 나타나는 것은 1970~1980년대에 일어난 일 때문이다. 그때 유럽과 미국, 캐나다, 오스트레일리아, 뉴질랜드의 평균 은퇴 연령이 아주 빠르게 하락했는데, 이제 와서 조금씩 올라오면서 신흥 시장국의 평균 은퇴 연령을 향해 수렴하고 있다. 한편, 몇몇 신흥 시장국은 평균 은퇴 연령이 위에서 내려오면서 선진국의 평균치를 향해 수렴하고 있다. 이러한 일반적인 패턴에서 벗어나는 두 나라는 한국과 일본인데, 두 나라는 유효 은퇴 연령이 크게 낮아진 적이 전혀 없으며, 오히려 최근까지 계속 증가하고 있다.

이미 사람들이 은퇴를 좀 늦추고 있다면, 이를 활용해 원하는 만큼 또는 필요한 만큼 오래 일할 수 있도록 보장하는 방법이 있을 것처럼 보인다. 2장, 특히 〈표 2.1〉에서 보았듯이, 남은 건강 수명을 완전히 소모하지 않고서 은퇴를 미룰 여지가 충분히 있는데, 60대 중반부터 계산하면 남성은 약 10년, 여성은 약 12년 더 일할 수 있

멀티제너레이션, 대전환의 시작

다. 따라서 일반적인 은퇴 연령 이후에 계속 일하더라도, 여전히 몇 년 동안 건강한 상태로 은퇴 생활을 즐길 수 있다. 은퇴를 늦추면 연금과 의료비 부담을 둘러싼 세대 간 갈등을 줄일 수 있어 사회와 경제에도 도움이 된다. 게다가 유효 은퇴 연령의 증가 추세를 잘 활용하면, 노인의 외로움 문제를 해결하고, 노동 시장을 재편하고, 경제에 역동성을 불어넣고, 세대 간 협력 기회를 창출할 수 있다.

## 순 일자리 증가가 가장 높은 연령대는?

세인트루이스의 연방준비은행은 2021년에 "2020년 12월까지 지난 20년 동안 미국의 총 고용이 1176만 7000명(8.5%) 증가했다."라고 보고했다. "전체 증가분(순 증가분의 101%인 1187만 9000명)은 60세 이상 연령군의 고용 증가에서 비롯되었다. 한편, 지난 20년간 16~59세 연령군의 순 고용 변화는 -11만 2000명이었다." 16~59세 미국인은 60세 이상 미국인보다 2.4배나 많지만, 후자가 8배 더 빠르게 증가하고 있다. 또한 젊은 사람들의 고용은 줄어들고 있지만, 60세 이상은 계속 일하거나 은퇴하고 나서 재취업하는 사람이 점점 많아지고 있다. "인구 고령화와 연령군별 고용률 격차로 인해 지난 20년 동안 일어난 고용 증가는 고령층에 크게 치우쳤다." 연방준비은행의 보고서는 60세 이상 인구의 증가와 이들의 고용 비율 증가라는 두 가지 추세가 확실하게 지속되고 있다고 주장한다.

이러한 일자리 증가의 뿌리에는 인생과 일과 나이에 대한 새로운 개념이 자리 잡고 있다. 그 첫 단계는 노화를 바라보는 사고 방식의 변화였다. 미국은퇴자협회의 CEO 조 앤 젠킨스Jo Ann Jenkins는 "우리의 삶은 중반에 전성기를 누리고, 은퇴한 뒤에는 쇠퇴기로 접어든다는 것이 전통적인 인생관이었다."라고 말한다. "이제 사람들은 나이를 먹는 것을 계속 이어지는 성장 시기로 받아들이고 있다." 기존의 은퇴 제도가 지닌 문제점은 사람들이 인생의 마지막 20년을 자신이 확실히 제어하면서 살아가도록 하는 대신에 사회 보장 제도와 퇴직 연금, 개인 저축이나 자산에 의존하게 만든다는 데 있다. "의존적인 은퇴자 대신에 새로운 유형의 경험 많고 능력 있는 노동력이 나타나기 시작했다. 부양에 값비싼 비용이 드는 대신에 우리 경제를 떠받치는 폭발적인 소비 시장이 나타나고 있다. 의존적인 은퇴자들이 늘어나는 대신에 새롭고 다른 장점을 가진 다세대 공동체가 성장하고 있다." 젠킨스는 한마디로 교육과 일과 은퇴의 경계를 허물자는 제안을 하고 있다. "대다수 사람들이 익숙하게 들어온 은퇴 모형의 핵심은 일에서 해방되는 것이다. 오늘날 확장된 중년기의 핵심은 일할 수 있는 자유이다."

하지만 60세 이후에 일자리를 구하는 것은 많은 사람들에게 여전히 어렵다. 메릴랜드대학교의 캐서린 에이브러햄Katharine Abraham과 W.E.업존고용연구소의 수전 하우스먼Susan Houseman은 "고령 근로자의 취업 기회를 제한하는 한 가지 요인은 고용주의 차별"이라고 주장한다. "2017년에 미국은퇴자협회가 실시한 설문조사에 따르면, 45세 이상 근로자의 61%가 직장에서 연령 차별을 경험하거나 목격한 적이 있다고 응답했다." 연구자들이 지원자의 나이 외에 동일한 내용의 이력서를 보낸 실험 연구에서 차별의 정도가 얼마나 되는지 드러났다. 한 연구에서는 35~45세 연령군의 면접률이 50~62세 연령군보다 40% 이상 높은 것으로 드러났다. 이러한 패턴은 기술 수준이나 학력에 상관없이 다양한 직업과 직종에서 나타난다.

그렇다면 은퇴 후의 삶과 관련해 순차적 인생 모형의 한계를 극복하는 데 도움을 줄 수 있는 새로운 기회는 정확히 무엇일까?

## 은퇴 후 재취업

공식적으로 미국에서 은퇴자 3명 중 1명은 급여를 받는 일자리에서 계속 일한다. 이 비율은 유럽 이외의 많은 나라들도 비슷하다. 셰리 설리번Sherry Sullivan과 아크람 알 아리스Akram Al Ariss는 은퇴 후 근로자에 대한 광범위한 연구를 검토한 끝에 은퇴 후 재취업의 주요 동기는 경제적 필요이지만, 교육 수준도 은퇴 후 재취업률 증가와 상관관계가 있다는 사실을 발견했다. 특정 전문 직종의 인력이 부족할 경우, 은퇴자는 파트타임이나 정규직 일자리를 구하기가 더 쉽다. "교육 수준이 높은 은퇴자는 교육 수준이 낮은 은퇴자보다 은퇴 후에 급여를 받는 일자리를 얻거나 유급 고용과 무급 자원봉사 활동을 병행할 가능성이 훨씬 더 높다."

심리도 중요한 변수이다. "일을 사회적, 개인적 …… 필요를 성취하는 것으로 인식하는 사람들은 은퇴 후에 유급 일자리에서 일할 가능성이 더 높다." 자선 활동을 하거나 사업을 시작하는 데에도 심리적 요인이 중요한 역할을 한다. "일을 생산적 필요를 충족시키는 것으로(예컨대 일은 다른 사람들에게 지식을 전달하고 사회에 기여할 기회를 제공한다.) 인식하는 사람들은 무급 돌봄이나 자원봉사 활동에 참여할 가능성이 더 높다." 다른 연구자들은 독립과 개인적 성취를 중시하는 부분 은퇴자들은 자영업에 종사하는 경향이 있는 반면, 사회에 기여하길 원하거나 육체적, 정신적으로 할 일을 찾는 은퇴자들은 고용될 가능성이 더 높다는 사실을 발견했다.

이러한 심리학적 증거는 은퇴 후 재취업이 단순히 재정적 계산 착오나 부실한 계획(은퇴 후에 연금과 저축만으로는 여유 있게 살기 어렵다는 사실을 뒤늦게 깨닫는)의 결과가 아니라, 일에 대한 그리움과 인생 계획이 복잡하게 결합된 결과임을 강력하게 시사한다. 미국의 건강과 은퇴 연구를 토대로 한 연구에 따르면, 은퇴 후에도 일을 하는 사람들 중 80% 이상은 사전에 그것을 예상하고 있었다. 하버드대학교 의학대학원의 경제학자 니콜 마에스타스Nicole Maestas는 "은퇴 전의 정보는 은퇴 전후의 정보를 합친 것만큼이나 은퇴 후 재취업 여부를 잘 예측한다."라고 주장한다. "은퇴한 뒤에 일하지 않을 것이라는 은퇴 전의 기대에서 벗어나 재취업한 소수의 경우, 재정적 충격이 큰 역할을 했다는 증거는 거의 없다." 그보다는 사람들이 노동 시장을 떠나고 난 뒤에 은퇴 후 재취업을 결정한다고 마에스타스는 주장한다. "오히려 데이터는 선호도 충격을 가리킨다. 일부 사람들은 은퇴 생활이 예상보다 덜 만족스럽다는 사실을 발견한 것으로 보인다." 결국 은퇴 후 재취업 결정을 좌우하는 핵심 요인은 "여가에 대한 기대가 채워지지 않는 것"이 아니라, "일에 대한 기대가 채워지지 않는 것"이다. 즉, 일을 계속하려는 은퇴자는 은퇴 후의 덜 여유로운 삶이 불만족스러운 것이 아니라 일을 하지 않는 삶 자체가 불만족스러운 것이다.

어쨌든 마에스타스에 따르면, 전체 은퇴자의 약 40%, 조기 은퇴자의 53%가 다시 일터로 돌아간다. 은퇴 후에 하는 일은 은퇴 전의 일과 특성이 다를 수밖에 없다. 은퇴 후에 재취업하는 경우에는 대체로 은퇴 전보다 급여가 현저히 적고, 고용주에게 의료 혜택을 제공받기가 어렵다. 은퇴 후에 재취업한 근로자는 육체적 부담이 큰 일자리를 피하며, 제조업 부문을 벗어나 서비스업 부문을 선호하는 경향이 있다.

은퇴 후 다시 일하는 사람들이 겪는 다양한 종류의 전환 중에서 가장 흥미로운 측면은, 퇴직과 거의 동시에 풀타임 근무에서 파트타임 근무로 이행하는지, 아니면 한동안 완전한 은퇴 상태로 지내다가 일정 수준의 근무 상태로 돌아가는지 여부와 관련이 있다. 후자의 경우에는 순차적 인생 모형이 완전히 뒤집히는데, 근로자가 여러 단계 사이를 왔다 갔다 하기 때문이다. 마에스타스는 원칙적으로 은퇴 후에 일자리를 구하기가 쉬운 사람들은 부분 은퇴를 선호한다는 사실을 발견했다. 반면에 일자리를 구하는 데 많은 어려움을 겪거나 새로운 기술을 배워야 하는 사람들은 먼저 은퇴를 한 뒤에 새로운 일자리를 찾는 쪽을 선호한다. 미래에는 은퇴자가 남는 시간을 활용해 풀타임 학습 모드로 돌아가서 새로운 직업을 탐색하고 자신의 필요와 선호에 맞는 직업을 찾을 것으로 예상된다. 실제로 마에스타스는 "은퇴하지 않은 사람들은 곧장 부분 은퇴로 전환한 사람들에 비해 그전에 직업을 미리 바꾸었을 가능성이 더 높다."라는 사실도 발견했다. 이것은 나이가 가장 많은 연령군 내에서 순차적 인생 모형이, 일에서 은퇴로, 은퇴에서 학습으로, 학습에서 다시 일로 되돌아가는 더 복잡한 이동 형태의 모형으로 바뀌고 있음을 의미한다.

## 고령자를 위한 기술과 일

기술이 인간이 하는 일을 어떻게 변화시키고 있는지 생각해보라. 사우샘프턴대학교의 노인학자 제인 팔킹엄Jane Falkingham은 힘든 육체노동을 기계나 로봇이 대체하는 일이 증가하고 있다고 주장한다. "이런 상황은 일의 본질을 바꾸고 있으며, 이것은 사람들이 더 오래 일하는 데에도 도움을 줄 것이다."

연령 다양성과 직장 내 고령자 포용을 지지하는 사람들은 기술이 고령화로 인한 단점을 없애고 다세대 직장의 잠재력을 발휘하는 데 도움을 줄 수 있다고 믿는다. 프리랜서 작가이자 기자, 마케팅 컨설턴트인 리사 마이클스Lisa Michaels는 "팀에서 나이가 많은 직원은 제공할 수 있는 가치가 많다. 그들은 젊은 팀원들과는 다른 관점에서 업무를 바라볼 수 있다. 또한 새로운 세대에게 훌륭한 멘토가 되기도 한다."라고 주장한다. 리사는 인공 지능에 기반을 둔 간단하고 사용하기 쉬운 소프트웨어 솔루션은 60대 이상 사람들이 업무 기술의 변화에 적응하고 반복적인 작업에서 오류를 줄이는 데 도움을 줌으로써 그들이 가장 잘할 수 있는 일에 집중하게 해준다고 말한다. "나이 많은 직원이 해오던 반복적인 작업을 인공 지능 기계에게 맡기면, 그들은 창의적이고 의미 있는 업무에 더 많은 시간을 쓸 수 있다." 리사는 눈길을 끄는 제안을 하는데, "젊은 직원이 경험 많은 고령 직원의 정보에 직접 접근하는 방식"으로 사물 인터넷IoT(모든 장비와 센서가 연결된)을 활용할 수 있다고 한다. "멘토링 상황에서 IoT는 나이 든 멘토가 현장에 상주하지 않고도 젊은 직원을 지도하는 데 도움을 줄 수 있다." 리사는 "젊은 멘티에게 문제가 생기면, 나이 든 멘토가 개입하여 상황을 제어할 수 있는" 상황들을 상상한다. 또한 여러 세대가 함께 일하는 직장에서 다양한 업무 스타일과 관점의 영향을 추적하는 데 데이터 분석이 도움을 줄 수 있다고 주장한다.

하지만 가장 매력적인 기회는 원격 근무와 원격 학습을 위한 새로운 기술에 있다. 은퇴를 하면 출퇴근을 비롯해 고정된 일정에 얽매일 필요가 없다는 점에서 원격 근무는 60세 이상의 사람들이 유연하고 즐겁게 일할 수 있는 최고의 기회를 제공하며, 기업과 경제도 이들의 경험에서 혜택을 얻게 될 것이다. 마찬가지로 원격 학습은 은퇴 후 재취업뿐만 아니라 직업과 경력의 전환에 도움이 될 수 있다.

미국은퇴자협회는 원격 근무가 나이 많은 근로자를 위해 큰 기회를 몇 가지 제공할 수 있다고 본다. 기업들은 원격 근무와 사무실 근무의 균형을 어떻게 맞출지 고민하고 있는데, 혼합 근무가 "장래에 수백만 명의 고령 직원에게 분명히 큰 혜택을 가져다줄 것"으로 기대한다. 하루에 8시간씩 주 5일 일하는 엄격한 근무 일정, 그리고 통근 스트레스와 피로는 사람들이 조기 퇴직을 열망하는 주요 원인이다.

원격 근무는 사무실에서 경험하는 사회적 상호 작용을 누릴 수 없다는 표면적 단점이 있지만, 사무실 근무의 주요 불만 요소를 없앨 수 있다. 팬데믹 이전에도 유연 근무는 점점 인기가 높아지고 있었다. 2019년에 플렉스잡스FlexJobs는 전체 근로자 중 75%가 더 유연한 근무 방식으로 전환하기를 원한다고 보고했는데, 그 이유로는 일과 삶의 균형(75%), 가족(45%), 시간 절약(42%), 통근 스트레스(41%) 등을 꼽았다. 트랜스아메리카은퇴연구센터의 CEO 겸 사장인 캐서린 콜린슨Catherine Collinson은 "재택근무 급증으로 인한 잠재적 비용 절감 효과가 엄청나다."라고 말한다. "나는 무엇보다도 통근에서 절약된 시간을 건강과 취업 가능성 모색, 은퇴 계획에 재투자할 수 있다는 점이 마음에 든다." 미네소타대학교의 사회학 교수 필리스 모엔Phyllis Moen은 유연 근무 선택권이 있을 때 직원들이 "스트레스를 덜 받고 활력이 더 넘치며 일에 더 만족한다는" 사실을 발견했다. 또한 직원들이 번아웃을 덜 경험하고 퇴사나 은퇴를 할 가능성이 낮아지기 때문에 회사에도 이익이 되는 것으로 나타났다.

어쩌면 원격 근무에 가장 적합한 사람은 고령자일 수 있다. 『목적과 급여Purpose and a Paycheck』의 저자 크리스 패럴Chris Farrell에 따르면, 고령자들은 수십 년 동안 일하면서 이미 노동 윤리를 내면화했으며, 디지털 기술에 점점 더 능숙해지고 있는데, 특히 팬데믹 이후에는 더욱 그렇다. 은퇴한 전문 인력 중심의 구인구직 플랫폼 WAHVEWork At Home Vintage Experts를 설립한 새런 에멕Sharon Emek은 "우리 [기업] 고객들은 노동 윤리와 경험 때문에 나이 많은 직원에게 원격 근무와 유연 근무 방식을 허용하는 것이 더 편하다고 말한다."라고 주장한다.

2021년, 영국 통계청은 원격 근무를 하는 직원들의 은퇴 시기가 늦춰질 것으로 예상된다고 보고했다. 공인인력개발연구소의 노동경제학자 조너선 보이스Jonathan Boys는 "재택근무 선택지가 늘어나면, 나이 많은 직원의 선호도와 고용 기회가 서로 짝지어질 가능성이 증가한다."라고 주장한다. "이것은 근무 기간을 늘릴 수 있으며, 대규모 재택근무 실험에서 나온 긍정적 결과이다." 팬데믹 이전에도 50세 이상 직원들은 집에서 하는 원격 근무를 포함해 더 많은 유연성을 요구했다.

원격 근무는 이미 기존 모형의 주요 대안으로 자리 잡았지만, 기술을 활용해 프리랜서로 일하는 긱 노동도 빠르게 성장하고 있다. 특히 공유 앱과 디지털 작업 플랫폼으로 인해 능동적 인구와 수동적 인구 사이의 전통적인 경계가 모호해지면서 파트타임 근무와 프리랜스 근무가 섞인 새로운 혼성 범주들이 등장하고 있다. 갤럽Gallup과 스태티스타Statista의 일부 추정에 따르면, 미국인 근로자 3명 중 1명은 긱 경제에 주업 또는 부업으로 참여하고 있으며, 긱 노동자는 미국 노동 인구보다 세 배 더 빠르게 늘어나고 있다. 영국에서는 성인 7명 중 1명이 긱 노동을 통해 돈을 벌지만, 그중 절반 이상이 전통적인 직업을 가지고 있다. 다른 연구들은 영국 근로자 10명 중 1명은 적어도 일주일에 한 번 이상 플랫폼을 매개로 한 작업을 한다고 추정한다.

긱 경제는 여가 시간을 희생하지 않고도 사회 활동을 하고 부업으로 돈을 벌 수 있게 함으로써 고령자의 삶을 완전히 변화시킬 잠재력이 있다. 일레인 포펠트Elaine Pofeldt는 최근에 《포브스》에 실린 글에서 "프리랜스 결제 플랫폼인 하이퍼월릿Hyperwallet은 최근 조사에서 2000명의 여성 긱 노동자 중 12%가 51~70세라는 사실을 발견했다."라고 보고했다. 하이퍼월릿의 금융 네트워크 책임자 마이클 팅Michael Ting에 따르면, 기업들은 우수한 경험을 고려한 높은 연봉 때문에 고령자의 고용을 꺼리지만, 똑같은 이유에서 고령자를 프리랜서로 고용하는 것은 주저하지 않는다고 한다.

여기서 중요한 것은 고령자가 가장 근면한 긱 노동자가 될 수 있다는 사실이다. 기업들이 단기 근로자를 찾는 플랫폼인 워놀로 Wonolo는 베이비붐 세대가 긱 노동을 가장 많이 하고, 가장 많은 돈을 벌며, 가장 높은 평점을 받았다고 보고한다. 워놀로의 전략 재무 담당 부사장 비어트리스 팽Beatrice Pang은 이렇게 말한다. "사람들은 흔히 긱 노동자를 밀레니얼 세대라고 생각한다. 하지만 우리는 실제로 긱 노동자의 범위가 훨씬 더 넓다는 것을 진작부터 알고 있었다. 우리 노동자들의 연령은 18세부터 80세 이상까지 다양하다." 워놀로에서 샌프란시스코 베이 지역의 베이비붐 세대는 월 평균 1003달러를 버는 반면, X 세대는 949달러, 밀레니얼 세대는 777달러, Z 세대는 616달러를 버는 것으로 나타났다.

"베이비붐 세대는 몸을 많이 써야 하는 긱 노동도 일부 한다."라고 팽은 말한다. "그들이 육체노동이 필요 없는 관리식이나 서비스직을 선택할 것이라고 생각하기 쉽지만, 실제로는 물류 및 창고 관리나 단순 노무처럼 육체노동이 필요한 일을 많이 한다." 높은 교육 수준과 상대적으로 높은 임금의 지식 노동자만이 긱 경제를 활용할 수 있다고 생각하면 잘못이다. 하지만 은퇴는 공평한 운동장일까? 아니면 은퇴 경험과 결과에는 큰 괴리가 있을까?

## 은퇴 불평등

가진 자와 못 가진 자의 이야기는 21세기의 표준적인 내러티

브가 되었다. 불행하게도 불평등은 모든 연령 구조에 스며 있으며, 은퇴 기간에는 심각한 수준에 도달한다. 순차적 인생 모형은 결국 세 종류의 사람들, 즉 편안하게 은퇴 생활을 즐길 수 있는 사람들, 은퇴했지만 생활하는 데 어려움을 겪는 사람들, 은퇴할 형편이 안 되는 사람들을 만들어내는 것처럼 보인다. 소득 불평등은 부의 격차를 훨씬 더 크게 벌리는 경향이 있으며, 따라서 은퇴한 사람들 사이에 아주 큰 차이가 나는 가능성들을 빚어낸다. 미국에서는 순자산의 약 80%를 60세 이상 사람들이 소유하고 있다는 사실을 명심할 필요가 있다. 나머지 대다수 나라들에서는 그 비율이 50~60%이다. 이렇게 편중된 부조차도 고령층 사이에서 고르게 분포되어 있지 않은데, 20~30%의 사람들이 이 연령대에 축적된 부의 90% 이상을 차지하고 있다.

저학력과 저소득에 안정적인 일자리가 없는 사람들은 사회 보장세를 충분히 내지 못해 은퇴 후에 받는 연금으로는 여유 있는 생활을 누릴 수 없다. 이들 대부분은 고용주가 지원하는 퇴직 연금 적립 제도에도 가입할 수 없었고, 저축도 넉넉하게 할 수 없었다. 가난하게 혼자 사는 여성(특히 싱글 맘)과 소수 인종 출신은 더욱 힘든 상황에 놓여 있는데, 주택을 소유할 가능성이 낮고 자산을 형성할 기회도 잡기 힘들기 때문이다. 아프리카계 미국인과 라틴계 미국인은 평균적으로 은퇴 후 자산이 주류 백인의 절반에도 미치지 못한다. 매사추세츠대학교 보스턴캠퍼스의 노인 지수에 따르면, 이 두 집단에 속한 사람들은 은퇴 후 소득이 기본적인 생필품을 조달하기에 부족할 가능성이 거의 두 배나 높다.

　팬데믹은 이러한 격차를 더 악화시켰다. 2021년 후반에 브렛 아렌즈Brett Arends는 금융 웹사이트 마켓워치MarketWatch에 "좋은 일자리와 비싼 집이 있고 저축이 많은 사람들은 형편이 더 좋아질 것이다. 그들의 일자리는 살아남았다. 그들은 더 이상 출퇴근할 필요가 없다. 주택 자산이 치솟았다. 대출 비용은 급감했다. 그들의 401(k) 연금*은 점점 더 쌓이고 있다."라고 썼다. 2022년부터 시작된 고물가와 고금리 시대에는 주택 소유자가 세입자보다 상대적으로 유리할 수 있다. 실물 자산은 인플레이션의 충격을 적어도 부분적으로 완화하는 헤지 역할을 할 수 있지만, 세입자는 대출을 감당할 여력이 없어 치솟는 임대료를 고스란히 부담해야 하기 때문이다. 은퇴를 앞두고 있거나 은퇴한 사람들의 운명이 이렇게 극명하게 두 갈래로 갈리는 상황에서는 가진 자인지 못 가진 자인지 명확히 구분하지 않고서는 은퇴자의 미래 전망이나 은퇴 경험에 대해 이야기하기가 불가능하다. 결국 모든 사람이 적절한 연금을 받고 은퇴할 수 있다는 전제를 바탕으로 세워진 순차적 인생 모형은 이러한 보편적 약속을 이행하는 데 실패했다. 다세대 사회는 이 문제를 어떻게 해소할 수 있을까?

---

* 직장에서 제공하는 기업 연금 제도로, 적립금 한계도 높고, 회사가 직원을 위해 추가로 적립금을 지원해준다.

## 포스트제너레이션 사회에서의 은퇴

은퇴가 인생의 한 단계로 자리 잡은 지 100년 이상이 지난 지금, 은퇴 제도에 숨어 있던 긴장과 마찰, 균열이 곳곳에서 드러나고 있다. 기대 수명의 증가로 국가의 사회 보장 제도는 파산 직전으로 내몰리고 있으며, 연구 결과들은 은퇴자들이 외로움과 권태, 심지어 건강 위험으로 고통받고 있음을 강하게 시사한다. 게다가 은퇴 생활의 불평등은 무시할 수 없을 정도로 너무나도 분명하고 광범위하다. 은퇴 제도는 단순히 일부를 고쳐서 될 것이 아니라, 전반적으로 다시 생각할 필요가 있다.

장기적 접근법은 지난 20~30년뿐만 아니라 전체 생애 주기의 개편을 포함해야 한다. 그토록 많은 국가와 정치인이 근본적인 문제를 해결하려고 시도했다가 실패한 이유도 여기에 있는데, 일반석으로 그들이 문제의 지엽적인 부분만 바라보았기 때문이다. 생애 주기의 개편을 위해서는 더 유연한 틀 안에서 우리가 평생 동안 배우고 일하고 여가를 즐기는 활동에 참여할 수 있고 참여해야 한다는 개념을 받아들일 필요가 있다.

만약 학습과 일과 여가 생활을 나이에 따라 구분하는 대신에 사람들이 인생의 각 단계에서 원하는 활동의 조합을 선택할 수 있게 한다면, 사회는 사람들이 재정적 안정과 성취와 형평성을 달성하는 데 도움을 줄 수 있을 것이다. 새로운 직업이나 기술을 배우고자 하는 모든 연령대의 사람들에게 장학금이나 금융 지원을 제공하면 좋지 않을까? 남성과 여성 모두 인생의 다양한 시기에 노동 시장에 자유롭게 드나들면서 가족을 돌보고 지식을 재충전하고 휴식을 취하는 데 시간을 자유롭게 쓰게 해주면 좋지 않을까? 기업의 경우에는 예측 가능성과 직원들의 헌신이 필요하겠지만, 긱 경제의 효율적 활용을 통해 고용 문제를 해결함으로써 유연한 업무 환경을 만들어낼 수 있다.

많은 기업의 인사팀에서 실행하고 노동조합과 그 밖의 특수 이익 단체들이 지원하는 전통적인 노동과 직원 관리 방식은 사람들이 학습과 일 사이를 오가면서 여가도 즐기는 새로운 형태의 업무 방식과 공존할 수 있다. 여기서 중요한 것은 일부 사람들이 예측 불가능하고 불안정하다고 여길 수 있는 새로운 인생 모형을 강요하는 것이 아니라, 고용 관계를 조직하는 전통직 빙식과 혁신적이고 유연하며 기술을 활용하는 새로운 방식, 즉 은퇴 연령대 사람들이 원한다면 누구나 다시 완전한 참여자가 될 수 있는 방식 사이에서 선택할 기회를 주는 것이다.

은퇴가 반드시 최종 목적지가 아닌 더 유연한 시스템에 대한 회의론과 저항, 심지어 적대감까지 광범위하게 확산될 수 있는데, 은퇴 후에 재취업해 일을 하거나 기여와 참여와 적극적 활동 기회를 원하는 고령자 수가 증가하는데도 불구하고 그럴 수 있다. 진정한 포스트제너레이션 사회는 각 세대를 놀이터, 학교, 직장, TV 앞 소파처럼 특정 공간이나 기능적 역할에 국한시켜서는 안 된다. 그러한 족쇄는 사라져야 한다.

세대 간 화합을 저해하는 마찰 중 상당 부분은 젊은 노동자의 세금으로 충당되는 퇴직 연금과 국가 연금, 의료 보험과 관련이 있다. 또 다른 불만의 원인은 사람들이 사망할 때 일어나는 세대 간 부의 이전과 관련이 있다. 사람들이 더 오래 살고 더 오래 일하면, 상속에는 어떤 변화가 일어날까? 우리는 더 젊은 은퇴자가 더 나이 든 은퇴자에게서 유산을 상속받는 세상으로 옮겨가고 있는 것일까? 이 상황은 전반적인 부의 불평등에 어떤 영향을 미칠까? 이러한 변화가 포스트제너레이션 사회를 촉진할까, 아니면 약화시킬까? 다음 장에서는 이 문제들을 살펴보기로 하자.

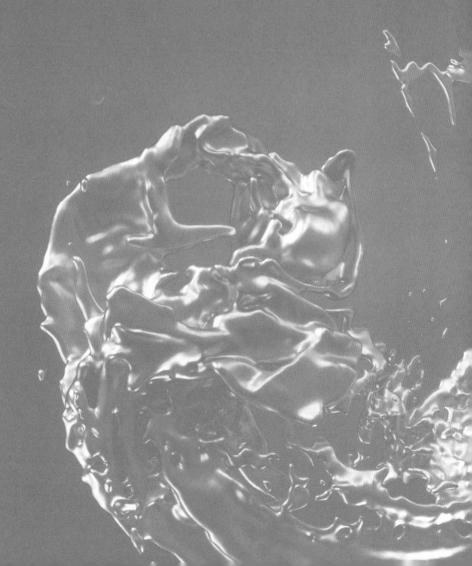

# 7장

백 살에 유산을 물려받다

포드스냅 씨는 부유했고, 본인 말에 따르면 키가 매우 컸다.
처음부터 넉넉한 유산을 물려받았고, 결혼하면서 또 넉넉한 재산을 상속받았으며,
해상 보험 쪽에서 크게 성공했고, 그런 삶에 매우 만족했다.

— 찰스 디킨스(1812~1870),
『우리 둘 다 아는 친구Our Mutual Friend』

전설적인 자선가이자 사교계 명사였던 브룩 애스터Brooke Astor
는 105세까지 살았다. 2007년에 그녀가 세상을 떠났을 때, 1억 달
러의 유산을 놓고 치열한 다툼이 벌어졌다. 첫 번째 결혼에서 낳은
외아들 토니 마셜Tony Marshall과 그의 아들 필립 크라이언 마셜Philip
Cryan Marshall은 유산을 놓고 분쟁을 벌였는데, 손자는 자신의 아버
지가 할머니의 심신 미약 상태를 이용했다고 비난했다. 뉴욕의 유
명한 가족 소송 역사를 통틀어 손꼽을 만큼 선정적이었던 이 재판
에서 토니는 2009년에 두 건의 중절도 혐의로 유죄 판결을 받았
다. 89세였던 토니는 건강이 좋지 않아 단기 1년, 장기 3년의 형기
중 8주일만 복역했고, 이듬해에 사망했다.

"장수는 상속 계획을 뒤집어엎을 수 있다." 부와 개인 재정에

관한 잡지 《배런스Barron's》에서 에이미 펠드먼Amy Feldman은 이렇게 썼다. 포스트제너레이션 사회는 상속 전통에 몇 가지 문제를 제기한다. 불과 수십 년 전만 해도 대다수 부모가 자녀가 40~50대일 때 세상을 떠났지만, 지금은 자녀가 60~70대는 되어야 세상을 떠나는 것이 일반적이다. 심지어 20여 년 뒤에는 그 나이가 80~90대로 올라갈 것이다. "사람들은 이 부분에 대해 딱히 생각해보지 않았는데, 이것은 많은 문제를 야기할 것이다." 씨티 프라이빗 뱅크Citi Private Bank의 글로벌 자산 자문 서비스 부문을 책임지는 애덤 폰 포블리츠Adam von Poblitz는 이렇게 지적한다.

세상이 점점 더 포스트제너레이션 사회로 변해가는 가운데, 상속은 최근 수십 년간 빠르게 부의 축적이 일어난 미국과 유럽, 아시아에서 수백만 명의 삶에 큰 변화를 가져올 것이다. "밀레니얼 세대가 유산에 의존해서는 안 되는 이유." 이것은 2020년에 거대 생명보험사인 매스뮤추얼MassMutual의 웹사이트에 게시된 글의 제목이다. 얼마 전까지만 해도 전문가들은 베이비붐 세대에서 그 자녀와 손주 세대로 "엄청난 부의 이전"이 일어날 것이라고 예측했다. 일부 추정치는 수조 달러에 달했는데, 연령 분포의 상단에 부가 집중되어 있는 것이 주요 원인이었다. 미국에서는 순자산의 80%를 60세 이상의 사람들이 소유하고 있다는 사실을 명심하라.

유럽에서는 연령 분포의 상단에 부가 집중돼 있는 현실 때문에 프랑스 정부는 "세대 간 부의 격차 확대"를 우려하게 되었다. 영국의 한 연구에 따르면, "1980년대에 태어난 사람들 중에서 30세 때

자가 보유율은 약 40%인 반면, 1970년대에 태어난 사람들의 경우 30세 때 자가 보유율이 약 60%에 이르렀다. 1950년대와 1960년대에 태어난 사람들의 경우에는 그 비율이 60%를 훌쩍 넘었다."이것은 실로 큰 격차이다.

앞으로 수명이 늘어나면 상속이 미뤄질 뿐만 아니라, 사람들이 은퇴 자금을 소진함에 따라 상속 금액도 줄어들 수 있다. 미국 연방준비제도이사회Federal Reserve Board에 따르면, 미국인의 평균 상속 재산은 70만 7000달러이지만, 이 수치는 거액 자산가들의 영향을 받아 한쪽으로 많이 쏠린 것이기 때문에 대다수 사람들이 상속받는 금액은 이보다 훨씬 적다. 실제로 중앙값은 6만 9000달러에 불과한데, 따라서 전체 상속자들 중 절반은 이보다 더 적은 금액을 상속받는다. 사실상 대다수 미국인은 유의미한 액수의 재산을 상속받지 못하며, 특히 불리한 처지에 있는 소수 인종과 소수 집단은 더욱 그렇다. 참고로 사설 양로원 개인실의 연간 평균 사용료는 2019년에 처음으로 10만 달러를 넘어섰다. 만약 밀레니얼 세대가 조금이라도 상속을 받길 원한다면, 3장에서 나왔던 다세대 가구 생활 방식이 더 매력적으로 부각될 것이다. 플로리다주 펜사콜라에서 투자 자문 회사를 운영하는 애널리 레너드Annalee Leonard는 "오늘날 제 고객들 중 대부분은 남에게 신세 지지 않고 자기 한 몸을 건사하는 것이 목표라고 말합니다. 그 때문에 남겨줄 재산이 전혀 없더라도 어쩔 수 없다면서요."라고 말한다.

기대 수명이 늘어나면 상속 금액은 줄어들겠지만, 출산율 감소 때문에 상속인도 줄어든다는 사실을 고려해야 한다. 이 상반된 두 힘 사이의 궁극적인 균형점이 정확히 어디가 될지는 아직 알 수 없다. 수명 연장과 활동적인 생활 방식은 세대 간 부의 이전에 어떤 영향을 미칠까? 젊은 세대가 주택을 소유하려면 더 많이 일해야 할까? 상속 재산이 줄어들고 상속받는 나이가 늦어짐에 따라 부의 불평등이 증가하는 추세가 둔화될까? 아니면 부의 축적이 계속 증가하고 출산율 감소로 상속인이 줄어들면서 오히려 그 반대 현상이 나타날까? 그리고 여성이 남성보다 평균적으로 5년 더 오래 산다는 점을 감안할 때, 여성에게는 어떤 영향이 미칠까?

## 모든 것은 바빌론에서 시작되었다

수렵 채집 사회는 오늘날의 사회와 아주 달랐다. 인류학자들은 도구나 무기 같은 개인 소유물의 상속을 자세하게 조사해 기록했는데, 죽은 사람의 영혼이 다가오는 것을 막기 위해 이 소유물을 (심지어 오두막까지) 파괴하는 경우가 많았다. 석기 시대 이후의 정착 사회에서는 유품을 시신과 함께 매장하는 관습이 생겨났는데, 고대 이집트와 메소아메리카에서는 더 큰 규모로 실행되었다. 다른 문화권, 특히 북아메리카에서는 유품을 친척과 친구들이 나누어 가졌다.

오늘날의 관점에서 알아볼 수 있는 형태의 상속은 5000~6000

년 전의 유대와 바빌로니아 전통에서 나타났다. 그 이후로 다양한 문화권에서 상속 제도를 채택했는데, 일부 자손을 다른 자손보다 특별 대우하는 형태가 많았다. 그 결과로 부계 상속이나 모계 상속, 장자(장자 상속) 또는 막내(말자 상속) 선호, 모든 자녀에게 동등한 몫을 물려주는 분할 상속 관행 등이 생겨났다.

19세기 후반에 국가 교육 제도와 연금 제도가 도입될 무렵에 핵가족 개념이 법적 실체로서 민법에 확고히 뿌리를 내렸고(3장 참고), 순차적 인생 모형의 틀 안에서 가족의 통합성과 재정적 안정성을 강화하기 위해 다양한 상속 규정이 생겨났다. 대다수 부모가 자녀를 둘 이상 낳던 시절에 상속은 불평등 패턴을 재생산하는 역할을 했지만, 상속 자체가 부모와 동일한 생활 수준을 완전히 보장하지는 않았다. 또한 각국 정부는 세수를 늘리고 빈부 격차를 완화하기 위해 상속 재산에 세금을 부과했다.

## 상속 기대와 결과

시간을 훌쩍 건너뛰어 현재로 가보자. 아메리프라이즈 파이낸셜Ameriprise Financial의 재정 자문 전략 부문 부사장 마시 케클러Marcy Keckler는 "상속 계획과 상속은 본질적으로 감정적이고 때때로 불편한 대화 주제이다. 하지만 가족이 함께 이 문제를 정면으로 다루면, 장래의 불확실성과 긴장을 많이 예방할 수 있다."라고 말한다.

금전에 대해 자주 대화를 나누면, 더 나은 상속 계획을 세우고 현실적인 기대를 할 수 있다. 투자 회사 찰스 슈왑Charles Schwab의 분석에 따르면, "평균적으로 영 어덜트는 60세에 은퇴할 것으로 예상되는데, 이것은 그들의 연령 구간이 사회 보장 연금을 받는 시기보다 7년 빠른 것"이며, "절반 이상(53%)이 부모가 유산을 남길 것이라고 믿는 반면, 실제로 어떤 종류의 유산이라도 받는 사람들의 비율은 21%에 불과하다." 근거 없는 재정적 낙관주의의 문제점은 사람들에게 저축을 줄이고 빚을 많이 지게 한다는 데 있다.

예를 들면, 영국에서는 평균적인 성인이 기대하는 상속 금액이 약 13만 2000파운드(2022년 말 환율로 따지면 약 14만 5000달러)인데, 정부 통계에 따르면 부모가 물려주는 평균 유산은 3만 파운드이다. 18~34세 사람들은 더 낙관에 빠져 있는데, 자신이 받을 유산을 15만 1000파운드로 추정한다. 많은 밀레니얼 세대는 상속받은 돈을 새 집을 구입하는 데 사용할 계획이지만, 실제로 계획을 행동에 옮기는 비율은 7%에 불과하다. 설문조사를 실시한 자문 회사인 찰스 스탠리Charles Stanley의 존 포티어스John Porteous는 "사람들이 과거보다 더 오래 살기 때문에, 유산에 의존해 주거 사다리에 오르려고 하는 것은 위험한 전략인데, 유산이 계획보다 훨씬 적게, 그리고 훨씬 늦게 들어오기 때문이다. 실제로는 대다수 사람들은 저축과 투자를 통해 주거 사다리에 오른다."라고 지적했다.

지나치게 낙관적인 상속 기대는 선진국에서 일반적인 현상으로 보인다. 《글로브 앤드 메일The Globe and Mail》의 게일 존슨Gail

Johnson은 "복권 당첨을 기대하는 것은 재앙에 가까운 재정 계획이지만, 캐나다인 중 약 절반은 자신의 재정적 미래를 상상할 때 다른 종류의 횡재에 기대를 건다. 그리고 44%는 유산을 기대하고 있다."라고 썼다. 캐나다인 5명 중 4명 이상은 높은 생활비와 과소비, 과중한 부채 때문에 재정적 목표를 달성하지 못한다고 말한다. 토론토의 재무 설계사 섀넌 리 시먼스Shannon Lee Simmons는 "부모에게 돈을 받는 영 어덜트 중에는 밀레니얼 세대가 많은데, 아무튼 사람들은 그들을 묘사할 때 '응석받이', '자기만 아는', '게으른'이라는 표현을 자주 쓴다."라고 말한다. "부모에게서 금전적 선물을 받는 사람을 만나보면, 그들은 대부분 심한 죄책감을 느낀다." 캐나다의 재무 설계사들은 모든 계획은 부모가 세우는 반면, 자녀는 개인의 재정에 내해 모호한 결정을 계속 내린다고 말한다. 토론토에서 활동하는 또 다른 재무 설계사 카를로 팔라초Carlo Palazzo는 "부모들은 보통 '선물'을 어떻게 구성하면 좋을지, 언제 줄지, 얼마를 줄지, 받은 돈으로 무엇을 할지를 묻는다."라고 말한다. "자녀를 위한 계획을 적극적으로 나서서 세우는 사람은 대개 부모이며," 그들은 자녀에게 상속 재산을 주택 구입 계약금에 사용해야 한다고 말한다.

오스트레일리아 멜버른에 위치한 스윈번사회연구소의 연구원 메리 톰린슨Mary Tomlinson은 "오랜 세월 동안 모든 사회에서 자녀에게 재산을 물려주는 것이 좋은 일이라는 통념이 널리 퍼져 있었다. 하지만 상속 가능성이 실제적인 기대가 된 것은 최근의 일이다." 베이비붐 세대는 오스트레일리아를 비롯한 대다수 선진국에서 주택 공급량의 약 절반을 소유하고 있으며, 많은 시장에서 부동산 가격이 급등하면서 상속 기대도 덩달아 커졌는데, 젊은 세대의 주택 구입 능력 감소와 많은 부채가 그러한 기대를 더욱 부채질했다. 이웃 나라인 뉴질랜드의 일부 자산 관리사들은 "인생은 즐거움을 미루기에는 너무 짧습니다."라거나 "자녀가 재산을 날릴 확률이 50%나 됩니다."라거나 "당신의 자녀는 '그것'을 기억하지 못할 것입니다."라고 솔직하게 이야기함으로써 다른 자산 관리사들과 차별화하는 전략을 구사한다. 오클랜드에 있는 마일스톤 다이렉트Milestone Direct의 CEO 조지프 다비Joseph Darby는 "변호사가 유일한 승자가 되기 전에 유산을 다 쓰는 것이 최선"이라고 결론지었다.

사실, 미국의 베이비붐 세대는 "상속받은 재산 중 약 절반은 저축하고, 나머지 절반은 그냥 써버리거나 투자 손실로 날렸다." 오하이오주립대학교의 제이 자고스키Jay Zagorsky 교수는 이렇게 결론 내렸다. 이에 비해 매우 부유한 상속인들은 전체 재산 중 65%를, 평균적인 복권 당첨자는 15%를 저축한다. 상속인은 사전에 횡재를 예상해 어느 정도 계획을 세울 수 있다는 점을 감안하면, 왜 상속인이 복권 당첨자보다 더 많이 저축하는지 충분히 이해할 수 있다.

상속 기대와 관련해 한 가지 흥미로운 반전은 역사적으로 일본에서 널리 유행했던 세대 간 계약인데, 자녀는 법적으로 유산을 받을 권리가 있지만, 그 대가로 부모를 돌보아야 한다. 미즈무라 미나에水村美苗가 2017년에 출간해 큰 인기를 끈 소설 『어머니의 유산 母の遺産』은 이 문제를 아주 노골적으로 다룬 작품이다. 소설에서 프

랑스어 교사이자 번역가인 히라야마 미쓰키는 "어머니는 언제 죽을 건가요?"라고 묻는다. 미쓰키는 언니나 바람을 피우는 남편이 자신을 돌봐주리라고 기대할 수 없다. "일본 여성들은 해가 갈수록 더 오래 살았어요. 유령처럼 머물면서요."라고 저자는 말한다. "미쓰키라는 인물을 그릴 때, 일본 전역의 도시와 농촌에 사는 여성들의 모습을 상상해보았지요. 그들의 얼굴은 피로에 지쳐 그늘이 져 있었고, 속으로 몰래 어머니의 죽음을 바라고 있었어요. 그 여성들은 단순히 어머니에게서 벗어날 자유만 원했던 게 아니라, 눈앞에서 노년의 잔인함을 직시해야 하는 트라우마에서 벗어날 자유를 원했습니다." 소설은 긍정적 어조로 끝을 맺는데, 어머니가 죽고 나서 미쓰키는 유산을 활용해 새로운 삶을 시작한다.

일본의 전통적인 세대 간 계약은 1970년대 이후에 법적, 경제적, 인구통계학적 이유로 변화를 맞게 되었다. 1970년대에 자녀의 부모 부양 의무는 법적으로 폐지되었으며(아직도 강한 사회 규범으로 남아 있지만), 전후에 오랫동안 지속된 호황과 높은 저축률 덕분에 부의 축적이 급속하게 일어났고 상속인의 수는 감소했다. 브리스틀대학교의 이즈하라 미사泉原美佐 교수는 "젊은 층 사이에서 상속 수준이 더 높은 것으로 보이는데, 이것은 부모 세대에서 전반적으로 증가한 주택 소유와 출산율 감소가 반영된 결과일 수 있다."라고 설명한다. 이러한 추세의 결과로, 이제 일본인들은 자신의 마지막 몇 년간의 삶이 "대다수 일본인이 평생을 대가족과 함께 살았고, 오늘날에도 약 절반의 노인이 성인 자녀와 함께 살고 있는" 전통적인 상황과 다르게 변하는 것을 경험하고 있다. 1990년대에 일본에서 부의 축적이 급속히 진행되면서 부모들은 자녀의 부양에 의존하는 대신에 시장을 기반으로 한 선택지에 눈을 돌리기 시작했지만, 장기간의 경기 침체와 함께 이 선택지는 사라지고 말았다.

반면에 중국에서는 21세기로 접어들면서 부의 축적과 출산율 감소가 모두 가속화되었는데, 적어도 향후 20년 동안은 이러한 추세가 계속될 것이다. 《상하이 서평上海书评》의 객원 편집자 성윤盛韵은 "나는 중국이 한 자녀 정책을 시행한 해인 1980년에 태어났다. 나는 형제자매가 없고, 그것은 내 친구들도 마찬가지다."라고 썼다. "우리는 포스터와 만화에서 부모와 조부모에게 둘러싸인 통통한(애지중지하는) 아기로 묘사된다." 하지만 성윤과 같은 '소황제'들은 전통적인 의미에서 버릇없이 자랐는데, 학교에서 좋은 성적을 내야 한다는 관심과 압력이 아주 심했기 때문이다. "그렇게 자라는 것이 그리 즐겁지는 않았지만, 그렇다고 그게 불행할 것도 별로 없었다." 또래 친구들 대부분은 가족 중에서 처음으로 대학에 진학했다. 그의 세대는 좋은 직업을 가졌지만, 큰 아파트나 집을 소유하기는 어려웠고, 미래를 위해 저축하는 데 익숙하지 않았다. "우리 세대는 이전 세대만큼 부유하지 않을지는 몰라도, 물질주의와 쾌락주의에 빠져 있다. 우리는 즐거움을 주는 것이라면 무엇에나 돈을 펑펑 쓰는데, 아마도 우리가 받는 압박감에 대한 반작용이 그렇게 표출되는 게 아닌가 싶다."

하지만 성윤의 설명은 아직 부모에게서 재산을 물려받지 않은

멀티제너레이션, 대전환의 시작

경우에만 유효하다. 중국에서 태어나 부모와 함께 오스트레일리아로 이주해 ABC 방송국에서 온라인 프로듀서로 일하는 크리스티나 주Christina Zhou는 "한 자녀 정책은, 중국의 경제 성장 과정에서 창출되었거나 부모가 축적해온 부가 결국에는 유일한 자녀에게 상속되기 때문에 부의 배가 효과를 낳았다."라고 말한다. "이 효과는, 부모가 모두 외자식으로 자란 가족, 그리고 그 사이에 태어난 자녀가 마찬가지로 또 다른 외자식 집안의 자녀와 결혼하면서 생겨난 가족에서 특히 두드러진다." 따라서 "다음 세대는 결국 양가로부터 모든 부를 물려받게 된다."

역사적 전통의 다양성과 서로 교차하는 경제적 추세와 인구통계학적 추세를 고려할 때, 상속과 관련해 미래에 어떤 일이 일어나리라고 예상할 수 있을까? 횡재를 기대하는 것은 정당할까? 간단한 계산을 통해 알아보기로 하자.


## 상속 승수

통계 수치는 상속 재산이 실제로 더 많아지고 있음을 보여주는데, 특히 중국에서 그런 경향이 강하게 나타난다. 기본적인 이유 두 가지는 앞에서 언급한 적이 있다. 첫 번째 이유는 우리 시대의 가장 중요한 추세 중 하나인 부의 축적이다. 인플레이션을 감안해 조정한 1인당 자산을 살펴보면 상속 받을 재산이 정말로 늘어나고 있는지 판단할 수 있다. 두 번째 이유는 출산율 감소와 관련이 있다. 다음 세대가 이전 세대보다 태어나는 사람 수가 적으면, 상속인 수가 감소하고 자녀 1명당 평균 상속 재산이 증가한다.

〈표 7.1〉은 각국의 부와 출산율 추세를 최초로 근사치로 추정한 결과인데, 이 두 가지 추세는 향후 20~30년 동안 상속 재산을 증가시킬 것으로 예상된다. A열은 1995년부터 2020년까지 개인 자산이 평균적으로 얼마나 증가했는지 나타내는 자산 상속 승수乘數(곱하는 수)를 보여준다. 신흥 시장국(중국, 인도, 베트남 등)이 빠른 경제 성장에 힘입어 선두를 달리고 있지만, 스웨덴 같은 일부 선진국도 선전하고 있다. 반면에 남유럽, 라틴아메리카, 미국, 특히 일본은 평균 개인 자산이 크게 증가하지 않았다. B열은 출산율 상속 승수를 나타내는데, 출산율이 이미 하락했거나 하락할 것으로 예상되는 나라일수록 승수가 크다. 다음 세대의 상속인 수가 줄어들어 물려받을 1인당 자산이 커지기 때문이다. 한국, 태국, 브라질, 멕시코, 중국, 튀르키예가 출산율 감소가 가장 크기 때문에 출산율 상속 승수도 가장 크다. 그 반대편에 위치한 대다수 유럽 국가와 일본은 출산율 상속 승수가 아주 낮은데, 상당 기간 출신율이 신흥 시장국보다 훨씬 낮았기 때문이다.

C열은 자산 상속 승수와 출산율 상속 승수를 곱한 결과로, 현재와 비교해 미래에 상속인 1인당 얼마나 더 많은 자산이 생길지 대략적으로 보여준다. 자산 상속 승수와 출산율 상속 승수가 큰 중국과 한국이 두각을 나타내며, 인도와 베트남이 그 뒤를 잇는다.

반면에 합산 상속 승수가 세계에서 가장 낮은 일본의 상속인들은 확실히 불운한 처지에 있는데, 1990년대부터 자산 감소가 이어져 왔고, 출산율도 이미 그 이전부터 감소하고 있었기 때문이다.

하지만 C열에 적힌 계산 결과는 오해를 불러일으킬 소지가 있다. 세 번째이자 마지막으로 고려해야 할 측면은 기대 수명이다. 부모가 더 오래 살수록 은퇴 후에 더 많은 저축을 사용하게 되면서 자녀에게 물려줄 유산은 줄어든다. D열은 1950년대에 태어난 사람과 2030년대에 태어난 사람의 기대 수명에 어떤 차이가 있는지 보여준다. 기대 수명 인자가 작을수록 시간이 지남에 따라 기대 수명이 더 길어지며, 이것은 평균적으로 개인이 물려받는 유산이 자산 상속 승수와 출산율 상속 승수가 시사하는 것만큼 크지 않을 수 있음을 뜻한다. 따라서 C와 D를 곱하면, 상속 승수가 조정되어 자산과 출산율과 기대 수명의 변화를 동시에 고려한 수치가 (마침내!) 나온다. 분명한 사실은 중국, 베트남, 한국, 인도, 태국, 캐나다의 상속인은 적어도 한동안은 축복받은 인생을 살게 된다는 것이다. 미국과 대다수 유럽 국가의 상속인도 약간의 호전을 경험하겠지만, 인생을 바꿀 만한 수준은 아닐 것이다. 최악의 경우는 일본의 상속인이다. 미국인은 기본적으로 나중에 더 많은 재산을 상속받게 된다. 이 주제에 관한 캐피털 원Capital One의 연구 논문의 공동 저자인 링컨 플루스Lincoln Plews는 "예전에는 상속 재산이 자녀 양육비를 비롯해 경력 중반이나 중년기에 필요한 비용에 주로 쓰였다. 지금은 은퇴를 대비한 저축처럼 50대의 관심사에 더 많이 쓰일 가

## 표 7.1 각국의 상속 승수

| | A | × | B | = | C | × | D | = | E |
|---|---|---|---|---|---|---|---|---|---|
| | 자산<br>상속 승수 | | 출산율<br>상속 승수 | | 합산<br>상속 승수 | | 기대 수명<br>인자 | | 조정<br>상속 승수 |
| 중국 | 6.9 | | 3.4 | | 23.5 | | 0.5 | | 11.7 |
| 베트남 | 3.2 | | 3.0 | | 9.6 | | 0.7 | | 6.7 |
| 한국 | 2.6 | | 5.1 | | 13.3 | | 0.5 | | 6.6 |
| 인도 | 3.4 | | 2.9 | | 9.9 | | 0.5 | | 4.9 |
| 태국 | 1.9 | | 4.3 | | 8.2 | | 0.6 | | 4.9 |
| 캐나다 | 2.4 | | 2.5 | | 6.0 | | 0.8 | | 4.8 |
| 리투아니아 | 3.4 | | 1.5 | | 5.1 | | 0.8 | | 4.1 |
| 스웨덴 | 4.2 | | 1.2 | | 5.0 | | 0.8 | | 4.0 |
| 폴란드 | 2.4 | | 2.2 | | 5.3 | | 0.8 | | 4.2 |
| 멕시코 | 1.7 | | 3.6 | | 6.1 | | 0.6 | | 3.7 |
| 뉴질랜드 | 2.1 | | 2.1 | | 4.4 | | 0.8 | | 3.5 |
| 튀르키예 | 2.1 | | 3.4 | | 7.1 | | 0.5 | | 3.6 |
| 오스트레일리아 | 2.0 | | 1.9 | | 3.8 | | 0.8 | | 3.0 |
| 브라질 | 1.3 | | 3.8 | | 4.9 | | 0.6 | | 3.0 |
| 미국 | 1.8 | | 1.9 | | 3.4 | | 0.8 | | 2.7 |
| 러시아 | 2.2 | | 1.5 | | 3.3 | | 0.8 | | 2.6 |
| 남아프리카공화국 | 1.3 | | 2.8 | | 3.6 | | 0.7 | | 2.5 |
| 스페인 | 1.6 | | 1.8 | | 2.9 | | 0.8 | | 2.3 |
| 이집트 | 2.0 | | 2.3 | | 4.6 | | 0.5 | | 2.3 |
| 프랑스 | 1.9 | | 1.5 | | 2.9 | | 0.8 | | 2.3 |
| 루마니아 | 1.7 | | 1.6 | | 2.7 | | 0.8 | | 2.2 |
| 나이지리아 | 2.2 | | 1.4 | | 3.1 | | 0.6 | | 1.8 |
| 영국 | 1.6 | | 1.4 | | 2.2 | | 0.8 | | 1.8 |

멀티제너레이션, 대전환의 시작

| | | | | | | | | |
|---|---|---|---|---|---|---|---|---|
| 독일 | 1.6 | | 1.4 | 2.2 | | 0.8 | | 1.8 |
| 아르헨티나 | 1.5 | | 1.5 | 2.3 | | 0.8 | | 1.8 |
| 이탈리아 | 1.2 | | 1.8 | 2.2 | | 0.8 | | 1.7 |
| 일본 | 0.9 | | 1.7 | 1.5 | | 0.7 | | 1.1 |

출처: 유엔 인구통계국 및 세계 불평등 데이터베이스World Inequality Database

- 출산율 상속 승수: 1950~1965년 합계 출산율을 2020~2040년 합계 출산율과 비교해 나타낸 비율. 중위 기준 사용.
- 자산 상속 승수: 2021년 1인당 자산을 1995년 1인당 자산과 비교해 나타낸 비율. 인플레이션을 감안해 보정한 값.
- 합산 상속 승수: 출산율 상속 승수에 자산 상속 승수를 곱한 값.
- 기대 수명 인자: 1950~1955년 기대 수명을 2035~2040년 기대 수명과 비교해 나타낸 비율.
- 조정 상속 승수: 합산 상속 승수에 기대 수명 인자를 곱한 값.

능성이 높다."라고 말한다.

상속의 중요성은 한국을 비롯해 여러 나라에서 대중문화 속으로 스며들기도 했다. 〈찬란한 유산〉, 〈상속자들〉, 〈위대한 유산〉, 〈백년의 유산〉은 세대 간 역학 관계에 집착하는 한국 사회에서 가족의 시련과 고난을 다루어 큰 인기를 끈 TV 드라마이다. 한국은 불과 두 세대 만에 제3세계에서 제1세계로 도약했고, 전 세계 어느 나라보다 출산율이 가파르게 감소했는데, 여성 1인당 출산율이 1950년대 후반에 6.3명이던 것이 2022년에는 0.9명 아래로 떨어졌다. 급속한 부의 창출과 축적이 잠재적 상속인 감소와 결합되어, 부모가 더 오래 살면서 은퇴 후에 저축을 더 많이 써야 하는 상황에서도 세대 간 부의 이전이 전례 없는 규모로 일어나고 있다.

## 상속과 불평등과 과세

"세금 납부는 국민의 당연한 의무로, 마땅히 해야 할 일입니다." 이것은 세계 최대의 첨단 기술 기업 중 하나이자, 자동차, 가전, 의류, 건설, 보험, 의료뿐만 아니라 한국 경제의 모든 분야에서 수많은 계열사를 거느리고 있는 삼성이 내놓은 성명 중 일부이다. 2021년 4월에 이건희 회장의 사망으로 삼성 총수 일가가 납부해야 할 상속세가 약 110억 달러로 추정되면서 전 세계 언론의 헤드라인을 장식했다. 이건희 회장의 가장 큰 업적은 삼성전자를 애플과 화웨이를 제치고 세계 최대의 스마트폰 제조 기업으로 성장시킨 것이지만, 이건희 회장 일가는 탈세, 수상한 기업 운영, 뇌물 스캔들 등 많은 논란에 휩싸이기도 했다. 상속세가 유산의 절반에 이를 만큼 너무 많아서 삼성전자와 나머지 계열사에 대한 지배력을 유지하기가 위태로워지자, 삼성 일가는 수십억 달러에 달하는 미술품과 그 밖의 자산을 기부하는 방식으로 세금의 일부를 충당하겠다고 발표했다. 서울에 사는 전업주부 박순미는 "나같이 평범한 사람은 그것이 얼마나 많은 돈인지 가늠할 수조차 없어요."라고 말했다. 그러면서 "그룹 총수가 이렇게 많은 돈을 세금으로 남기고, 사회를 위해 그렇게 많은 기부를 하는 것은 좋은 일"이라고 덧붙였다. 한국의 부와 특권이 전 세계의 이목을 사로잡은 사례는 삼성의 상속세 일화만이 아니다. 냉소적이고 흥미진진한 영화 〈기생충〉(2019)은 작품상과 감독상을 포함해 4개 부문에서 오스카상을 수상

멀티제너레이션, 대전환의 시작

하면서 21세기 최고의 영화라는 찬사를 받았다.(지금까지는.) 우려스러운 한국 사회의 불평등 심화를 주제로 다룬 이 영화는 아이러니하게도 고작 1550만 달러의 예산으로 전 세계에서 2억 5800만 달러의 수익을 올리면서 일부 사람들을 큰 부자로 만들었다.

모든 나라가 부의 세대 간 이전에 세금을 부과하는 것은 아니다. 한국은 최고 50%의 세율을 매기고 있으며, 경우에 따라서는 이보다 세율이 더 높을 수도 있다. 연방 정부와 주 정부 모두 유산에 세금을 부과하는 미국에서는 상속세를 '사망세'라고 부르기도 한다. OECD의 연구에 따르면, 최초의 상속세는 1759년에 오스트리아에서 도입되었다. 프랑스와 몇몇 유럽 국가들이 1790년대에 그 뒤를 따랐고, 영국은 1894년에, 미국은 1916년에, 일본과 한국은 1950년에 상속세를 도입했다. 세금을 둘러싼 많은 논란에도 불구하고, 전 세계 어느 나라도 상속세, 유산세, 증여세 수입이 전체 재정 수입에서 차지하는 비중이 1.5%를 넘지 않는다. 많은 국가에서 상속 규모가 커지고 불평등이 만연한 이 시점에 기울어진 운동장을 평평하게 하기 위해 상속세를 부과하는 것이 합리적일까? 의도하지 않은 결과가 발생할 가능성은 없을까?

유럽과 미국에서는 수십 년간의 평화와 경제 성장, 낮은 세금 덕분에 1980년대 이후로 상속 자산이 전체 부에서 차지하는 비중이 꾸준히 증가해왔다. 이러한 추세는 베스트셀러『21세기 자본 Capital in the Twenty-First Century』(2013)을 쓴 프랑스 경제학자 토마 피케티Thomas Piketty의 여러 연구가 뒷받침한다. 시간이 지날수록 상속 자본이 부의 축적에서 차지하는 비중이 커지고 자본 소득 증가가 근로 소득 증가를 앞지른다면, 불평등이 심화되어 경제적, 사회적, 정치적 긴장이 생겨날 수 있다.

하지만 미카엘 엘린데르Mikael Elinder와 다니엘 발덴스트룀Daniel Waldenström이 스웨덴에서 16만 8000건의 유산과 유증 사례를 토대로 면밀히 연구한 결과에서는 상속이 부의 불평등을 감소시키는 것으로 드러났다. 그 이유는 간단하다. "부유한 상속인이 더 많은 금액을 상속받긴 하지만, 상속이 미치는 영향은 덜 부유한 상속인에게 상대적으로 훨씬 더 크게 나타나는데, 상속받기 전의 재산에 비해 상속받는 금액이 상대적으로 더 많기 때문이다." 두 사람은 이렇게 덧붙였다. "이것은 상속인이 부채를 상속받지 않는 것에도 일부 원인이 있는데, 이로 인해 유산의 분배가 상속인들 사이의 재산 분배보다 더 균등하게 일어난다." 이것이 시사하는 중요한 사실은 거둬들인 상속세가 사회에서 더 불리한 처지에 있는 경제 부문으로 이전되지 '않는' 한 불평등을 증가시키는 효과가 있다는 것이다.

하지만 향후 몇 년 동안 비교적 적은 수의 사람들이 막대한 자산을 상속받는 것이 어떻게 부의 분배를 개선하는 효과가 있는지 이해하기는 쉽지 않다. 온라인 매체 《복스Vox》의 편집장 메러디스 해거티Meredith Haggerty는 이렇게 말한다. "《포브스》는 '다년간에 걸쳐' 30조 달러를 이야기하고, PNC는 2061년까지 59조 달러를, CNBC는 25년 동안 68조 달러를 이야기하며, 《뉴욕 타임스》는 이렇게 다양한 추정치의 존재를 확인하면서 향후 10년간 약 15조 달러라는 추정치를 내놓는다." 일부 추정에 따르면, 상속받는 전체 자산의 3분의 1은 상위 1%에게 돌아가는데, 이들은 더 좋은 학교와 더 좋은 대학을 다니고 더 후한 조건으로 노동 시장에 진입할 기회를 얻고 난 뒤에 다시 이렇게 막대한 재산을 물려받는다. 뉴욕대학교 교수이자 『미국의 자산 상속Inheriting Wealth in America』의 저자인 에드워드 울프Edward Wolff는 그렇다 하더라도 상속은 부의 균등화 효과가 있다고 주장하여, 세대 간 부의 이전이 중산층과 저소득층에게 상대적으로 더 중요하다는 스웨덴 학자들의 주장과 궤를 같이했다. 하지만 미국은 스웨덴이 아니며, 다섯 가구 중 한 가구만이 상속을 받는다. 그럼에도 불구하고, 해거티는 "2만 달러 또는 3만 달러에 이르는 부의 이전은 선택받은 일부 사람들에게 처음으로 안정적인 삶을 가져다줄 잠재력이 있으며, 점점 쪼그라드는 중산층 섬에 머물고 있는 일부 사람들에게 힘을 실어줄 수 있다."라고 말한다. 이 주제에 관한 캐피털 원의 분석 결과는 향후 수십 년 동안 미국에서 상속될 유산 대부분이 중산층과 저소득층 가구에 돌아갈 것으로 추정함으로써 이 견해를 뒷받침한다.

밀레니얼 세대에 돌아갈 '거대한 부의 이전'은 일부 밀레니얼 세대가 이전 세대에 비해 평균적으로 자산 축적이 부족했다는 사실을 극복하는 데 도움을 줄지도 모른다. 세인트루이스의 연방준비은행에 따르면, "나이가 많은 전형적인 밀레니얼 세대 가구는 우리가 예상한 것보다 34%나 더 가난했는데", 주요 원인은 주택 보유 비율이 낮기 때문이다. 미국의 밀레니얼 세대 중 주택을 보유한 가구는 절반 미만이며, 따라서 나머지 절반은 최근의 주택 가격 급등과 그에 따른 부의 축적에 전혀 참여하지 못하고 있다. 젊은 세대들 사이에서는 주식 시장 참여가 보편적이지 않기 때문에 비슷한 효과가 나타난다. 그 결과로 고학력 밀레니얼 세대는 노동 계층의 밀레니얼 세대보다 생활 수준이 훨씬 낫다. 단, 고액의 학자금 대출 부채를 떠안지 않았다면 말이다.

논쟁이 격화되고 있지만, 한 가지만큼은 분명하다. 모든 밀레니얼 세대가 거액의 유산을 기대할 수 있는 것은 아니며, 아예 유산을 받지 못할 수도 있다. 그렇기 때문에 피케티는 정부가 "모두를 위한 유산"으로 25세가 된 사람 모두에게 12만 유로(약 12만 달러)를 지급해야 한다고 제안한다. 그는 인터뷰에서 "재산 불평등은 삶의 기회에 엄청난 불평등을 초래합니다. 어떤 사람들은 평생 임대료를 내야 하는 반면, 어떤 사람들은 평생 임대료를 받습니다. 어떤 사람들은 회사를 세우거나 가족 회사를 물려받는 반면, 어떤 사람들은 초기 자본이 거의 없기 때문에 아예 회사를 세울 수 없습니다."라고 말했다. 소위 사망세를 비판하는 사람들은 정반대의 주장을 펼치는데, 상속세가 가족 기업과 기업가 정신, 일자리 창출을 방해한다는 것이다. 논란은 여전히 계속되고 있다.

## 상속에 재를 뿌리는 재혼

수명 연장으로 결혼한 사람들이 이혼하거나 배우자와 사별할 가능성도 높아지고 있다. 이러한 역학 자체가 반드시 상속에 영향을 미치는 것은 아니다. 하지만 재혼을 하는 경우에는 광범위한(그리고 골치 아픈) 영향을 미칠 수 있다. 미국에서 결혼하는 부부 중 약 21%는 양쪽 다 이혼을 했거나 배우자와 사별한 사람이며, 20%는 한쪽이 이전에 결혼한 경험이 있다. 55세 이상인 사람들 사이에서는 이 비율이 더 높다. 퓨연구센터가 진행한 연구에서 그레천 리빙스턴Gretchen Livingston은 "이전에 결혼한 적이 있는 18~24세의 성인(물론 이것은 작은 집단이긴 하다.) 중에서 2013년에 재혼을 한 비율은 29%인 반면, 55~64세 성인 사이에서는 그 비율이 67%였다." 라고 썼다. "하지만 35세 미만에서는 재혼할 가능성이 급격히 떨어졌는데," 1960년에는 재혼 비율이 72%였던 것이 2013년에는 42%로 뚝 떨어졌다. "한쪽에서는 수명이 길어짐에 따라 사람들이 앞으로 살날이 많이 남았다는 사실을 깨닫고 여생을 충실히 보내고 싶어 노년층의 이혼이 증가했다고 주장한다. 그리고 같은 이유로 노년층의 재혼이 증가할 가능성이 있다."

게다가 예전에는 이혼한 남성이 재혼하는 비율은 이혼한 여성에 비해 두 배나 많았다. 하지만 지금은 성별에 따른 차이가 절반 이상 줄어들었는데, 백인 여성의 결정이 이에 큰 영향을 미쳤다. 다시 말해서, 60세 이상이 되면 언젠가 배우자와 사별하여 홀로 여생을 보내던 세상에서 이제는 같은 인구 집단의 사람들이 이혼과 재혼을 하는 세상으로 변하고 있다.

상속은 세 가지 추세의 조합에 영향을 받는데, 세 가지 추세는 수명 연장과 노년의 자산 축적, 재혼이다. "나이가 많을수록 재혼할 때 자산(은퇴를 위한 저축, 생명 보험, 증권 계좌, 부동산 등)을 새로운 결혼 생활로 가져갈 가능성이 높아진다."라고 CNBC의 금융 담당 리포터 세라 오브라이언Sarah O'Brien은 지적한다. 즉, 재혼을 선택하는 경우에 그렇다는 말이다. 변호사이자 작가인 리나 기엔Lina Guillen은 "나이 많은 파트너들이 독신으로 남는 쪽을 선택하는 일반적인 이유는 자녀에게 재산을 물려주고 싶기 때문이다. 자녀들은 곧 다가올 상속에 기대를 품을 수 있다. 그런데 새 배우자가 나타나면, 상황이 매우 예민해질 수 있다."라고 말한다.

2018년에 《뉴욕 타임스》에 실린 노인의 재혼을 다룬 기사에서 태미 라 고스Tammy La Gorce가 인터뷰한 아나스타시오 부부의 사례를 살펴보자. 이 부부는 남편은 84세, 아내는 77세의 나이에 혼인 서약을 했다. 아내의 막내딸은 "만약 어머니가 돌아가시면, 집은 누가 물려받나요?"라고 물었다. 그는 그런 걱정이 두 사람의 결혼을 방해해서는 안 된다고 생각했다. "우리는 항상 결혼한 부부로 대우받았어요."라고 그는 말했다. "그리고 우리가 정식으로 결혼하지 않은 유일한 이유는 [아내의] 딸을 안심시키기 위해서라는 생각이 들기 시작했습니다." 이런 문제를 피하기 위해 많은 재혼 부부가 혼전 계약서와 유언장에 서명하여 자녀가 기대하는 유산을 받을 수 있도록 보장한다. 인터뷰에 응한 또 다른 재혼 남성은 "우리는 처음부터 자녀들에게 분명히 말했어요. 우리의 결정은 행복을 위한 것이며, 그 때문에 무분별한 행동을 하지는 않을 것이고, 너희들이 받게 될 유산에는 아무 영향도 없을 것이라고요."

재혼으로 인한 상속 문제와 관련해 가장 큰 물의를 일으킨 사람 중 한 명은 2011년에 85세의 나이로 재혼한 스페인의 알바 여공작 카예타나Cayetana이다. 카예타나는 24세나 어린 공무원이자 사업가 알폰소 디에스Alfonso Díez와 정식 부부가 되리란 사실을 수년간 부인하다가 결국 결혼했다. 그 당시에 카예타나는 공작 7개, 공백작 1개, 후작 20개, 백작 22개, 자작 1개, 영주 1개 등 많은 작위를 보유했고, 전 세계 귀족 서열에서 엘리자베스 2세 여왕보다 앞서 있었다. 그녀는 윈스턴 처칠Winston Churchill의 먼 친척이기도 했다. 신혼부부는 자녀의 상속 재산을 보호하기 위해 여러 문서에 서명했다. 그럼에도 불구하고 2014년에 카예타나가 사망하자 그들은 많은 유산을 놓고 격렬한 다툼을 벌였는데, 결국 알폰소는 100만 유로의 현금과 정서적 가치가 있는 일부 물건만 받고 궁전과 보석, 미술품은 손대지 않는 것으로 합의가 이루어졌다.

포스트제너레이션 사회에서는 기대 수명이 증가하고 고령의 재혼이 더 빈번하게 일어나고 부의 축적이 빠른 속도로 진행됨에 따라, 비록 그 액수는 알바 여공작의 유산에 턱없이 모자랄지라도 골치 아픈 상속 문제가 많이 발생할 것으로 예상된다.

## 여성과 부와 상속

"여성은 점점 더 부유해지고 있다." 바클리즈Barclays가 작성한 자산 보고서의 첫 문장은 이렇게 시작된다. "보스턴 컨설팅 그룹 BCG에 따르면, 여성은 현재 전 세계 부의 32%를 차지하고 있다." 최근에 맥킨지 앤드 컴퍼니McKinsey & Company가 내놓은 보고서의 제목은 "미국 자산 관리의 차세대 성장 물결, 여성"이었다. RBC 자산 관리RBC Wealth Management는 "여성이 어떻게 부와 기부와 유산 계획을 재정의하는지" 설명한다. 이것들은 우리 시대에 일어나고 있는 기본적인 흐름을 다룬 최근 연구들의 무수한 헤드라인 중 일부인데, 그 흐름이란 바로 여성이 남성보다 더 빠르게 부를 축적하고 있는 현상을 말한다. 여성이 교육을 받을 기회(그리고 그 결과로 좋은 일자리를 얻을 기회)가 전 세계 많은 곳에서 확대되었다. 승진과 급여의 차별은 여전히 남아 있지만, 여성의 경제적 지위는 전반적으로 개선되고 있다. 그렇다고 해서 모든 여성이 부유해지는 것은 아니다. 10대 어머니, 싱글 맘, 이혼한 여성, 고등학교 미만의 학력을 지닌 여성 등 특정 범주들에 속한 여성은 인생에서 심각한 어려움과 좌절을 경험한다.

많은 나라에서 여성이 남성보다 더 빨리 부를 축적하는 또 하나의 이유는 여성이 남성보다 더 오래 살아서 배우자나 파트너로부터 상속을 받기 때문이다. 전 세계적으로 60세 이상은 남성 1명당 여성 1.3명, 70세 이상은 남성 1명당 여성 1.6명, 80세 이상은 남성 1명당 여성 2.3명이 살고 있다. 동아시아, 유럽, 아메리카처럼 고령 인구가 많은 지역에서는 여성의 비율이 더 높다(〈표 7.1〉 참고). 러시아, 리투아니아, 한국, 남아프리카공화국, 튀르키예, 아르헨티나, 일본 같은 나라들에서는 80세 이상의 남성 1명당 여성 3명 이상이 살고 있다. 이것은 40세부터 시작되는 높은 남성 사망률, 한국 같은 경우에는 예외적으로 높은 여성의 기대 수명 등 여러 가지 요인이 복합적으로 작용한 결과이다. 반면에 인도와 나이지리아의 경우에는 80세 이상 인구에서 이 비율이 1.3에 불과하다. 캐나다, 스웨덴, 미국, 영국, 오스트레일리아, 뉴질랜드를 비롯해 많은 부유한 국가에서는 이 비율이 60세에서는 비교적 낮지만, 연령이 높아질수록 빠른 속도로 증가해 80세 이상에서는 남성 1명당 여성의 수가 2명이 넘는다. 프랑스, 이탈리아, 독일, 스페인은 이보다 조금 더 불균형한 비율을 보인다. 어쨌든 고령층의 성비 불균형 때문에 만약 배우자로부터 유산을 상속받을 수 있다면, 여성이 (적어도 남은 생애 동안) 더 많은 부를 차지하기가 더 쉽다.

　재산과 상속에 대한 여성의 권리는 시간과 공간에 따라 변해 왔다. 최근까지만 해도(일부 나라에서는 불과 40년 전만 해도) 여성은 남편이나 형제, 부모와 독립적으로 돈을 관리하는 것이 허용되지 않았다. 아직도 전 세계 곳곳에는 여성이 남성과 동등한 경제적 권리와 계약상의 권리를 부여받지 못하는 지역들이 있다. 하지만 모든 문화와 문명에서 그랬던 것은 아니다. 어쩌면 우리는 고대 이집트를 배워야 할지도 모른다. 시카고대학교의 재닛 H. 존슨Janet H.

Johnson 교수는 "보존된 이집트의 기록 중에서 가장 오래된 것은 고왕국 시대의 것인데, 이 기록에 따르면, 이집트 여성의 공식적인 법적 지위(미혼이건 기혼이건, 이혼했건 사별했건 간에)는 이집트 남성과 거의 동일했다."라고 썼다. "여성은 자신의 이름으로 재산(부동산과 동산 모두)을 취득하고 소유하고 처분할 수 있었다. 자신의 이름으로 계약을 체결할 수도 있었다." 성경 시대의 유대인 법은 딸보다 아들에게 특권을 부여했지만, 아들이 없을 경우에 여성은 완전한 상속권을 누렸다. 고대 인도와 고전기 그리스에서는 여성의 재산권과 상속권을 제한적으로 보장했지만, 로마인은 자유 시민으로 태어난 여성의 경제적 권리를 보장했다. 많은 사람들의 고정관념과 달리 이슬람 율법은 비록 딸보다 아들에게 특권을 부여하긴 했지만, 여성의 재산권과 상속권을 보장했다.

중세가 시작될 무렵에 여성은 소유권과 상속권을 인정받았지만(앵글로색슨족과 스칸디나비아인의 법과 전통에서처럼), 끝날 무렵에는 과부를 제외하고는 여성은 기본적인 경제적 권리를 박탈당했다. 유럽과 북아메리카의 극소수 예외를 제외한다면, 여성은 프랑스 혁명의 영향력이 주변으로 퍼지고 나서야 남성과 동등한 상속권을 누릴 수 있었는데, 왕정복고로 인해 그 기쁨은 얼마 가지 못했다. 1850년, 아이슬란드는 그 당시로서는 최초로 여성에게 남성과 동등한 상속권을 법적으로 보장한 국가가 되었다. 미국과 영국은 1922년에야 동일한 조치를 취했다. '동일 노동, 동일 임금' 원칙은 그로부터 40년이나 더 기다려야 했고, 실질적인 차별 금지는 아직도 완전히 실현되지 않았다. 세계은행World Bank에 따르면, 2021년을 기준으로 여성이 남성과 동등한 재산권과 상속권을 누리지 못하는 나라는 41개국인데, 대부분 아프리카와 중동, 아시아에 있는 국가들이다. 그러한 권리를 보장하는 149개국에서 중요하게 떠오르는 화두는 여성이 얼마나 빠르게 부를 축적하고 있고, 얼마나 많은 부를 물려줄 수 있느냐 하는 것이다.

소비자 재정 조사Survey of Consumer Finances에 따르면, 미국 여성은 가족의 전체 금융 자산 중 3분의 1을 소유하고 있다. 2030년이 되면 여성이 남성보다 더 많은 자산을 소유할지도 모른다. 여성은 자산을 관리할 때 남성에 비해서 전문적인 조언을 구하고, 살아 있는 동안 자산이 사라지지 않을까 염려하고, 건강과 행복 같은 현실적인 목표에 집중하고, 투자의 위험을 피하는 경향이 더 강하다. 하지만 여성은 일반적으로 재정 문제에 대해 남성보다 더 많은 조언을 구하지만, 영국의 설문조사에 따르면, 자신이 남길 유산에 대한 상속 계획을 세우지 않아 상속인에게 더 많은 상속세를 부담시키는 것으로 나타났다. 피델리티 인터내셔널Fidelity International의 자문 정책 및 개발 책임자인 돈 밀링Dawn Mealing은 "상속세를 납부해야 하는 사람들 중 여성의 순자산은 남성보다 13억 파운드 더 많다."라고 말한다. "하지만 거의 절반에 가까운 여성들이 이 자산을 자신이 원하는 방식으로 확실히 증여하기 위한 재무 계획을 세우지 않았다." 여성은 "자신과 배우자의 유언을 모두 책임져야" 하는 경우가 더 많고 상속과 관련해 더 큰 결정을 내려야 하기 때문에 이것은 특히 우려스러운 점이다.

포스트제너레이션 사회의 맥락에서는 여성의 자산 축적이 상속 관행에 어떤 변화를 가져올지 고려하는 것이 중요하다. 여성은 다른 사람에게 도움을 제공하는 경향이 강한데, 특히 교육, 복지, 건강 측면에서 그런 도움을 주려고 한다. 또한 종합 보험에 가입하는 경향이 더 높다. 이러한 선호를 고려할 때, 오래 사는 여성들은 유산을 이미 안정된 생활을 하는 자녀를 건너뛰어 자산이 더 필요한 손주에게 물려줄까?

"가족 세대 간에 재산을 물려줄 때, 이전 세대가 사망하면 그 자녀 세대가 유산을 받는 것이 오랜 관행이었다." 세인트제임스 플레이스 웰스 매니지먼트St. James's Place Wealth Management의 컨설턴트 타니타 자밀Tanita Jamil은 이렇게 말한다. "하지만 노년 세대가 80대, 심지어 90대까지 살 것으로 예상되면서 최근에 변화가 일어났는데, 이것은 이른바 '샌드위치 세대'에 속한 여성들에게 심각한 고민을 안겨주는 변화이다." 샌드위치 세대는 자녀를 양육하는 동시에 늙은 부모를 부양해야 하는 세대를 말한다. 영국에서 샌드위치 세대는 10명 중 6명 이상이 여성이다. 영국 통계청 자료에 따르면, 상속을 받는 평균 연령대는 55~64세이다. 은퇴를 준비하는 시기에 상속이 일어난다면, 자녀와 손주 중 어느 쪽이 그 돈이 더 필요할까? 2015~2019년에 영국에서 손주가 조부모에게 상속받은 재산은 약 190억 파운드, 자녀가 부모에게 상속받은 재산은 약 230억 파운드였다. 또한 50세가 넘어 상속을 받는 사람들 중 절반 이상은 그 돈을 자녀와 손주에게 물려주는 쪽을 선택했다. 여성(특히 60세 이상)이 차지하는 자산 비율이 증가함에 따라 이러한 추세는 더욱 가속화될 것으로 보인다.

하지만 여성의 경제적 전망과 자산 사정이 나아진다고 해서 과연 여성이 더 나은 삶을 살게 될까? 반드시 그렇지는 않다. 사실, 모든 연령대의 여성은 다양한 차원에서 남을 돌보는 책임을 맡고 있지만, 그에 상응하는 보상을 받지 못한다. 이들은 가족의 교육과 건강을 위해 많은 시간과 소득, 자산을 쓰는 경향이 있다. 이들은 직장에서도 계속 차별 대우를 받고 있다. 다시 말해서, 부의 축적을 곧바로 형평성과 행복과 연결 짓는 것은 오해를 불러일으킬 소지가 있다. 어쨌든 사회 각계각층에서 여성에게 불리한 조건이 끊임없이 누적되고 있는 것이 오늘날의 현실이다. 순자적 인생 모형을 근본적으로 바꾸면, 여성에게 더 나은 결과를 가져올 수 있을까? 다음 장에서 다룰 주제가 바로 이것이다.

# 8장

여성을 위한 게임 체인저

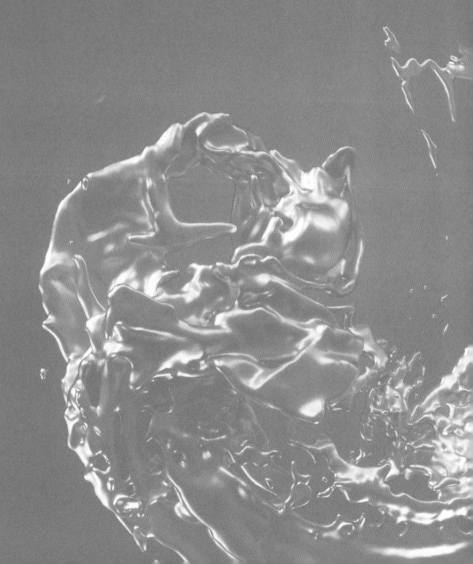

자신을 해방시키는 것과
그렇게 해방된 자신의 소유권을 주장하는 것은 별개의 문제였다.
— 토니 모리슨Toni Morrison(1931~2019)

"나는 1년 동안 한 발짝 뒤로 물러나도 될 만큼 내 경력이 적절한 단계에 이르렀다고 느끼기 전까지 출산 계획을 미뤘다." 캐나다의 저널리스트이자 여성을 위한 온라인 매체《리파이너리29 Refinery29》의 편집장인 칼리 포천Carley Fortune은 이렇게 썼다. 칼리는 캐나다에서 가장 큰 신문사 몇 군데에서 일한 경험도 있다. "일은 내게 모든 것이었고, 자부심과 창의력의 원천이었으며, 정체성은 물론이고 가장 소중한 관계들 중 일부도 제공했다. 아이를 갖기 위해 일을 포기하고 싶지 않았고, 휴직 동안에 더 크고 더 나은 (그리고 급여가 더 많은) 기회를 놓치고 싶지 않았다." 칼리는 직장을 자주 옮겼는데, 새 상사에게 좋은 인상을 주기 위해 삶의 많은 것을 포기해야 했고, 그 때문에 상황이 더욱 악화되었다. "이제 한 발짝 뒤로 물러나도 괜찮겠다는 생각은 단 한 번도 들지 않았다. 결국 눈을 질끈 감고 한 발짝 뒤로 물러나야 했던 상황이 오기 전까지는."

왜 사회는 여성을 이런 상황으로 내몰까? 왜 출산과 경력 중 하나를 선택하라고 강요할까? 삶과 경력을 더 나은 방법으로 조직할 수는 없을까? 노동 시장에서 여성이 공정한 대우를 받는 방법은 없을까? 포스트제너레이션 사회의 접근법이 도움을 줄 수 있을까?

많은 여성이 노동 시장과 기업의 계층 구조에서 겪는 스트레스와 불평등의 배경에는 여성에게 일과 가정 사이에서 선택을 하라는 사회의 압력이 있다. 1978년에 《워싱턴 포스트Washington Post》의 칼럼니스트 리처드 코언Richard Cohen은 유명한 논설에서 '생체 시계biological clock'라는 용어를 사용해 생식 연령대의 직장 여성이 겪는 고난과 시련을 소개했다. "가상의 여성(실제로는 코언이 얼마 전에 대화를 나눈 여러 여성을 대표하는 인물)이 점심을 먹으러 온다. 지금 막 식당에 들어섰다. 아주 예쁜 여성이다. 검은 머리에 키는 중간이고 옷을 잘 입었다. 이제 코트를 벗는다. 멋진 몸매가 드러난다." 이렇게 여성 비하적인 서사로 운을 띄운 뒤, 곧장 핵심으로 옮겨간다. "나이도 27세에서 35세 사이로 아주 좋은 때이다. 궁금해할까 봐 이야기하자면, 사실은 그녀의 인생에 새로운 남자가 생겼다." 그는 이야기를 이어간다. 그녀가 고개를 숙이자, 그는 무슨 문제라도 있느냐고 묻는다. "비공개로 진행할까요?" 그녀는 잠시 망설이다가 입을 연다. "전 아기를 갖고 싶어요." 하지만 남자가 있건 없건, "시

　　　　　　　　멀티제너레이션, 대전환의 시작

계가 계속 재깍거린다는 느낌을 지울 수 없어요. 어쨌거나 결정을 내려야 해요. 일단 내리면 돌이킬 수 없는 결정을요.” 이 대화를 나누는 두 사람에게 걸려 있는 것은 극적으로 다르다. 남성은 걱정해야 할 필요가 없는 일이 여성에게는 아주 많다. “예컨대 생체 시계의 재깍거림 같은 것처럼.”

노스이스턴대학교에서 커뮤니케이션학을 가르치는 모이라 바이겔Moira Weigel은 시계라는 은유가 성 차별을 강화하는 데 사용되는 것이 문제라고 지적한다. 바이겔은 1970년대 후반에 2차 페미니즘 물결과 피임과 낙태 합법화의 여파로 “생체 시계에 관한 이야기가 수많이 쏟아져 나왔지만” 그것들은 조직 대신에 “개인에 초점을 맞춘 것이었다.”라고 썼다. “언론은 많은 것이 요구되는 경력을 원하면서 아이를 갖기로 결정한 전문직 여성을 미화했고, 아이 갖기를 미루는 여성은 나중에 자신의 소심한 행동을 후회할 것이라고 경고했다.” 그리고 여성이 어머니가 되는 것을 원치 않을 가능성은 거의 고려조차 하지 않았다고 덧붙였다.

전문적인 경력을 추구하는 여성이 증가하는 현상이 순차적 인생 모형과 정면으로 충돌한다는 것은 분명한 사실이다. 생체 시계라는 결정론적 개념은 가족을 양육하는 책임을 거의 전적으로 여성에게 전가함으로써 가부장제를 효과적으로 강화하는 동시에, 아이를 가질 시간을 마련하지 않거나 심지어 출산을 미룰 경우에 여성이 죄책감을 느끼도록 하는 이중의 기준을 내포하고 있었다. 그리고 그 당시에는, 남성은 영원히 자식을 얻을 수 있다는 미신을 근거로 남성의 생체 시계에 대한 언급이 전혀 없었는데, 불임 치료를 받는 부부 중에서 절반은 남성에게 원인이 있는데 그랬다. "생체 시계의 역할은 재생산의 부담을 거의 전적으로 여성에게 지우는 것이 너무나도 자연스럽게(사실상 필연적인 것처럼) 보이도록 하는 데 있었다."라고 바이겔은 결론지었다. "이 개념에는 도덕적 의미뿐만 아니라 실용적 의미도 내포돼 있는데, 인생을 올바르게 계획하지 않으면, 절망적이고 외로운 삶을 살아갈 수밖에 없다는 것이다."

생체 시계 논리가 여성이 원하는 결정을 내리지 못하게 하고 원하는 사람이 되지 못하도록 방해하는 효과를 낳을 수 있지만, 생체 시계 자체는 순차적 인생 모형이 규정하는 각각의 시기와 거의 완벽하게 겹친다. 앞서 설명했듯이, 순차적 인생 모형은 우리가 직업과 전문 분야에서 앞서가려면 각각의 시기에 공부나 일에서 뛰어난 성과를 거두어야 한다고 말한다. 정확히 규정되고 고정된 각각의 시기에 결부된 '놀이-공부-일-은퇴'의 사슬은 100년도 더 전에 남성을 위해 설계된 것이다. 그 당시에는 오직 (소수의) 남성만이 기본적인 학교 교육 이상의 교육을 받고, 집 밖에서 급여를 받는 직업을 갖고, 퇴직 연금을 받을 수 있었다.(여성은 근로자가 아니라 과부의 자격으로 연금을 받을 수 있었다.) 이 모형은 수십 년 동안 작동했지만, 그게 가능했던 것은 대다수 여성이 교육을 받을 기회와 집 밖에서 일할 기회를 박탈당했기 때문이다. 점점 더 많은 여성이 교육을 받고 직장에서 경력을 쌓으면서 순차적 인생 모형이 여성의 열망과 현실에 얼마나 어긋나는지 비로소 드러나게 되었다.

1960년대에 여성들이 공정과 평등을 쟁취하기 위한 오랜 투쟁에서 개인의 권리를 놓고 중요한 싸움을 벌였다면, 순차적 인생 모형의 폐지는(그렇게만 할 수 있다면) 여성을 위한 또 하나의 게임 체인저가 될 수 있다. 역사적으로 순차적 인생 모형은 남성에게 유리하게 작용했는데, 남성은 가정을 꾸리기 위해 경력을 중단할 필요가 없었기 때문이다. 반면에 많은 여성은 '놀이-공부-일-은퇴'의 순차적 단계들이 자신의 열망이나 선호도와 얼마나 상충되는지 고민하지 않을 수 없는데, 회사나 정부 조직에서 대부분의 승진이 30~40대에, 즉 많은 직장 여성이 아이를 낳고 키우고 싶어 하는 시기에 일어나기 때문이다. 무엇보다 여성이 지나치게 많은 가사 노동을 떠맡는(심지어 직장을 다닐 때조차) 불평등한 세상에서는 남성이 자신의 경력에 집중할 수 있는 데 반해 여성은 승진에 어려움을 겪을 수밖에 없다.(더 나쁘게는 자녀를 돌보기 위해 휴직을 선택해야 한다.) 팬데믹 기간에 학교가 문을 닫았을 때, 무려 250만여 명의 미국 여성이 가사와 자녀의 학습을 위해 직장을 그만둔 것은 놀라운 일이 아니다.

2001년, 뉴캐슬대학교 경영대학원의 샤론 마빈Sharon Mavin은 "공부, 정규직 경력, 은퇴로 이어지는 전통적인 삶의 패턴은 남성의 전형적인 삶을 기반으로 짜였다."라고 썼다. 그리고 이렇게 덧붙였다. "현대 여성에게는 전형적인 삶의 패턴이란 게 없다. 남성의 경력 모형은 여전히 그대로 남아 있고, 여성은 가족에게 책임을 다하기 위해 출세로 향하는 빠른 길에서 내려와야 한다. 결국 여성은 경력의 발전을 위한 경쟁에서 계속 불리한 위치에 놓이게 될 것이 분명하다." 그것은 너무나도 자명하다.(그리고 짜증나는 일이다.)

인구통계학자 패트릭 이시즈카Patrick Ishizuka와 켈리 뮤식Kelly Musick의 신중한 종단 연구에 따르면, "출산 전에 주당 40시간 이상 근무하고 연장 근무 수당이 높은 직종에 종사하는 미국 여성은 출산 후에 고용될 확률이 현저히 낮다." 가장 융통성이 없는 직종 중에는 비즈니스나 전문 서비스(컨설팅, 감사 등) 회사의 중간 관리자와 고위 관리자가 포함되는데, 이런 직종들은 '회사에 계속 상주하면서' 인간관계를 유지하는 것이 좋은 성과와 승진과 높은 급여를 위해 매우 중요하다. 일부 직종은 워킹맘에게 어느 정도 유연성을 제공하지만, 전통적인 (남성) 경력 발전 모형에 따라 경력 중단 없이 예측 가능한 시점에 승진하는 경로가 일반적인 패턴이다. 기업의 구조 조정과 기술 변화, 원격 근무 등으로 인해 미래에는 경력을 살릴 다양한 대체 경로가 생겨날 수도 있겠지만, 이러한 기회에서 여성이 남성과 동일한 혜택을 받을 수 있을지는 불분명하다. 그동안 여성은 가정 생활에서 양보를 해야 하고, 높은 수준의 스트레스에 시달리고, 경력 단절을 겪고, 승진과 경력 개발의 기회를 포기하면서 계속 불리한 처지에 놓일 것이다. 시스템은 여성보다 남성에게 유리하게 작동한다. 실제로는 훨씬 더 유리하게 작동한다.

**멀티제너레이션, 대전환의 시작**

## 첫 아이 출산 연기

여성이 경력과 가정이라는 두 마리 토끼를 잡으려면 많은 어려움을 헤쳐나가야 한다. 그런 어려움들 때문에 나타나는 가장 표면적인 결과는 인구통계학적 문제이다. 과거에 비해 여성의 교육 및 취업 기회가 확대되면서 출산이 연기되고 자녀 수도 감소하고 있다. 이 둘은 밀접한 관련이 있다. 대다수 선진국에서 첫 아이를 출산하는 여성의 평균 연령은 1970년 이후에 3~5년 증가했다. 한국, 이탈리아, 스페인, 일본, 네덜란드에서는 이제 30대 초반에 첫 아이를 낳는다. 나머지 유럽 국가들은 29세 이상이고, 미국은 27세이다(〈표 8.1〉 참고).

하지만 이 평균값들은 교육 수준과 거주 지역에 따른 큰 격차를 숨기고 있다. 미국에서 도시 지역, 특히 동해안과 서해안에 거주하는 고학력 여성의 평균 첫 출산 연령은 30대 중반이지만, 시골 지역에 거주하는 고등학교 미만의 학력을 지닌 여성의 평균 첫 출산 연령은 20세까지 낮아진다. 즉, 표에 나와 있는 평균 첫 출산 연령은 서로 아주 다른 두 세계를 하나로 합쳐놓은 것이다. 루이지애나주립대학교의 사회학자 헤더 래킨Heather Rackin에 따르면, "사회경제적 지위가 낮은 사람들은 기회비용이 크지 않을 수 있으며, 어머니가 되었을 때 정서적 성취감을 느끼고, 지역 사회에서의 지위가 높아지고, 성인으로 대우받는다."

고등학교 이상의 학력을 가진 여성의 첫 출산 연령이 높아지는

표 8.1 첫 아이를 낳는 여성의 평균 연령

| | 1990년 | 2000년 | 2010년 | 2020년 |
|---|---|---|---|---|
| 한국 | - | 27.7 | 30.1 | 32.3 |
| 이탈리아 | 26.9 | - | - | 31.4 |
| 스페인 | 26.8 | 29.1 | 29.8 | 31.2 |
| 일본 | 27.0 | 28.0 | 29.9 | 30.7 |
| 네덜란드 | - | 28.6 | 29.2 | 30.2 |
| 독일 | - | - | 28.9 | 29.9 |
| 덴마크 | 26.4 | 27.8 | - | 29.8 |
| 스웨덴 | 26.3 | 27.9 | 28.9 | 29.7 |
| 영국 | 25.5 | 26.5 | 27.7 | 29.1 |
| 프랑스 | - | 27.8 | - | 28.9 |
| 폴란드 | - | 24.5 | 26.5 | 27.9 |
| 이스라엘 | - | 25.7 | 27.2 | 27.7 |
| 미국 | 24.2 | 24.9 | 25.4 | 27.1 |
| 루마니아 | - | 23.6 | 25.5 | 27.1 |
| 캐나다 | 25.9 | 27.1 | 28.4 | - |

출처: OECD 가족 데이터베이스

데에는 여러 가지 요인이 있다. 기존 연구들은 "효과적인 피임법 증가, 여성의 교육과 노동 시장 참여 증가, 가치관의 변화, 성 평등, 파트너 관계의 변화, 주거 환경, 경제적 불확실성, 가족 지원 정책의 부재"를 원인으로 지목했다. 하지만 무엇보다 중요한 것은 이러한 요인들이 서로를 강화한다는 점이다. 문화적 변화는 여성의 교육과 직업에 대한 접근성을 높였고, 이것은 다시 피임 수용과 사용 증가를 낳았으며, 더 나아가 생활 방식의 변화와 비전통적 동거 형태로 이어졌다. 특히 경제적 불확실성과 물가 상승은 이 추세를 더욱 가속화시켰다. 이 장 뒷부분에서 어떤 정책이 이 상황을 개선할 수 있는지 분석할 것이다. 하지만 먼저 이러한 변화의 소용돌이가 일하면서 가정을 돌보는 여성에게 어떤 영향을 미치는지 살펴보기로 하자.

## 스트레스

"자녀가 있는 여성이라면 엄마 역할과 바쁜 업무 사이의 긴장을 너무나도 잘 알 것입니다." 런던의 프라이어리 웰빙 센터Priory Wellbeing Centre의 주디스 모링Judith Mohring 박사는 이렇게 말한다. "하지만 상상 속의 이상적인 여성 역할에 부응하지 못한다고 느끼는 것은 어머니들뿐만이 아닙니다. 여성은 외모, 우정의 질, 그리고 물론 하는 일의 성과까지 경쟁해야 하는 분야가 너무나 많습니다." 이것은 바로 스트레스와 번아웃을 자라나게 하는 원시 수프의 레시피이다. "때로는 실패할 수 있는 길이 너무 많다는 느낌이 들기도 합니다. 그럴 때마다 자기 의심과 낮은 자존감과 자기비판이 표출될 수 있습니다."

이 문제를 시각화하는 한 가지 방법은 시간 압력이라는 관점에서 바라보는 것이다. 직장 생활을 하는 여성은 집에서도 '야간 근무'를 하면서 집안일에 평균적으로 남성보다 두 배 더 많은 시간을 쓴다. 직장 생활에서도 여성은 남성보다 스트레스를 더 많이 받는 경향이 있다. 캐나다에서 실시한 한 포괄적인 연구에 따르면, 여성이 직장에서 더 많은 스트레스를 받는 이유는 결정권이 적고, 업무에 필요한 것 이상으로 과도한 자격을 갖추기를 요구받고, 승진할 가능성이 낮기 때문이라고 한다. 이 세 가지 요소는 서로를 강화하면서 스트레스를 유발한다.

팬데믹 기간에 여성이 직장을 다니면서 가족을 돌보는 것은 결코 쉬운 일이 아니었다. 그런 상황에서 원격 근무는 여성에게 양날의 검으로 작용했다. 가정에서 아이를 돌보고 학습을 시키는 일이 증가하자, 스탠퍼드대학교의 사회학자 메리앤 쿠퍼Marianne Cooper가 '퍼펙트 스톰'이라고 부른 상황이 생겨났다. 맥킨지 앤드 컴퍼니와 린인재단이 실시한 설문조사에 따르면, 여성 4명 중 1명은 경력을 늦추거나 퇴사를 고려하는 것으로 나타났다. 워킹맘에게 가해지는 압력은 두 배로 증가했다. "제 실적 평가가 염려되지만, 저는 아이들도 돌보고 있기 때문이에요." 이 연구에서 인터뷰에 응한 한 여성은 이렇게 말했다. "책상을 잠깐 떠났다가 전화를 받지 못하면, 상대방은 도대체 이 사람이 어디로 갔을까 하고 의아해하지 않겠어요? 저는 항상 그 앞에 있어야 하고 어떤 메시지에도 즉각 대응할 준비가 되어 있어야 한다는 압박을 받아요. 그렇게 하지 않으면, 업무 평가가 나쁘게 나올 수 있거든요." 연구에 따르면, 팬데믹 기간에 여성은 남성보다 끊김 없이 재택근무를 하는 시간이 훨씬

　　　　　　　　　　　　　　**멀티제너레이션, 대전환의 시작**

적었다. 설상가상으로 2020년 7월에 실시된 퀼트릭스Qualtrics와 더 보드리스트theBoardlist의 설문조사에 따르면, 원격 근무가 광범위하게 확산된 이 기간에 승진한 사람들 중에서 남성이 여성보다 세 배 더 많은 것으로 나타났다.

물론 진짜 문제는 팬데믹이 아니라 불평등한 가사 분담이다. 영국 여성예산그룹Women's Budget Group의 중역인 메리-앤 스티븐슨 Mary-Ann Stephenson 박사는 "여성에게 사무실로 돌아가라고 말하는 대신에 왜 이 무급 가사 노동이 여성과 남성 사이에 더 균등하게 배분되지 않느냐고 물어야 한다."라고 말한다. 팬데믹과 상관없이 양육이 직업에 미치는 영향은 여성과 남성이 극명하게 다르다. 그 차이를 정량화한 결과는 실제로 충격적이다.

## 어머니가 받는 불이익과 아버지가 받는 보너스

앨리슨(가명)은 《뉴욕New York》과의 인터뷰에서 "승진을 앞두고 임신 사실을 알리자 승진이 보류되었어요."라고 말했다. "결국 회사는 저에게 추가 업무와 책임을 부여했지만, 직위 변경과 승진은 미루었습니다." 문제는 출산 전부터 이미 시작되었다. "임신한 뒤부터 저는 외부 회의나 회사를 대표하는 자리에 많이 불려가지 못했어요. 남성 고위 임원들은 임산부가 조직의 얼굴로 나서는 것을 불편하게 여겼던 것 같아요." 당연히 어머니들은 자신이 열심히 일한다는 것을 보여주기 위해 비상한 노력을 기울인다. "저는 또한 경영진이 워킹맘들이 결근이나 지각을 하는지 유심히 살핀다는 것을 알아챘어요. 그래서 항상 일찍 출근하고 늦게 퇴근하려고 노력했습니다." 이러한 증거를 바탕으로 내릴 수 있는 결론은 딱 한 가지밖에 없다. "우리가 어머니들을 대우하고 그 가치를 생각하는 방식에는 정말로 문제가 있다."

브라이트 허라이즌스Bright Horizons가 매년 발표하는 현대 가족 지수에 따르면, 미국인 중 3분의 2는 새로운 직업을 구할 때 아버지보다 어머니가 탈락할 가능성이 더 높으며, 경력을 발전시킬 기회가 워킹맘 대신에 자격이 덜한 직원에게 돌아가는 경우가 많다고 생각한다. 사회학자 미셸 버디그Michelle Budig의 연구에 따르면, 놀랍게도(어쩌면 전혀 놀랍지 않게도) 일하는 어머니는 자녀 한 명당 급여가 4% 삭감되는 반면, 일하는 아버지는 평균적으로 6% 인상되는데, 이것은 시간이 지남에 따라 차이가 커지는 승진 비율과 관련이 있다고 한다. "고용주는 아버지를 더 안정적이고 일에 전념하는 사람으로 여긴다. 그들은 부양해야 할 가족이 있어서 흔들릴 가능성이 적다고 생각한다."라고 버디그는 지적한다. "이것은 고용주가 여성의 양육 노력을 바라보는 시각과는 정반대이다." 우리가 나이를 바탕으로 경력과 승진 시기를 정하는 방식에는 가부장제의 편견이 반영돼 있는데, 이 편견은 순차적 인생 모형과 핵가족 개념에 깊은 뿌리를 두고 있다.

프린스턴대학교의 세 경제학자는 덴마크의 급여와 경력에 관한 포괄적인 데이터 세트를 사용해 나이와 경력과 교육 수준을 모두 참작한 뒤에도 "남아 있는 성별 소득 불평등은 대부분 자녀로 인한 것"이라고 결론지었다. "자녀의 존재는 장기적으로 약 20%의 성별 소득 격차를 초래하는데, 노동력 참여, 노동 시간, 임금률이 거의 같은 비율로 이 결과에 영향을 미친다." 사실, 대다수 여성은 출산 후에 업무 패턴이 바뀌지만, 남성은 바뀌는 경우가 거의 없으며, 바뀐다고 해도 약간의 조정에 그친다.

일부 유럽 지역은 미국과 극명하게 대비된다. 국가 연금 제도가 경력 단절을 보상해주기 때문에 어머니가 받는 불이익이 보상으로 바뀐다. 하지만 이것은 동유럽과 스칸디나비아에만 해당하는 이야기이다. 나머지 유럽 지역에서는 여전히 불이익이 남아 있다. 독일 만하임대학교의 연구원 카챠 뫼링Katja Möhring은 "개인의 근무 이력과 무관하게 소득을 보장하는 보편적 연금 혜택이 있는 나라에서는 은퇴 소득에서 어머니가 받는 불이익이 크게 낮아진다."라고 결론지었다. 하지만 그래도 유럽에서 경제 규모가 가장 큰 다섯 나라(독일, 프랑스, 영국, 이탈리아, 스페인)를 포함한 유럽 절반에서는 남녀 연금 격차가 남성 연금의 30~50%에 이를 정도로 크고, 나머지 절반에서는 대부분 10~30%에 이른다.

더 넓은 범위로 확대해서 보면, 근무 시간과 근로자의 특성을 감안해 보정한 월 소득의 성별 격차는 브라질, 인도네시아, 멕시코, 포르투갈, 한국이 가장 크다. 이 다섯 나라는 시간당 급여로 따져도 최악이다. 조사 대상에 포함된 OECD 회원국 28개국 모두에서

'설명할 수 없는'(대부분 차별에 그 원인이 있는) 성별 임금 차이는 근로 시간과 근로자의 특성으로 설명할 수 있는 것보다 더 컸다. 성별 격차는 나이가 들수록 그리고 여성이 아이를 낳은 후에 더 커진다. 그러나 50세 무렵이 되면 자녀가 있는 여성과 자녀가 없는 여성의 격차가 대부분 좁혀지는 것으로 나타났다. 조앤 칸Joan Kahn과 동료들은 "어머니로 살아가는 것은 여성의 경력에 값비싼 '비용'을 치르게 한다."라고 결론지었다. "자녀는 여성의 노동력 참여를 감소시키지만, 이러한 효과는 여성이 젊은 시절에 가장 강하게 나타나고, 40~50대에 이르면 사라진다. 또한 어머니들은 직업적 지위 측면에서도 잃었던 것을 다시 회복할 수 있는 것으로 보인다." 그리고 임금 불이익은 자녀가 셋 이상인 여성에게만 지속된다. 따라서 워킹맘은 자녀가 없는 여성에 비해 상대적으로 지위와 임금이 회복되지만 남성과의 격차가 좁혀지는 것은 아니다. 많은 사람들은 돈이 필요해서 직장으로 돌아가지만, 딸에게 롤 모델이 되어주지 못했다는 죄책감 때문에 일을 다시 시작하는 사람들도 있다. 한 전업주부는 《애틀랜틱》과의 인터뷰에서 이렇게 말했다. "저는 꼭 직장으로 돌아갈 생각이에요. 일을 하지 않아 딸들을 실망시키는 것 같아요." 이것은 워킹맘이 극복해야 하는 또 하나의 압력이다.

## 마미 트랙을 둘러싼 논란

"대형 로펌에는 여성을 위한 길이 두 가지 있습니다. 하나는 가족이 없거나 가족이 있더라도 가사 도우미에게 대부분의 집안일을 맡기고서 가족을 만날 시간도 없이 미친 듯이 일하는 것입니다. 또하나는 '마미 트랙mommy track'●을 택하는 것인데, 그러면 덜 바람직한 프로젝트에 투입되고 파트타임으로 일해야 하지요."라고 샐리(가명)는 말한다. "파트타임으로 일하면, 근무 시간은 아주 미미하게 줄어드는 대신에 급여는 크게 삭감됩니다. 실제 들인 노력에 비례해 감소하는 게 아니에요." 또 다른 문제는 마미 트랙을 끝냈을 때 일어나는 일이다. 샐리는 "출산 휴가를 마치고 복귀했을 때 모두가 겉으로는 지지하는 척했지만, 제 업무량을 되찾기까지는 정말로 힘들게 노력해야 했습니다."라고 회상한다.

마미 트랙은 1989년에 비영리 단체 캐털리스트Catalyst의 대표인 펠리스 슈워츠Felice Schwartz가 처음 제안한 이래 계속 논란이 되어왔다. "여성을 관리직에 고용하는 데 드는 비용은 남성을 고용하는 데 드는 비용보다 더 크다." 슈워츠가《하버드 비즈니스 리뷰Harvard Business Review》에 발표해 널리 논의된 논문의 첫 문장이다. "이것은 매우 귀에 거슬리는 주장인데, 이 주장이 사실이라는 데 일부 이유가 있긴 하지만, 주된 이유는 사람들이 입 밖에 내길 꺼리

---

● 육아 등을 위해 출퇴근 시간과 휴가 등을 탄력적으로 정할 수 있는 여성 근로 형태.

는 사실이라는 데 있다." 슈워츠는 이 '사실'을 뒷받침하는 증거로 육아 휴직 후 직장에 복귀하지 않거나 다른 이유로 경력 단절을 결정한 여성들을 들었다. 그리고 유능한 여성의 인적 자원 낭비를 막기 위해 기업이 남성 중심의 경력 개념을 버리고, 여성의 두 가지 유형에 주목해야 한다고 촉구했는데, '경력을 우선시하는' 여성과 '경력과 가정을 모두 챙기는' 여성이다. 전자를 위해서는 "정상에 오르는 길을 가로막는 인위적 장벽을 제거"하라고 권고했고, 후자(슈워츠는 대다수 여성이 이 범주에 속한다고 생각했다.)를 위해서는 "유연한 근무"를 허용하는 조건으로 "승진 속도와 급여를 적절히 낮추라고" 제안했다. 슈워츠는 기업들에 이렇게 조언했다. "성과가 높은 여성의 투자 수익률에 대한 비용 편익 분석을 하라. …… 만약 회사에 기여하는 여성의 가치가 채용, 교육, 역량 계발에 든 비용보다 크다면(물론 나는 그럴 것이라고 믿는다.), 여성을 붙잡기 위해 할 수 있는 모든 것을 다 하고 싶을 것이다." 이렇게 해서 마미트랙 개념이 탄생했다. 그리고 격렬한 논쟁이 벌어졌다.

슈워츠의 기본적인 통찰력을 지지하는 사람들은 현실적인 접근과 그 실용성에 박수를 보냈지만, 비판자들은 여성을 더 낮은 임금과 더 느린 경력의 길로 좌천시키려는 제안이라며 분노를 드러냈다. 콜로라도주의 민주당 하원 의원 퍼트리셔 슈로더Patricia Schroeder는 "이 주장은 매우 비극적인데, 여성은 가정과 직업 중 하나만 가질 수 있고 둘 다 가질 수 없다는, 미국인들 사이에 뿌리 깊게 박힌 생각을 강화하기 때문이다."라고 항의했다. "물론 경영자

멀티제너레이션, 대전환의 시작

들은 이 주장을 좋아할 텐데, 자신들이 좀처럼 꺼낼 수 없는 말을 한 여성이 나서서 대신 말해주기 때문이다." 이에 대해 슈워츠는 "현 시점에서 분명한 사실은 여성이 육아 책임을 더 많이 지고 있다는 것"이라고 반박했다. 워크/패밀리 디렉션스Work/Family Directions의 대표 프랜 로저스Fran Rodgers는 "기존의 문화를 바꿀 방법을 찾는 대신에 여성을 기존의 문화에 끼워 맞추려고" 하는 슈워츠의 시도에 "곤혹스러움"을 느낀다고 말했다. "그리고 여성을 두 집단으로 나누는 반면에 남성들 사이의 다양성을 완전히 무시하는 이 개념은 끔찍하기 그지없다." 듀폰DuPont과 캐털리스트(슈워츠가 대표로 있는)의 회장인 리처드 헤커트Richard Heckert는 "슈워츠는 가정은 여전히 여성의 문제이며, 이 문제를 해결하는 방법은 여성이 아이를 갖지 않는 것이라고 말하는 것처럼 보인다."라고 말했다.

30년이 지난 뒤, 일부 기업들은 이 개념을 다시 도입하여 겉보기에 좋은 결과를 얻었다. 2015년 보다폰Vodafone은 16주간의 유급 출산 휴가를 제공하고, 원하면 6개월 동안 급여 삭감 없이 주 30시간 근무를 할 수 있도록 하겠다고 발표했다. 한편, IBM은 직원들에게 최대 5년 동안 단축 근무를 할 수 있도록 했다.(대신에 급여는 근무 시간에 비례해 조정한다.) 경제학자들은 남성과 여성 모두에게 적용된다고 할지라도, 유연 근무제의 문제는 직원들이 고용주에게 업무 성과와 경력 발전이라는 제단에 모든 것을 바칠 생각이 없다는 신호를 보내는 데 있다고 지적한다. 문제는 이러한 '신호 게임'이 승진이나 급여 인상을 제공하지 않는 명시적 기준이 되거나, 더 심하게는 암묵적이고 무의식적인 편견이 될 수 있다는 점이다. 무엇보다 중요한 것은 육아 휴직을 사용하는 여성이 업무에 덜 헌신적이거나 업무를 최우선으로 여기지 않는다는 증거가 없다는 사실이다. 부모 모두에게 휴가를 의무화하면 원칙적으로는 신호의 가치가 사라지겠지만, 자녀가 있는 직원과 자녀가 없는 직원 간의 차이는 여전히 두드러질 것이다. 전 세계 대다수 국가(오직 미국만 예외)가 국가 차원에서 여성에게 유급 출산 휴가 정책을 시행하고 있지만, 남성에게도 유급 출산 휴가를 주는 국가는 절반도 되지 않는다. 실제로는 어머니가 아버지보다 휴가를 훨씬 더 많이 사용하므로, 경제학자들은 부모가 모두 유급 휴가를 사용할 수 있도록 매우 강력한 금전적 인센티브를 제공해야 한다고 강조한다.

마미 트랙과 출산 휴가, 육아 휴직을 비롯해 그 밖의 유연 근무제는 여성의 첫 출산 연령을 낮추고 직장 복귀를 촉진하는 데 효과적이지만, 근본적인 문제는 이 제도가 문제를 없애는 것이 아니라 문제를 해결하는 쪽을 지향한다는 데 있다. 지식 경제가 요구하는 교육 수준은 꾸준히 높아져왔다. 많은 남성과 여성은 20대 후반이 되어서야 학업을 마치고, 그 후 직업적으로 자리를 잡고 승진하여 기업의 계층 사다리에 발을 걸치기까지 몇 년이 걸린다. 여기서 순차적 인생 모형이 문제를 만들어내는데, 남성과 여성 모두 일찍 가정을 꾸리고 싶어도 경력을 쌓아가려면 그런 소망을 미루어야 하기 때문이다. 이렇듯 일반적인 상황에서도 일련의 단계들을 시기에 따라 순서대로 헤쳐나가는 것이 복잡하긴 하지만, 사실 그 어려

**멀티제너레이션, 대전환의 시작**

움은 10대에 아이를 낳거나 혼자서 아이를 키우는 여성들이 처한 곤경에 비하면 아무것도 아니다.

## 10대 싱글 맘의 불필요한 곤경

"온 학교가 저에 대해 이야기했어요. 인생에서 가장 창피한 시기였지요."라고 스태시는 말한다. "복도를 걸어갈 때마다 손가락질을 당하고 수군거리는 소리를 들었어요. '쌍둥이를 임신했다는 애가 쟤야. 쌍둥이를 말이야.' 누군가 '오, 이제 쟤 인생은 끝났네.'라고 하는 소리도 들렸지요." 스태시는 인내심을 갖고 노력한 끝에 고등학교를 마쳤다. 사회복지학을 전공하기 위해 좋은 대학교에 입학했지만, 학기가 시작되기 직전인 8월에 출산하는 바람에 지역의 전문대학에 들어갔다. 그러다가 졸업하기 전에 자퇴를 했고, 사회 복지 지원에 의존해 살아가게 되었다. 스태시는 그 돈으로 아이를 키우고 직업 학교를 다녔는데, 그곳 학생들과 강사들 중에서도 10대 어머니들이 있었다.

나는 이것을 '탈선'이라고 부르고 싶은데, 순차적 인생 모형이 왜 대안(설령 그런 게 있다 하더라도)을 전혀 제공하지 못하는지 보여주는 무서운 사례이기 때문이다. '놀이-공부-일-은퇴'의 순차적 단계가 작동하지 않는 여성 집단이 있다면, 10대 어머니들이 바로 그들이다. 교육 제도와 노동 시장의 구조를 고려할 때 청소년기에 아이를 낳는 것은 치명적인 결과를 초래할 수 있다. 미국에서 10대 출산은 1990년대 초반 이후 절반 이하로 감소했지만, 매년 약 16만 명의 15~19세 여성이 아기를 출산하고 있는데, 이것은 비교적 부유한 국가 중 가장 높은 수치이다. 아프리카계 미국인, 아메리카 원주민, 하와이 원주민, 라틴계 여성 중 약 3%가 10대에 출산을 한다. 비히스패닉계 백인 여성은 그 비율이 1%이다. 물론 임신과 출산이 그들에게 충만한 경험을 선사할 수도 있겠지만, 문제는 10대 어머니들 중 절반만이 고등학교를 졸업한다는 데 있다.(나머지 여성은 그 비율이 90%에 이른다.) 게다가 미국 질병통제예방센터에 따르면, 그 자녀는 "학업 성적이 낮고, 고등학교를 중퇴할 가능성이 높으며, 건강 문제가 더 많다. 청소년기에 수감되고, 10대에 출산하고, 영 어덜트 시기에 실직자가 될 가능성이 높다."

그럼에도 불구하고 난관을 헤쳐나가는 10대 어머니들도 있다. 에리카 알파로는 15세 때 임신했다. 남자 친구는 에리카를 버리고 떠났다. 에리카는 어머니와 함께 토마토밭에서 일을 시작했고, 고등학교를 자퇴한 뒤에 홈스쿨링 프로그램에 등록했다. 보통의 경우보다 시간이 오래 걸리긴 했지만 열심히 노력한 끝에 결국 대학에 진학했고, 27세에 캘리포니아주립대학교 샌마코스캠퍼스에서 심리학 학위를 받고 졸업했다. 에리카는 "우리가 해냈어, 루이시토! 2%"라고 적힌 팻말을 들었다. 루이시토는 아들 이름이고, 2%는 30세 이전에 대학을 졸업하는 10대 어머니의 비율이 2%에 불과하다는 사실을 가리켰다. 즉, 나머지 98%는 미국 노동 시장에서 대학 졸업자가 고등학교 졸업자보다 평균적으로 85%나 높은 임금을 받는 혜택을 사실상 포기한다는 뜻이다.

부유하고 기술이 고도로 발전한 사회가 어떻게 10대 어머니들의 낮은 대학 졸업률을 묵과할 수 있단 말인가? 10대 어머니들이 지식 경제에서 성공하길 원한다면, 그들이 고등학교를 졸업하도록 돕고, 훗날 교육의 중단이나 연기, 탈선으로 굴곡진 삶을 살지 않은 젊은 세대와 함께 추가 교육을 받을(그들이 원할 경우에) 기회를 제공하는 더 유연한 인생 모형이 필요하다. 그들이 인생이 제공하는 기회를 잡으려면 그저 다른 타이밍과 리듬이 필요할 뿐이다. 하지만 순차적 인생 모형은 그들에게 바로 이것을 허용하지 않는다. 이것은 기회의 불평등을 보여주는 또 하나의 사례이다.

미국에서는 10대 어머니의 비율이 60% 이상 감소했지만, 개발도상국에서는 여전히 매우 높은 수준을 유지하고 있다. 유니세프가 실시한 한 연구는 "전 세계적으로 젊은 여성들 중 약 15%가 18세 이전에 출산한다. 이것은 소녀가 건강하게 성인으로 발달하는 것을 방해하고, 교육과 생계, 건강에 부정적 영향을 미칠 수 있다."라고 지적한다. 문제는 농촌 지역에 거주하는 10대 여성의 경우 그 비율이 30~40%에 이른다는 점이다. 개발도상국의 10대 어머니에게는 다른 애로가 있는데, "임신한 많은 소녀들이 학교를 그만두라는 압력이나 강요를 받고, 이것은 교육 및 취업 전망과 기회에 악영향을 미칠 수 있다." 그 밖의 심각한 결과로는 "가정과 지역 사회에서의 지위 하락, 가족과 또래와 파트너로부터 받는 낙인, 거부,

폭력, 조혼과 강제 결혼"등이 있다. 건강상의 주요 문제로는 "산도 샛길(난산으로 인해 장기와 몸 표면 또는 두 장기 사이에 비정상적 통로가 생기는 것), 자간(임신 중독증의 일종), 산후기 자궁 내막염, 전신 감염"이 있다. 선진국에서와 마찬가지로 10대 임신율은 훨씬 느리기는 하지만 감소하고 있다.

가난은 10대 임신을 촉발하는 방아쇠 역할을 할 때가 많다. 우간다의 한 10대 어머니는 이렇게 말했다. "가끔 돈이 필요할 때가 있는데, 부모가 돈을 줄 수 없는 상황에서 남자가 나타나 모든 것을 제공해요. 하지만 남자가 돈을 갚으라고 하면, 섹스를 해주는 수밖에 없어요. 일을 하지 않으니 달리 돈을 갚을 길이 있겠어요?" 가나의 17세 소녀는 "학교를 다니고 있었는데, 시험을 보려면 돈을 내야 했어요……. 돈이 필요했지요. 그때 한 소년이 내게 관심을 보였어요. 그는 두 번 이상 나를 도와주었고, 결국 나는 임신을 하게 됐어요."라고 말했다. 사하라 이남 아프리카의 교사들과 학교 관리자들은 소녀들을 거의 또는 완전히 공짜로 학교를 다니게 하면서 보석 세공이나 부기 같은 기술을 가르친다면, 이들이 더 독립적으로 자라는 데 도움이 될 뿐만 아니라, 성관계에 대해 건전하고 명확한 조언을 받을 수 있을 것이라고 말한다.

10대 어머니 비율은 전 세계에서 개발도상국이 가장 높지만, 한 부모(대개 어머니)와 함께 사는 아동의 비율만큼은 미국이 세계에서 가장 높다. 미국에서 싱글 맘이 가장인 800만 가구 중 약 3분의 1은 빈곤 상태로 살아가는데, 1년 내내 실직 상태일 뿐만 아니라 식품을 안정적으로 공급받지 못하는 처지에 놓여 있다. 미국의 싱글 맘 중 약 절반은 결혼한 적이 없고, 약 3분의 1은 이혼했으며, 20%는 배우자와 별거 중이거나 사별했다. 특히 흑인이나 라틴계 싱글 맘은 비슷한 남성과의 임금 격차가 훨씬 크다. 2019년에 싱글 맘이 가장인 가구의 중간 소득은 4만 8000달러인 반면, 기혼 가구의 중간 소득은 그보다 두 배 이상 높은 10만 2000달러였다. 싱글 맘은 소득의 절반 이상을 주거에, 그리고 3분의 1을 육아에 지출하고 나면 교육비로 쓸 돈은 거의 없는 것이 주요 원인이다. 또한 싱글 맘은 주택을 소유할 가능성도 낮다. 다시 말해서, 싱글 맘이 더 궁핍한 처지에 놓이는 것은 제대로 된 교육을 받은 뒤에 직장에서 승진하고 은퇴에 대비해 충분한 부동산 자산과 저축을 축적하는 전통적인 선형 경로를 따르지 않았기 때문이다. 이들은 몇 번의 기차를 놓쳤고, 그로 인해 따라잡을 기회가 거의 없거나 전혀 없는 처지에 놓이고 말았다.

## 순차적 인생 모형의 압제에서 여성 해방시키기

우리가 자녀 양육과 경력을 조직해온 방식은 해결하기 어려워 보이는 문제를 많이 양산했다. 생체 시계의 압제는, 그것이 가부장제의 영속화에 남용되건 그렇지 않건 간에, 현실에서 많은 여성의 결정에 영향을 미친다. 한편, 직업적으로 특정 목표를 달성할 때까지 출산을 미루는 세태는 급격한 출산율 감소와 연금 위기를 초래했는데, 이것은 여성의 탓이 아니라 교육 제도와 노동 시장, 기업의 승진 사다리가 나이를 기반으로 돌아가는 탓이다. 집 밖에 나가 일하지 않는 어머니는 자녀에게 '올바른' 롤 모델을 제공하지 못했다는 죄책감에 시달린다. 그리고 일을 계속하거나 잠깐 쉬었다가 다시 직장으로 복귀하는 어머니는 심한 스트레스를 받을 뿐만 아니라, 자녀를 돌보는 데 시간을 충분히 쓰지 못한다는 죄책감으로 고통받는다. 여성은 직장에서 받는 다양한 형태의 차별과 (더 심하게는) 성추행으로 인한 수모와 트라우마에 더해 어머니라는 이유로 받는 불이익으로 계속 고통받는다.

이러한 상황에서 마미 트랙은 신중하게 시행하지 않으면 여성의 경력 발전을 지연시키고 저임금 문제를 심화시킬 수 있다. 교육은 여성이 전문적인 경력을 쌓는 데 도움을 주지만, 교육 부족은 10대 어머니의 취업 기회를 심각하게 제한할 수 있다. 그리고 가정 폭력도 빼놓을 수 없다. 가정 폭력은 시간이 지나도 계속될 가능성이 높고, 여성이 가해자와의 관계에서 헤어날 수 없다고 느끼거나 대안이 부족할 경우 더 심각한 결과를 초래할 수 있다.

순차적 인생 모형은 다른 사람들처럼 직장 생활을 즐기길 원하는 많은 어머니들을 배제하는(혹은 밀어내는) 것처럼 보인다. 특히 10대 임신으로 고등학교를 중퇴하거나 이혼이나 별거로 싱글맘이 되거나 혹은 단순히 순차적 단계를 제대로 따르지 않았다간 다른 여성과 남성에 비해 불리한 위치에 놓이게 된다. '놀이-공부-일-

은퇴'의 순차적 단계는 여성이 어머니 역할과 경력을 동시에 추구할 여지를 거의 주지 않는다. 아이를 너무 일찍 낳으면, 교육과 경력 기회 측면에서 불이익을 받거나 심각하게 뒤처지게 된다. 그러다가 작은 불행(때 이른 임신, 별거, 이혼, 심각한 건강 문제나 학습 문제가 있는 자녀, 집에서 아이를 봐야 하는 팬데믹 상황 등)이라도 발생하면, 어머니들은 노동 시장에서 손해를 보거나 승진 속도가 느려지거나 노동 시장을 아예 떠나야 하는 등 아주 큰 어려움에 직면할 수 있다.

늦은 나이에 (더 적은 수의) 아이를 가지는 경우, 재정적, 정서적 안정을 비롯해 몇 가지 이점이 있다. 그러한 출산 연기로 인한 출산율 감소에 직면한 각국 정부는 이 추세를 반전시키기 위해 다양한 정책을 시행하고 있다. 일반적으로 낳이 쓰는 정책은 부모에게 출산 장려금이나 가족 수당의 형태로 직접 현금을 지급하는 것이다. 정책의 효과를 분석한 연구들을 체계적으로 검토한 연구 결과에서는 서로 엇갈린 증거들이 나와, 학자들은 이런 정책이 자녀의 수를 늘리는 데 분명히 긍정적 효과를 미친다고 인정하길 꺼린다. 자녀 세액 공제와 의료 서비스 제공, 주택 정책 같은 간접적 지원 정책도 마찬가지이다. 육아 휴직과 직장 내 보육 시설, 보조금 지급이 어머니의 노동력 복귀를 촉진하고 첫 출산 연령을 낮추는 데 효과적이라는 사실을 감안하면, 근무 형태를 더 유연하게 만드는 것이 잠재적 대안이 될 수 있다.

30대에 어머니가 되건, 10대에 어머니가 되건 간에 고학력 전문직 여성이 노동자이자 어머니로서 겪는 모든 문제가 순차적 인생 모형을 포기하기만 하면 싹 해결될 것이라는 나의 주장은 무리한 것일 수 있다. 하지만 이제 여러분은 이 문제를 해결하는 것은 문제를 없애는 것과는 비교가 되지 않는다는 사실을 잘 알아야 하는데, 특히 많은 여성이 경력 중단과 교육의 연기 또는 포기 사이에서 선택해야 하는 경우에는 더욱 그렇다.

포스트제너레이션 사회에서는 다양한 연령대의 사람들이 함께 교육과 경력을 추구할 수 있어야 한다. 여성이 공부하고, 일하고, 승진하고, 자녀를 가질 시기를 더 자유롭게 선택할 수 있다면, 생물학적 문제나 사회생활, 남성의 형편없는 가사 노동 기여도 등의 제약을 극복하는 데 훨씬 유리한 위치에 설 수 있을 것이다. 또한 10대 어머니와 싱글 맘에게 새롭고 다양한 기회를 제공할 수 있을 것이다. 하지만 이것은 공부와 일 사이를 여러 번 오가면서 자신만의 맞춤형 인생 난계들을 설계하는 데 필요한 자원을 활용할 수 있어야 한다는 전제가 충족되어야 가능하다.

평균적으로 여성이 남성보다 오래 산다는 사실(미국은 약 5년, 세계적으로는 나라에 따라 최하 3년에서 최고 7년까지 차이가 난다.)은 나이를 기반으로 한 순차적 인생 모형을 포기할 때 여성이 얻는 이점을 증폭시킨다. 만약 사회가 50~55세에도 30~40세와 마찬가지로 승진이 가능한 다세대 직장을 받아들인다면, 여성이 남성보다 얻을 것이 더 많아진다. 수명이 길어지면 다양한 직업과 경력을 쌓을 기회가 더 많아진다. 게다가 여성은 남성보다 신체적, 정신적으로 좋은 상태를 훨씬 더 오랫동안 유지한다. 만약 여성이 남성과 비슷한 속도로 승진한다면(30~40대뿐만 아니라 50대, 심지어 60대에도), 어머니로서 받는 불이익 중 상당 부분이 사라질 것이다.

하지만 고용주의 협력이나 다양한 직업 경로를 촉진하는 정부 규정과 노동법의 도움 없이 여성 혼자만의 힘으로는 일자리와 경력, 승진 등에서 기존의 틀을 바꿀 수 없다. 성 평등을 향한 진전이 일어나려면, 그리고 여성이 순차적 인생 모형의 굴레에서 벗어나려면, 여성 권익 운동의 세 번째 물결이 필요할지 모른다. 그것은 교육 제도와 노동을 다양한 직업과 직책으로 배분하는 방식에 근본적인 변화를 가져오는 것이 되어야 한다.

많은 여성이 어머니가 된 뒤 경력과 재취업을 위해 쏟는 노력에서 이 문제를 없애는 최선의 방법을 엿볼 수 있다. 사회학자 앤드루 호스테틀러Andrew Hostetler, 스티븐 스위트Stephen Sweet, 필리스 모인Phyllis Moen은 일과 가정에서 많은 요구를 받는 여성일수록 학교로 다시 돌아갈 가능성이 높다는 사실을 발견했는데, 아마도 돈을 벌어야 하는 필요성과 더 큰 회복력이 결합된 결과일 것이다. 미국, 영국, 자메이카, 남아프리카공화국을 비롯해 다양한 국가에서 실시한 연구에 따르면, 많은 10대 어머니가 출산 후에 학교를 계속 다니거나 학교로 돌아가고 싶어 하지만, 경제적 제약과 제도와 가족의 지원 부족 때문에 이러한 시도가 좌절되는 경향이 있다. 남아프리카공화국의 10대 어머니 수는 "학교에 돌아가기로 결심한 것은 교육을 받지 않으면 아무짝에도 쓸모없는 인간이 된다는 사실을 깨달았기 때문이에요."라고 말한다. "저와 제 아이를 위해 더 나은 미래를 만들고 싶어요." 많은 10대 어머니들이 인생을 잘 살아가고 싶다는 소망을 품지만, 질서정연하고 순차적인 단계를 밟아야 한다고 압박하는 문화 때문에 방해를 받는다.

"학교를 다니는 평범한 10대였으면 하고 바랄 때가 많아요." 텍사스주에 사는 15세 어머니는 이렇게 말한다. "하지만 저는 기대할 게 많아요. 그것은 정상적인 10대 시절을 보내는 것이 아니고, 완전히 다른 10대 시절을 보내는 것이지요." 만약 사회와 문화가 계속해서 모든 사람이 특정 나이에 해야 하는 그 모든 일을 '정상적인' 것으로 정의한다면('나이에 걸맞다'는 표현처럼), '놀이-공부-일-은퇴'로 이어지는 선형 경로에서 조금이라도 벗어나는 일탈을 경험한 많은 여성은 그 결과를 극복하기 어려울 것이다. 포스트제너레이션 사회는 청소년과 성인, 학생, 직장인, 은퇴자가 제각각 다른 방식으로 살아갈 수 있는 다양한 경로를 기반으로 세워져야 한다.

20세기로 접어들 때 여성들은 동등한 정치적 권리를 위해, 그리고 1960년대에는 동등한 시민의 권리와 경제적 권리를 위해 성공적으로 싸웠다. 하지만 이 성과들은 순차적 인생 모형이 여성에게 가하는 압제를 없애지는 못했다. 이상적인 미래 세상은 남성과 여성 모두 직업적 기반을 잃지 않고 육아나 공부를 위해 필요한 만큼 충분히 휴식을 취할 수 있는 세상이다. 이것은 무리한 주문처럼 보이지만, 형평성뿐만 아니라 기대 수명 증가, 기술 변화, 인재 부족으로 인해 기존의 고용 관행이 그런 방향으로 변할 수 있다. 팬

**멀티제너레이션, 대전환의 시작**

데믹 당시에 노동 시장에서 인력, 특히 여성 인력의 이탈로 촉발된 인력 부족은 소수 집단과 여성의 과소 대표성을 줄이는 데 도움이 될 수 있는데, 고용주가 부족한 인력을 메우느라 애를 먹기 때문이다. 좋은 소식은, 포스트제너레이션 사회가 직업에 접근하는 방법이 기업에도 도움이 된다는 사실이다. 특히 노동 시장에서 인재를 유치하고 유지하려고 할 때, 그리고 다음 장에서 보겠지만 소비자 시장에서 점유율을 높이려고 할 때 더욱 그렇다.

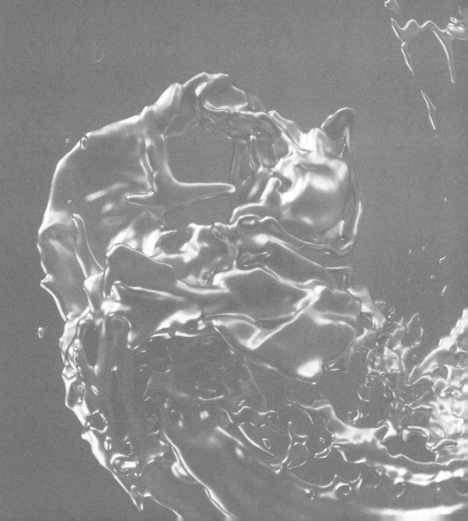

**9**장

나이와 세대 없는
소비자 시장

마케팅은 제품의 싸움이 아니라 인식의 싸움이다.

— 알 리스Al Ries(1926~2022)

"2001년 이후에 태어난 나의 세 자녀는 모두 'Z 세대'로 분류된다. 각각 9세, 12세, 14세인 세 아이는 모두 소셜 미디어를 사용한다. 서로 두세 살 차이밖에 나지 않지만, 소셜 미디어를 사용하는 방식은 아주 다르다." 오스트레일리아의 마케터 제인 힐스던Jane Hillsdon은 이렇게 썼다. 제인의 관찰은 많은 사람들의 흥미를 끌 수 있는데, 그것은 여느 부모들이 가장 좋아하는 대화 주제(아이들의 차이점에 대해 이야기하는 것)이기 때문이다. 하지만 제인이 한 말은 우리가 어릴 때부터 제각각 다른 길을 걸어간다는 사실을 부각시킨다. "마케터로서 우리는 각 세대마다 존재하는 뉘앙스를 깊이 이해하고 공감하는 것이 매우 중요하다."라고 제인은 주장한다. "둘다 특정 세대에 속한다고 해서 그들이 같은 콘텐츠에 반응하거나 같은 채널을 통해 그들에게 접근할 수 있다고 가정한다면, 그 마케팅은 실패한 것이다." 어느 시점부터 마케터들은 목표 대상에 대한 궁금증을 멈추고 나이나 성별 같은 속성에 집중하는 쪽을 선호하게 된 것처럼 보이는데, 그것은 고정관념과 편견으로 이어지기 쉽다. 제인은 "특정 세대에 대해 추론한 일반적인 정보를 무조건 그들에게 적용해서는 안 된다."라고 경고한다. "그들의 가치관이 무엇인지, 정확하게 어떤 미디어 채널을 사용하는지, 그리고 왜 사용하는지 알아내야 한다. 그들에게 중요한 것은 무엇이고, 그들에게 영향을 미치는 사람은 누구이며, 그들은 어떤 불만을 갖고 있는가?"

5장에서 미래의 포스트제너레이션 직장을 상상하면서 세대를 기반으로 한 사고가 우리를 심각하게 잘못된 길로 이끌 수 있다는 결론을 얻었다. 사람들이 단순히 특정 연령군에 속하기 때문에 이것이나 저것을 잘하리라고 가정하는 것은 각자의 잠재력을 제대로 이해하는 것에 비해 매우 위험하다. 특히 나이를 기준으로 사람들을 정형화하는 것은 소비자 시장에서 그에 못지않게 심각한 위험이 될 수 있는데, 특히 '젊음'과 '늙음'이라는 개념이 편향되고 차별적이고 잘못된 것이라는 이유로 갈수록 점점 더 거부당하고 있는 시대에는 더욱 그렇다. 결국 소비자에게 상품을 성공적으로 판매하려면, 소비자의 필요와 욕구와 생활 방식에 대해 몇 가지 가정을 하는 것이 필요하다.

약 100년 전에 마케팅이 학문으로 자리 잡은 이후로 마케터들은 시장 세분화segmentation라는 기법을 사용해 표적 고객에게 접근하는 최선의 방법을 논의해왔다. 가장 쉬운 시장 세분화 방법은 지리적 특성을 기준으로 삼는 것인데, 그 당시에는 기본적으로 농촌 시장과 도시 시장을 구분했다. 인구통계학적 특성도 초기부터 세분화에 필수적이었는데, 특히 연령, 성별, 교육, 가족 규모, 소득 등이 중요한 요소가 되었다. 겉보기에 더 정교한 접근법은 성격 특성과 생활 방식에 초점을 맞추는 것이었다. 이 방법은 제2차 세계 대전 때 심리 테스트가 대규모로 사용된 후 기업들 사이에서 큰 인기를 얻었다. 얼마 지나지 않아 마케터들은 구매와 사용, 브랜드 충성도 같은 행동적 측면에 초점을 맞추기 시작했다. 그 후 소셜 미디어와 인공 지능이 주도하는 디지털 마케팅 혁명이 일어나면서 마케터들은 여전히 고정관념과 편견에 영향을 받긴 하지만 알고리즘을 통해 메시지를 표적 고객에게 잘 전달할 수 있었다.

위험하고 종종 잘못된 길로 오도하는 한 가지 마케팅 접근법이 이렇게 상이한 여러 단계를 거치는 와중에도 살아남았다. 그것은 세대가 중요하다는 개념인데, 즉 특정 시기(보통 10년 또는 20년을 기본 단위로)에 태어난 것이 사람들의 삶과 생활 방식에 지속적인 각인 효과를 미친다는 개념이다. 이것은 얼핏 생각하기에는 논리적인 것처럼 보인다. 같은 뉴욕의 교외 지역이라고 하더라도 1950년대에 그곳에서 10대 시절을 보낸 경험과 2020년대에 10대 시절을 보낸 경험은 같을 수가 없다. 하지만 그렇다고 해서 베이비붐 세대와 Z 세대를 명확하게 구분하는 기준이 있을까? 모든 베이비붐 세대가 비슷한 경험을 공유했기 때문에 이들이 다른 세대 사람들에 비해 기본적으로 같은 방식으로 행동한다고 가정할 수 있을까? 사람들은 태어난 환경과 상관없이 생애 주기에 따라 발전하거나 심지어 급격하게 변할까?

세대 개념의 유용성을 둘러싼 논쟁이 중요하긴 하지만, 이 논쟁에는 포스트제너레이션 시장의 등장으로 더욱 중요해진 또 다른 측면이 있다. 지난 수십 년 동안 마케터들은 여러 가지 이유로 20~30대의 '젊은' 소비자에게 주의를 기울여야 한다고 믿는 경향이 있었다. 첫째, 출산율이 높고 평균 기대 수명이 지금보다 낮았던 그 당시에는 순전히 수치로만 따질 때 이 집단이 가장 큰 시장이었다. 둘째, 교육 수준이 높아지고 중산층이 확대되고 소득이 증가하는 상황에서 하나의 인구 집단으로 본 젊은 소비자들은 구매력이 가장 높지는 않더라도 상당히 높은 편이었다. 셋째, 젊은이들은 가장 세련되고 안목이 높고 까다로운 소비자로, 늘 최신 유행과 짜릿한 경험을 추구하는 경향이 있었다. 그래서 젊은 소비자들은 새로운 제품과 서비스의 미래 잠재력을 측정하는 척도가 되었는데, 특히 인터넷, 스마트폰, 소셜 미디어가 전 세계를 휩쓴 이후에는 더욱 그랬다. 마케터들은 브랜드가 젊은 소비자들의 상상력을 사로잡는 것이 필수적이라는 개념을 거의 만장일치로 받아들였는데, 그들은 단지 새로운 물결을 선도하는 사람들일 뿐만 아니라, 앞으로 소비를 할 시간이 수십 년이나 남아 있다는 점에서 '고객 생애 가치'가 가장 높은 소비자들이기 때문이다.

이러한 세계관은 인구통계학적 변화와 기술 변화로 인해 무너지고 있다. 다른 세대에 비해 인구와 저축이 더 많고 구매력이 더 높은 60세 이상의 사람들 쪽으로 소비의 무게중심이 꾸준히 이동하고 있다. 게다가 이들은 신체적으로나 정신적으로 건강한 상태를 과거 사람들보다 더 오래 유지할 수 있기 때문에(2장 참고), 이들의 생활 방식은 더 이상 '노년층'의 생활 방식이 아니다. 과거에는 마케터들이 새로운 세대의 소비자에게 약 10년간 집중하다가 그다음 세대로 주의를 돌리곤 했다. 소냐 마테이코Sonya Matejko는 《포브스》에 쓴 글에서 "오랫동안 대다수 마케터에게는 밀레니얼 세대를 상대로 마케팅하는 방법을 아는 것이 가장 뜨거운 관심사였다."라고 말했다. "오늘날 광고주들은 더 젊은 세대인 Z 세대에게 다가가는 방법을 고심하고 있다." 그 배경에는 오늘닐의 10대가 미래의 유행을 선도하는 사람들이라는 가정이 깔려 있었다. 진정한 포스트세너레이션 시장은 이러한 역학 관계에 어떤 변화를 가져올까? 우리는 마케팅 혁명을 목격하게 될까?

여기서 이해해야 할 핵심은 사람들이 갈수록 세대 구분에 크게 저항한다는 사실이다. 한 부모 가구와 다세대 가구가 점점 더 흔해지고 있으며, 핵가족은 더 이상 표준이 아니다. 육아 휴직을 하는 아버지가 증가하고 있다. 해가 갈수록 더 많은 사람들이 경력을 보완하거나 새롭게 전환하기 위해 학교로 돌아가고 있다. 팬데믹으로 인해 나이와 학력에 상관없이 모든 사람이 기술을 수용하게 되었다. 온라인 강좌의 인기와 접근성이 점점 더 높아지고 있다. 은퇴자들이 다시 일터로 돌아오고 있다. 마테이코는 "세대들 사이에서 일어나는 이러한 변화는 마케터들에게 도전 과제를 던진다."라고 경고한다. "계속 변하는 또래 집단을 상대로 마케팅을 어떻게 해야 할까?" 이렇게 마케터들이 시대에 발맞춰 변하지 못하는 무능함 때문에 고정관념과 편견과 연령 차별에 대한 비난이 쏟아지고 있다. 마케팅 왕국에는 정말로 뭔가 썩은 것이 있다.

## 세대에 관한 고정관념과 편견과 모호함

밀레니얼 세대가 아보카도 토스트를 먹는다는 고정관념은 어디에서 비롯되었을까? 많은 밀레니얼 세대는 왜 자신들이 아보카도 애호가로 불리는지 의아해한다. 이 상투적인 표현은 너무나도 널리 퍼져 있고 막연하게 사용되고 있어서, 이 표현을 들먹이는 사람 중에서 그 기원을 제대로 아는 사람은 거의 없다. 간단히 설명하자면, 2017년에 오스트레일리아 TV의 한 인터뷰에서 툭 튀어나온 말이 걷잡을 수 없이 크게 퍼져나간 결과이다. 인터뷰에 응한 사람은 자수성가한 억만장자 팀 거너Tim Gurner였는데, 그는 "내가 처음으로 집을 사려고 했을 때, 그것은 으깬 아보카도를 19달러에, 커피 네 잔을 한 잔당 4달러에 사려고 하는 것과는 달랐지요."라고 말했다. 그 후 이 표현은 밀레니얼 세대가 게으르고 자기중심적이고 특권 의식에 젖어 있고 낭비벽이 심하다고 비난하는 데 사용되

멀티제너레이션, 대전환의 시작

었다.

인간은 자기도 모르게 범주를 정하고 서로 구분하려는 버릇이 있으며, 그 결과로 잘되면 고정관념이 생기고 못되면 편견이 생긴다. 2016년에 밀레니얼 마케팅 회의에서 강연을 한 코미디언 애덤 코노버Adam Conover는 이렇게 주장했다. "세대는 존재하지 않습니다. 그것은 우리가 만들어낸 것입니다. 그 개념은 어느 모로 보나 비과학적이고 오만하며 어리석은 것입니다…… 부화뇌동과 일반론을 버리고 그들을 사람으로 대합시다." 그는 전문가와 권위자, 언론인, 마케터들이 동일한 상투적 표현을 반복해 사용하면서 가장 젊은 세대에게 끝없이 반복되는 형태로 적용하고 있다고 지적했다.

그래서 1968년에 《라이프Life》의 한 표지는 풍족하게 살아가는 베이비붐 세대를 호되게 비난했다. 8년 후, 잡지 《뉴욕》은 어른이 된 베이비붐 세대가 열어젖힌 새로운 시대를 매우 비판적으로 공격한 톰 울프Tom Wolfe의 글을 실었다. 거기서 그는 "우리는 지금 (자기중심 시대Me Decade에) 미국 역사상 세 번째로 큰 종교적 물결, 그러니까 역사학자들이 세 번째 대각성이라고 이름 붙일 가능성이 매우 높은 종교적 물결이 솟아오르는 것을 목격하고 있다."라고 썼다. "다른 종교와 마찬가지로 그것은 극도의 황홀감에서 시작되었으며, 그러한 경험은 LSD와 그 밖의 환각제, 난교 파티, 춤(뉴 수피와 하레 크리슈나), 명상, 정신적 광란(마라톤 모임)을 통해 일어났다." 울프는 이 모든 것이 "'나에 관해 이야기하자.' …… 가장 즐거운 시선으로 내면을 들여다보면서, 요컨대 굉장한 나르시시즘에 젖어.”라는 식의 돼먹지 않은 태도로 보였고, 그런 태도는 논리적으로 “한 번밖에 없는 인생”이라는 발상으로 이어진다고 보았는데, “제2차 세계 대전 이후에 유례없이 이어진 미국의 발전, 즉 수많은 중산층이 누리던 오로지 자신에게만 집중하는 사치”가 거기에 힘을 실어주었다고 생각했다. 울프는 “그 박자는 나Me······ 나······ 나······ 나······로 흘러간다.”라는 유명한 말로 글을 끝맺었다.

이와 비슷하게 1985년에 《뉴스위크Newsweek》의 한 커버스토리는 X 세대를 “특권 의식에 젖어 있고,” “생계를 위해 일할” 의지가 없으며, “태평스럽기 짝이 없는 대기만성형이거나 길을 잃은 세대?”라고 표현했다. 그리고 2013년에 《타임》은 “미국에서 밀레니얼 세대는 미 제너레이션Me Generation으로 알려진 베이비붐 세대의 자녀로, 이들은 다시 미 미 미 제너레이션Me Me Me Generation을 낳았다. 이 세대는 게으르고 특권 의식에 젖어 있고 물질주의적인 나르시시스드 집단”으로, 계속 부모와 함께 살고, 셀카를 찍길 좋아하고, 팔로워는 수천 명이지만 친구는 소수에 불과하며, 아보카도 토스트를 좋아하는 집단이라고 주장해 악명을 떨쳤다.

이것은 제2차 세계 대전 이후에 새로운 세대가 등장할 때마다 이기주의와 특권 의식에 절어 있는 세대라고 반복적으로 퍼부었던 바로 그 비난이다!

이것은 안타깝게도 잘 알려진 패턴이다. 심리학자 스테판 프랑시올리Stéphane Francioli와 마이클 노스Michael North는 가치 기준과 동기, 근검절약 정신이 부족하다는 이유로 기성세대가 젊은 세대를 폄하한다는 증거를 체계적으로 제시했다. 나이와 세대를 막론하고 오해와 차별은 여전히 널리 퍼져 있다. 그것은 고정관념에서 비롯되었고, 불공정하며, 근거가 없고, 아무 도움이 되지 않는다. 그리고 이것은 세대를 구성 개념으로 너무 진지하게 받아들여서는 안 된다는 사실을 분명히 상기시킨다. 특히 마케팅에서는 더욱 그런데, 그런 방식은 사업을 망치는 길이다.

우선 여러 세대의 태도와 행동을 비교하는 것은 아주 어렵다. 세상에서 가장 훌륭한 여론 통계 조사 연구 기관 중 하나인 퓨연구센터는 연구자들이 연령 효과age effect와 기간 효과period effect, 코호트 효과cohort effects를 혼동하는 경우가 많다는 사실을 잘 안다. 연령은 생애 주기에서 각 개인이 서 있는 위치일 뿐이다. 기간 효과는 모든 세대를 동일하게 변화시키는 사건들을 포함하며, 코호트 효과는 한 세대에 다른 세대와 다르게 영향을 미치는 사건이나 추세를 말한다. 일부 연구자들은 "연령 효과와 기간 효과와 코호트 효과를 분리하는 것이 불가능"하다고 지적했다. 이 문제를 다루기가 아주 어렵다는 사실이 여전히 와닿지 않는다면, 세대 분석 작업을 사실상 불가능하게 만드는 복잡한 문제를 몇 가지 더 살펴보자. 관련성이 가장 높은 요인으로는 유럽과 북아메리카에서 젊은 세대의 인종적 다양성 증가, 결혼 지연, 기대 수명 증가 등이 있다. 결혼이 사람들의 소비 프로필을 변화시킨다는 점을 고려할 때, 이러한 추세는 마케팅에 직접적 영향을 미친다. 더 넓게 보면, 결혼 지연과 기대 수명 증가는 본질적으로 연령 차원을 완전히 재조정하며, 인생을 확 바꿀 만한 사건들이 과거와는 다른 시기들에 일어나고 있다.

세대 분석에서 또 한 가지 분명한 문제는 세대 간의 경계선을 어디에 그어야 할지 명확하지 않다는 점이다. 미국의 베이비붐 세대는 1946~1964년에 태어난 세대일 수 있지만, 다른 나라에서는 1960년대 후반이나 1970년대에 출산율이 정점에 이르렀다. 그리고 밀레니얼 세대를 일반적으로 1981~1997년에 태어난 세대로 정의하는 이유는 무엇일까? 사회학자 스테이시 캠벨Stacy Campbell, 진 트웬지Jean Twenge, W. 키스 캠벨W. Keith Campbell은 1976년부터 2014년까지 매년 미국 고등학교 졸업반 학생들의 데이터를 사용해, 노동 가치관과 직장 선호도에 대한 세대 간 차이가 세대에 따라 갑작스럽게 변하는 것이 아니라, 나이에 따라 점진적으로 변한다는 사실을 기록으로 보여주었다. 요컨대 세대를 구분하는 데 사용할 수 있는 명확한 출생 연도 기준이 없다. 예를 들면, "초기 X 세대는 후기 X 세대보다 사회적 가치 기준이 더 높으며, 후기 X 세내와 초기 밀레니얼 세대는 상당히 비슷해 보인다." 즉, 두 세대의 경계선에서 갑자기 변하는 것은 거의 없거나 전혀 없다. 두 세대를 구분하는 구조적 경계선은 없다. 연구진은 "세대는 모호한 사회적 구성 개념이라고 보는 것이 최선이다."라고 결론지었다. 여기서 모호하다는 것은 오늘날의 세대 범주가 지나치게 일반화되고 부정확하고 기만적이라는 뜻이다. 따라서 마케팅을 위해(혹은 다른 목적으로) 세대 개념을 사용한다면, 그 책임은 어디까지나 당사자의 몫이다.

세대 개념과 측정에 관련된 문제와 복잡성에도 불구하고, 왜 그토록 많은 기업과 조직이 세대 개념을 계속 사용할까? 코트 루돌프Cort Rudolph와 레이철 라우볼라Rachel Rauvola, 하네스 차허Hannes Zacher는 "세대에 기초한 관행은 이 지식 체계의 다소 불안정한 기반 위에 세워져 있어서 조직과 그 구성원을 위험에 빠뜨린다. 즉, 단순히 돈과 자원과 시간을 낭비할 위험뿐만 아니라, 부실하고 존재하지 않을 가능성이 높은 증거에 기초한 잘못된 개념을 전파할 위험에 빠뜨린다."라고 주장한다. 이들은 세대 개념이 불완전하긴 하지만 센스메이킹sensemaking(불확실한 상황이나 정보를 이해하고 의미를 부여하는 과정)을 위한 도구로 유용했다고 지적한다. 모든 사람들과 마찬가지로 마케터들은 밀레니얼 세대가 초기에 소비뿐만 아니라 일과 여가에 대한 선호도와 행동에서 보여준 몇 가지 차이점에 크게 놀랐다. 그 당시에는 새로운 세대 범주를 만드는 것만큼 이들을 설명하기에 더 좋은 방법이 없었다. 따라서 세대는 '사회적 구성'으로, 즉 새로운 것을 설명할 수 없을 때 우리가 만들어내는 개념으로 존재한다. 그래서 구성은 실제적인 효과를 미치는데, 유명한 사회학자 로버트 K. 머턴Robert K. Merton이 한 말처럼 "어떤 상황을 실재한다고 정의하면, 그 결과도 실재하기" 때문이다. 심리학자들은 "종종 결함이 있긴 하지만, 센스메이킹을 촉진하는 효과적 전략은 다른 것을 지나치게 일반화함으로써 …… 이해할 수 있는 …… 고정관념을 구성하고 채택하는 것"이라는 사회학자들의 견해에 동의한다. 요컨대, 세대 범주를 사용하는 것은 도처에 위험이 널린 길을 나아가는 것과 같다. 그것은 편견을 낳을 수 있으며, 본질적으로 오해의 소지와 결함을 내포하고 있다.

## 에이지리스 소비자의 부상

"그들의 사무실에서 곧 있을 미팅을 위해 나는 에버레인Everlane 콘셉트 스토어에 들어섰다." 여성용 럭셔리 신발 브랜드인 벨스 앤 드 벡스Bells & Becks의 창립자이자 CEO인 타마르 밀러Tamar Miller는 이렇게 회상한다. "옷을 찾으려고 매장을 이리저리 둘러보는 동안 어떤 이질감이 온몸을 엄습했다. 매장에 들어섰을 때 의아한 시선으로 쳐다보던 20대 판매원부터 중성적이고 상자처럼 생긴 별 특징 없는 의류에 이르기까지 나는 그곳에 어울리지 않는다는 느낌이 확 들었다." 2010년에 샌프란시스코에서 설립된 에버레인은 전통적인 구식 브랜드가 아니라 기존 산업의 틀을 깨는 새 브랜드였다. 소비자 브랜드(기존 브랜드이건 새로운 브랜드이건)는 나이에 대한 알레르기가 있는 것처럼 보인다. 미디어 및 마케팅 에이전시인 캐럿 아일랜드Carat Ireland의 영업 이사 캐럴린 오저스Carolyn Odgers는 "특별히 노년층을 겨냥해 만든 것이 아니라면, 어떤 브랜드도 나이가 많은 소비자와 연관이 지어지길 원치 않는다."라고 주장한다. "그러면 젊은 층(고객 생애 가치가 더 길지만 브랜드 충성도는 낮은 소비자 집단)은 백발인 사람이 그것을 구매한다는 이유로 그 제품을 꺼릴 수 있기 때문이다."

연령 차별은 마케팅에서 널리 퍼져 있는 문제이다. 연령을 바탕으로 한 고정관념과 노골적인 차별은 시장 세분화의 부산물이 아니라 핵심 요소이다. 버지니아주 페어팩스에 있는 마케팅 에이전시 ICF 넥스트ICF Next에서 일했던 패티 템플 록스Patti Temple Rocks는 "PR, 광고, 마케팅 업계에서 연령 차별은 왜곡된 메시지를 만들어낼 뿐만 아니라 비즈니스에도 좋지 않다."라고 말한다. "우리는 비즈니스에서 젊음에 집착한다. 우리는 흔히 '젊음'을 높은 수준의 창의성과 기술적 재능과 혼동하는 반면, '늙음'을 기술적으로 무능하고 현실과 동떨어지고, 많은 광고에서 암시하듯이 '기본적으로 죽은' 것으로 여긴다." 이러한 진단은 업계 전문가들 사이에서 널리 공유되고 있다. 프랑스의 광고 홍보 회사 하바스Havas의 크리에이티브 책임자 비키 매과이어Vicki Maguire는 이렇게 말했다. "우리가 전통적으로 해온 일은 신선한 것과 역동적인 것, 새로운 것, 변화를 젊음과 결부시키는 것이다. 솔직히 말해서 그건 말도 안 되는 헛소리이지만, 우리 산업은 매우 근시안적이고 한 가지에 지나치게 몰두하는 경향이 있으며, 이것은 우리에게 손해가 된다." 이 평가는 아주 조금 과장되었을 뿐이다.

문제의 일부는 미국에서 광고, 홍보, 마케팅에 종사하는 사람들 중 절반 이상이 40세 미만이며, 80%가 55세 미만이라는 데 있다. 에이전시와 기업들이 디지털 소셜 미디어에 정통한 젊은 인재를 서로 먼저 채용하려고 달려들면서 상황을 더욱 악화시켰다. 록스는 갱년기 증후군 치료제 출시 계획을 위해 고객사와 진행했던

회의를 떠올린다. "주위를 둘러보니 문득 이런 생각이 들더군요. '평소에 어머니와 깊은 대화를 나누지 않는다면, 여기 있는 사람들 중 어느 누구도 이것이 무엇인지 전혀 감을 잡지 못하겠군.'" 판매되는 신차 중 절반 이상은 55세 이상이 구매한다고 한다. "눈을 감고 마지막으로 본 자동차 광고를 떠올려보세요."라고 록스는 말한다. "그 고객이 55세 이상이었나요?"

'에이지리스ageless' 소비자(나이를 초월한 소비자, 즉 더 이상 '늙은이'와 '젊은이'라는 고정관념에 들어맞지 않는다는 의미에서 자기 나이에 걸맞은 소비를 하지 않는 사람들) 범주가 비약적으로 성장하고 있다는 사실을 모르는 브랜드는 거의 없다. 퍼스널 케어 제품과 고급 뷰티 제품을 판매하는 기업들은 이 잠재력을 가장 먼저 알아챈 기업들에 속한다. 조개나 심프슨Georganna Simpson은 광고 잡지《캠페인Campaign》에서 프랑스 뷰티 그룹인 로레알L'Oréal은 "나이는 문제가 되지 않으며, 여성은 인생의 모든 난계에서 아름답다는 것을 세상에 보여주려고 한다."라고 썼다. "로레알은 고정관념에 도전하고, 나이에 대한 인식을 긍정적으로 변화시켜 늙어가는 것을 모든 사람이 포용하는 사회를 조성하려고 한다." 2019년, 로레알은 영국판《보그》와 제휴 관계를 맺고 제인 폰다Jane Fonda, 헬렌 미렌Helen Mirren, 이자벨 아자니Isabelle Adjani, 밸 갈런드Val Garland를 비롯해 나이를 초월한 유명인이 등장하는 '논 이슈Non-Issue'(문제가 되지 않는다) 캠페인을 시작했다. 영국판《보그》의 편집자 에드워드 에닌풀Edward Enninful은 여성은 "나이 때문에 뷰티와 패션 업계에서 뒤처진다고 느낀다."라고 썼다. "이제 우리가 함께 이 업계에 도전할 때가 왔다." 이 캠페인은 소셜 미디어를 통해 들불처럼 퍼져나갔다. 페이스북의 글로벌 계정 담당 임원인 지네브라 카페체 갈레오타 Ginevra Capece Galeota는 "[이러한] 상징적인 브랜드와 함께 일하는 것은 특권이었다."라고 말한다. "우리는 전통적인 매체를 우리의 혁신 기술과 융합하여 나이가 문제가 되지 않는다는 것을 양질의 콘텐츠로 보여줄 수 있었다." 당연히 그래야 하지만.

에이지리스 트렌드를 초기에 선도한 에스티 로더는 2021년에 "브랜드와 R&D가 인구통계/문화 정보, 확인된 기술, 하위 범주, 제품과 실행 기회를 기반으로 에이지리스 소비자와 함께 더 큰 가치를 창출하도록 지원하기 위해" 에이지리스 혁신 담당 전무 이사직을 신설한다고 발표했다. 이들의 목표는 나이가 더 이상 마케팅에서 결정적 요소가 아니라는 개념을 조직 전체와 다양한 브랜드에 확산시키는 것이다.

하지만 고급 뷰티 산업을 제외한 다른 산업에 종사하는 기업들은 크게 뒤처져 있다. 수십 년 동안 대다수 패션 브랜드는 30대 이상 여성을 의도적으로 무시해왔다. "우리가 접촉한 40세 이상 여성 중 대다수는 소셜 미디어에서 보는 패션 마케팅이 자신을 포함하거나 대표한다고 느끼지 않았습니다."라고 타마르 밀러는 주장한다. 마케팅 조사에 따르면, 패션 브랜드는 전통적으로 '나이 든' 사람들이 매장 내부를 돌아다니면, '젊은' 소비자들 사이에서 브랜드 이미지가 손상될 것이라고 여겨왔다. 그것은 정말로 형편없는 생각이다.

현대의 제품 디자인과 마케팅은 새로운 세대가 이전 세대보다 수적으로 더 많았던 시기에 등장했다. 1950년대의 베이비붐은 미국 사회와 비즈니스를 변화시켰다. 중산층이 경제의 중추가 되었다. 모든 것이 베이비붐 세대의 '젊은' 소비자와 '중년층' 소비자를 중심으로 돌아가는 것처럼 보였는데, 단순히 이들의 구매력이 시장에서 가장 큰 부분을 차지했기 때문이다. 보스턴 컨설팅 그룹에 따르면, 2030년까지 전체 소비자 지출 증가 중 약 40%가 60세 이상에서 일어날 것이라고 한다. 연령 분포가 노년층으로 더 치우친 일본(60%)과 독일(70%)에서는 그 비율이 훨씬 더 높다. 이 연령대 이상의 사람들이 신체적, 정신적으로 건강한 상태를 과거보다 더 오래 유지한다는 사실을 감안하면(2장 참조), 에이지리스 소비자의 부상은 마케팅과 브랜드 세계에서 일어나는 많은 변화 중 하나에 불과하다.

7장에서 보았듯이 연령 분포 꼭대기에 부가 편중된 상황 때문에, 노년층 소비자는 향후 시장에서 가장 매력적인 존재가 될 것이다. 따라서 에버레인을 비롯한 의류 소매업체는 여러 세대에 걸친 고객을 환영하고 유치해야 할 뿐만 아니라, 그들의 제품과 서비스를 사줄 노년층이 꼭 필요하다는 사실을 인식해야 한다. 인구통계학적 추세는 아주 명백하다. 일본과 중국을 필두로 유럽과 미국이 곧 그 뒤를 따를 것이며, 2030년 무렵이 되면 소비 시장에서 가장 큰 비중을 차지하는 연령대는 60대 이상이 될 것이다. 2030년에 중국은 60세 이상 인구가 2022년보다 1억 5000만 명 늘어나 총 3억 7000만 명이 될 것이다. 인도는 4500만 명, 미국은 1300만 명이 더 늘어날 것으로 예상된다. 방글라데시나 인도네시아처럼 가난한 나라들도 60세 이상 인구가 50% 이상 늘어날 것이다. 기업과 브랜드가 직면한 과제는 두세 세대가 아니라 서로 다른 일고여덟 세대의 필요와 선호도를 충족시키는 것이다. 그럼에도 불구하고, 많은 마케터들은 연령대별 지출에 대해 왜곡된 시각을 갖고 있다. 에이지 오브 머조러티Age of Majority의 설립자 제프 와이스Jeff Weiss는 마케팅 컨설턴트를 대상으로 설문 조사를 실시했다. 그 결과 "마케터들은 평균적으로 밀레니얼 세대가 전체 소비자 지출의 39%를 차지한다고 생각하지만, 실제로는 18%에 불과하다."라는 사실이 드러났다. 오해와 명백한 실수가 너무나 만연한 나머지 내다수 마케터들이 고정관념과 편견의 진흙탕에서 헤어나지 못하고 디딜 곳을 잃은 것처럼 보인다.

"지난 세대에 생애의 단계들과 나이가 분리되기 시작했는데, 교육, 결혼, 자녀, 경력, 은퇴 같은 단계들이 전통적인 연령 제약에서 풀려나게 되었다."라고 패스트 컴퍼니Fast Company의 제프 비어Jeff Beer는 썼다. 하지만 마케팅 컨설턴트와 고객 관리자는 상사로부터 신규 고객을 확보하라는 지시를 받는데, 신규 고객은 생활 방식과 상관없이 나이가 젊은 경향이 있다. 포레스터Forrester의 애널리스트 디판잔 채터지Dipanjan Chatterjee는 "많은 브랜드에서 마케터들은 고객 확보에 따른 보상을 받은 후 고객을 조직의 다른 부서로 넘긴다는 생각을 갖고 있다."라고 지적한다. 따라서 기업 내 인센티브를 에이지리스 소비자 개념에 맞추어야 할 필요가 있다. 미국은퇴자협회의 조사에 따르면, 많은 광고 대행사가 나이 많은 소비자에 대한 경험이 전혀 없는 것으로 나타났다.

연령 차별에 관한 한, 학계도 광고 대행사나 그들이 홍보하는 브랜드보다 나을 것이 없다. 로베르트 츠니파Robert Zniva와 볼프강 바이츨Wolfgang Weitzl은 1980~2014년에 발표된 '나이 많은' 소비자의 행동에 대한 128건의 연구를 검토한 결과, 이 분야가 "여전히 실제 나이를 사용한 연구가 주를 이루고 있으며," 사람들이 어떻게 나이를 먹는지, 어느 시점에 생활 방식이 변하는지는 전혀 고려하지 않는다는 사실을 발견했다. 실제 나이를 주요 설명 변수로 사용하지 않은 연구는 단 한 건에 불과했고, 지표의 선택에 따라 결과에 영향이 있는지 확인하기 위해 나이 대신에 다른 척도를 사용한 연구도 3분의 1에 불과했다. 가장 중요한 사실은 대다수 연구가 사람들이 나이가 들면서 변하는 과정을 긴 시간에 걸쳐 추적 수집한 종단 데이터를 사용하지 않았다는 점인데, 그런 연구에는 "비용과 시간이 많이 소요되기" 때문이다.

## 세대 간 영향과 그랜플루언서

리디아 리에라Lydia Riera(〈웨스트사이드 스토리WestSide Story〉의 전설 리타 모레노 역을 맡은)는 "나는 내 시대의 아이폰이었어."라고 선언하면서 손녀 엘레나에게 "휴대폰으로 누군가와 채팅을 해" 15세 생일 파티 때 에스코트할 사람을 찾으라고 조언한다. 넷플릭스의 인기 드라마 〈원 데이 앳 어 타임One Day at a Time〉에서는 매회 할머니가 모든 사람의 결정에 큰 영향력을 행사하는 인물로 나오는데, 특히 대인 관계와 금전 지출에 관한 결정에서는 더욱 그렇다. 다른 시트콤에서는 다세대 가정에서 가장 영향력 있는 사람이 넷플릭스의 〈패밀리 리유니온Family Reunion〉에서처럼 중년의 어머니나 ABC의 〈블랙키시Black-ish〉에서처럼 아버지로 나온다.

미래의 가장 중요한 트렌드 중 하나는 세대 간 영향과 관련된 것이다. 인플루언서 마케팅 팩토리Influencer Marketing Factory의 공동 창립자 니클라 바르톨리Nicla Bartoli는 "페이스북에서부터 유튜브, 틱톡에 이르기까지 최근에 소셜 미디어 플랫폼에서 베이비붐 세대와 X세대 인플루언서가 증가하고 있다."라고 주장한다. 이들은 '그랜플루언서granfluencer'라고 불린다. 2021년 연말 쇼핑 시즌에는 아마존과 나이키, 룰루레몬 같은 유명 기업과 알투자라Altuzarra, 펜티Fenty, 자크뮈스Jacquemus, 레이첼 코미Rachel Comey 같은 신진 패션 디자인 업체가 시니어 인플루언서를 활용해 브랜드를 홍보했다. 소셜 스탠더드The Social Standard의 한 블로거는 "일반적인 인플루언서와 마찬가지로 그랜플루언서는 다양한 주제를 다루고, 특정 틈새시장을 지배할 때가 많으며, 유료 캠페인에 참여하고, 수천 명, 심지어 수백만 명의 팔로워에게 자신의 삶을 인터넷에 공개한다."라고 썼다.

이들은 팔로워들에게 연령의 다양성을 존중하고 편견이나 성급한 결론으로 치닫지 말라고 권장한다. "마케팅 전략에 그랜플루언서를 활용하기 시작한 브랜드는 자신의 브랜드 이미지에 지혜와 현실, 삶의 경험이라는 요소를 추가하고 있다." 그리고 무엇보다 중요한 것은 이들이 젊은 층을 매우 효과적으로 끌어들인다는 점인데, 이것은 여러 세대를 아우르며 호소력을 발휘하는 대표적 사례이다.

"1928년부터 당신의 남자를 빼앗다"라는 구절은 헬렌 루스 엘램Helen Ruth Elam이 한 말 중 가장 기억에 남으면서 널리 회자된 말이다.(헬렌은 그해에 태어났다.) '배디윙클Baddiewinkle'이란 별명으로 더 잘 알려진 헬렌은 유명 가수 리아나Rihanna가 팔로우하면서 85세의 나이에 인스타그램에서 센세이션을 일으켰다. 팔로워 수는 250만 명에 이르렀다. 홍보 마케팅 대행사들은 헬렌의 이미지를 활용하여 자신들의 웹사이트를 론칭했으며, 헬렌은 수많은 쇼와 넷플릭스 시리즈와 제품을 홍보했다. 세계 10대 그랜플루언서를 선정한 발표는 여러 가지가 있는데, 50대에 비디오 게임을 시작하여 '할머니 게이머'로 알려진 일본 여성 모리 하마코森浜子(90세)도 그중 한 사람이다. 50만 명에 육박하는 구독자를 거느린 하마코는 "게임이 너무 재미있어 보여서 아이들만 하는 것은 불공평하다고 생각했어요."라고 말한다. 기네스는 모리 하마코를 세계에서 가장 나이가 많은 게임 유튜버로 인정했다. 한국의 박막례 할머니(73세)는 오랫동안 작은 식당을 운영하다가 69세 때 유튜브와 인스타그램에서

멀티제너레이션, 대전환의 시작

돌풍을 일으켰고, 약 200만 명의 팔로워를 보유하고 있다. 박막례 할머니는 음식과 화장품, 여행과 관련된 게시물을 집중적으로 올린다. 지금은 고인이 된 나라야나 레디Narayana Reddy는 '부엌의 할아버지'라는 별명으로 불렸다. 그는 71세 때 유튜브에 첫 번째 요리 동영상을 올렸고, 2년 뒤에 그가 세상을 떠날 즈음에는 구독자 수가 610만 명이나 되었다. 현재 이 채널의 구독자 수는 900만 명이 넘는데, 주로 인도 남부의 지역 사회를 위해 값싼 음식을 많이 요리하는 모습을 보여준다. 멕시코 요리사 도냐 안젤라Doña Angela는 340만 명의 유튜브 구독자와 500만 명의 페이스북 팔로워에게 전통 요리법을 소개한다.

최근에 등장한 '그랜드밀레니얼grandmillennial' 실내 장식 트렌드(전통적인 스타일과 현대적인 스타일을 조화시킨 인테리어 트렌드)를 생각해보라. 밀레니얼 세대 소비자도 여기에 관심을 보이는데, 이들은 《하우스 뷰티풀House Beautiful》에 따르면, "벽지와 프릴, 고리버들 세공 등 주류 문화에서 '고루'하거나 '구식'으로 간주되는 디자인 트렌드에 호감을 보인다."라고 케이트 셰이Kait Shea가 온라인 잡지 《이벤트 마케터Event Marketer》에 쓴 글에서 설명했다. 실제로 그랜플루언서는 젊은 세대의 취향을 선도하고 유행을 주도하는 존재로 떠오르고 있다. 이러한 현상은 특히 중국에서 강하게 나타난다. 90세의 장민치江敏慈 할머니는 밀레니얼 세대가 대다수를 차지하는 팔로워를 수백만 명이나 보유하고 있다. 그녀는 정략결혼, 야반도주, 철도 기사로 일한 이야기 등 자신이 살아오면서 겪은 여러 가지 에피소드를 동영상으로 공유했다. 간단히 말해서, 그랜플루언서는 라이프스타일의 아이콘이 되었다.

10대와 영 어덜트를 위한 플랫폼인 틱톡은 세대 간 이해를 증진하기 위해 조부모와 손주 간의 상호 작용을 장려하기 시작했다. 예를 들면, 팔로워가 200만 명인 87세의 조 앨링턴Joe Allington은 손녀의 동영상으로 인기를 얻은 후에 게시물을 올리기 시작했다. "전 세계 곳곳에서 틱톡으로 나를 시청하는 사람들의 수가 그렇게 많다는 사실에 나는 큰 충격을 받았습니다. 하지만 나는 유명세를 위해 이 일을 하는 것이 아닙니다. 손녀와 함께 하는 이 일의 엄청난 즐거움 때문에 하는 것이죠." 88세의 제니 크루파Jenny Krupa는 캐나다 앨버타주의 농장에서 20세의 손자 스카일라 크루파Skylar Krupa와 함께 틱톡 동영상을 만든다. "나는 88세인데, 아마 당신보다 팔로워가 더 많을 거예요."라고 제니는 자랑스럽게 말한다.(제니는 팔로워 수가 100만 명이 넘어 상위 1%에 속한다.)

그랜플루언서와 그들의 막대한 미래 잠재력을 살피는 것 말고도, 마케터들은 많은 세대가 상호 작용하는 이 시대에 구매 결정을 내리거나 그것에 영향을 미치는 핵심 인플루언서가 누구인지 파악하기 위해 애쓰고 있다. 그 답은 간단치 않아 보이는데, 예컨대 조부모와 손주의 역할은 사회 계층, 인종, 민족, 종교적 배경에 따라 크게 달라지기 때문이다.

컨설팅 회사 재뉴어리 디지털January Digital의 창립자이자 CEO인 빅 드라비키Vic Drabicky는 "정보에 쉽게 접근할 수 있기 때문에,

50세의 X 세대 부모는 20세의 Z 세대 자녀에게 받는 영향만큼 자녀에게 영향을 줄 수도 있다."라고 말한다. "따라서 브랜드는 마케팅 전략이 이러한 역학 관계에 어떻게 작용하는지 고려해야 한다." 그가 제기하는 문제는 사소한 것이 아니며, 정교한 마케팅 접근 방식이 필요하다. "효과적인 세대별 마케팅을 위해(그리고 모든 연령대의 소비자가 친밀감을 느끼는 엔진을 구축하기 위해) 브랜드는 세대를 하나로 묶는 유사점을 찾아야 한다." 시트콤을 시청하는 것만으로도 단서를 찾을 수 있다. "대개 공통된 유머 감각이나 공유된 감정적 사고방식이 거기에 포함된다."라고 그는 주장한다. 딜로이트의 전무이사 칼라 마틴Karla Martin도 이에 동의한다. "모든 트렌드가 모든 사람을 위한 것은 아니지만, 어머니의 옷장에서 옷을 빌려 입는 젊은 여성이 많아지고, 어머니는 분위기를 전환할 만한 옷을 고르기 위해 젊은 세대에게 주의를 기울인다." 이것은 단순히 세대 간 영향뿐만 아니라 사용에 관한 것이기도 하다.

일부 브랜드는 이러한 트렌드에 주목하여 비슷한 유형의 다세대 게시물을 늘리기 위한 방법을 개발하고 있다. "우리는 조부모가 손주와 함께 틱톡을 즐기길 바랍니다."라고 틱톡의 임원은 말한다. 조부모와 손주가 함께 동영상을 제작하는 플랫폼 계정이 점점 더 많아지고 있는데, 이것은 팬데믹 봉쇄 기간에 시작된 추세이다. 할아버지와 함께 동영상을 제작하면서 약 50만 명의 팔로워를 보유하고 있는 레베카 밀러Rebekah Miller는 이러한 다세대 디지털 경험이 외로움을 줄이고 유대를 형성하고 "앞으로 몇 세대 동안 간직

할” 추억을 만드는 데 도움이 된다고 말한다. “솔직히 충격을 받았어요. 이런 일이 일어나리라고는 생각도 하지 못했거든요.” 동영상 중에는 조회 수가 100만 회를 넘긴 것도 있는데, 그녀의 할아버지는 “와, 그건 정말 많은 사람이지요.”라고 말했다고 한다.

게다가 글로벌 시장 조사 기업인 닐슨의 정보 부문 글로벌 책임자 스콧 매켄지Scott McKenzie는 “다세대 가구의 증가는 브랜드 구매 결정의 균형을 뒤흔들 것”이라고 주장하는데, 현재 미국에서 세 세대 이상이 한 지붕 아래 살고 있는 사람들의 수가 6000만 명이나 되기 때문이다. 캐나다에서 PTPAParent Tested Parent Approved를 설립한 새런 빈더린Sharon Vinderine은 “이제 아이들은 그 어느 때보다 나이 많은 보호자의 구매 습관에 노출돼 있으며, 이것은 소비자로서의 사고방식에 장기적 영향을 미칠 수 있다.”라고 주장한다. “그 결과로 아이들이 이 새로운 직접적 인플루언서 집단의 습관을 보고 모빙하면서 브랜드 충성도와 가격 민감도, 가치에 대한 인식이 변할 수 있다.” 수명이 늘어난 부모와 조부모가 어린이와 영 어덜트의 소비 행태에 미치는 영향이 갈수록 커지고 있다. 그리고 이러한 일은 이들이 모두 같은 집에 살건 살지 않건 일어나고 있다.

최근에 나타난 또 하나의 다세대 역학 관계는 우버Uber나 에어비앤비 같은 플랫폼과 관련된 ‘협력적 소비collaborative consumption’에 관한 것이다. 주택이나 자동차 같은 대부분의 자산을 45세 이상의 사람들이 소유하고 있는 반면, 차량 호출과 숙박 공유 서비스의 사용자는 대부분 그들보다 어린 상황에서 이러한 양면 플랫폼은 여

멀티제너레이션, 대전환의 시작

러 세대가 상호 작용할 수 있는 독특한 기회를 만들어낸다. 그리고 그 목록은 계속 이어진다.

## 포스트제너레이션 시장과 마케팅

"점점 더 많은 마케터들이 '퍼레니얼'에 대해, 즉 나이보다는 신념에 따라 행동이 좌우되는 소비자를 이야기하고 있다."라고 딜로이트의 칼라 마틴은 주장한다.(앞에서 말했듯이, 퍼레니얼이라는 용어는 지나 펠이 만들었다.) 여기서 중요한 사실은 포스트제너레이션 역학 자체가 새로운 트렌드를 만들어낸다는 점이다. "이 퍼레니얼 소비자들은 새로운 것을 시도하며, 그 결과로 무엇을 '입어야' 하는지에 대해 신경을 덜 쓰는 경향이 있다. 대신에 자신의 진정한 면모를 드러낼 만한 스타일을 찾으려고 한다." 포스트제너레이션 시대에는 모호하고 고정관념에 가까운 세대 개념을 퍼레니얼이 대체할 것이다. "토리 버치Tory Burch는 '18세부터 70세까지 여성을 위한 브랜드를 만들 테니, 이제 그것을 위한 디자인을 해보자.'라고 말하면서 회사를 세우지 않았다."라고 빅 드라비키는 말한다. "대신에 흠잡을 데 없고 유행을 타지 않는 디자인과 고품질 제품을 추구하고, 고객의 목소리를 경청하는 한편으로, 모두에게 맞추려고 노력하기보다는 자신의 정체성에 충실하려고 노력했다." 토리 버치는 뉴욕에 근거지를 두고 전 세계에 300개 이상의 매장과 7개

언어로 된 전자 상거래 웹사이트를 운영하고 있다. 토리 버치의 창립자는 "나이에 관계없이 브랜드에 대한 정서적 연결을 찾고, 새로운 제품, 미디어 플랫폼, 디자인 등을 테스트하려는 의지가 강해야 한다."라고 조언한다. 마틴은 모든 비즈니스에서 일반적으로 그렇듯이, "포스트제너레이션 사회에서 성공을 가져다주는 만능 비결 같은 것은 없다."라는 견해에 동의한다.

브랜드들도 포스트제너레이션 마케팅 개념을 이해하기 시작했다. 2015년, 프랑스의 패션 브랜드 셀린Céline은 조앤 디디온Joan Didion을 자사의 모델로 채택했다. 2016년에는 나이키가 '젊음, 한계는 없다Unlimited Youth' 광고 캠페인의 새 작품을 내놓았는데, 이 광고에는 86세의 철인 3종 경기 선수 마돈나 버더Madonna Buder 수녀가 주인공인 '철인 수녀Iron Nun'로 등장했다. 영상에서 버더 수녀는 "실패와 스스로 세운 목표를 이루지 못한 것을 생각하는 일이 많았습니다."라고 말한다. "그러다가 유일한 실패는 시도하지 않는 것이란 사실을 깨달았어요. 왜냐하면, 노력하는 것 자체가 성공이기 때문이지요."《애드버타이징 위크Advertising Week》는 이 광고를 오늘의 광고로 선정했다.

업계 전문가들의 평에 따르면, 나이키는 민감한 이슈에 대해 유머를 곁들여 희망을 주는 메시지를 전달함으로써 불가능한 일을 해낸 것처럼 보였다. 두 광고 모두 분명히 시청자의 마음에서 민감한 곳을 건드렸는데, "존경을 반영한 단어들을 많이 사용하는 것과 함께 …… 유머가 넘치고 …… 심금을 울리고 …… 주의를 끄는 단어들도 사용했다." 에이스 메트릭스Ace Metrix는 이 광고가 다양한 시청자들에게 큰 반향을 불러일으켰으며, 호감도와 주목도에서 매우 높은 점수를 받았다고 보고했다. 한 밀레니얼 세대 시청자는 "나는 수녀의 인상과 함께 우리가 어떤 일을 하지 못할 만큼 늙지 않았다는 메시지가 마음에 듭니다."라고 말했다. 다른 시청자는 "수녀와 아나운서 사이에 오간 재치 있는 대화가 마음에 들었습니다. 광고보다는 실제 삶처럼 느껴졌어요."라고 말했다. 한 밀레니얼 세대 시청자는 "이 광고의 촬영 방식과 주인공의 모습이 마음에 듭니다. 전적으로 공감이 되었어요."라고 댓글을 달았다. "저는 매우 활동적인 삶을 살기 위해 노력하고 있고, 노년기에도 그렇게 활동적인 삶을 살려고 해요. 나이키는 제가 달리기를 하기 위해 신어본 운동화 중 가장 편안한 신발이에요." 이 광고는 약간 젊은 시청자들의 상상력도 사로잡았다. "환상적인 광고예요! 수녀와 그녀의 단호한 의지가 너무 마음에 들어요. 저보다 훨씬 에너지가 넘치네요……ㅋㅋㅋ." Z 세대도 이 캠페인의 매력에 빠져들었다. "철인 수녀에 대해 보고 배우는 것은 큰 자극이 될 뿐만 아니라 재미있어요."

1년 뒤인 2017년, 메르세데스벤츠는 취업이나 좋은 부모 되기와 같은 것을 주제로 한 "성장하라Grow Up" 광고 캠페인을 내놓았다. 이 광고의 목표는 이전 세대들에게 자리 잡은 브랜드의 입지를 약화시키지 않으면서 밀레니얼 세대에게 어필하는 것이었다. 이 광고는 제품의 디자인과 기술을 강조하되, 품질과 신뢰성, 안전성을 훼손하지 않았다. 독일의 광고 대행사 안토니Antoni의 크리에이티브 디렉터 파이트 묄러Veit Moeller는 "메르세데스벤츠의 소형 승용차를 위한 콘텐츠 중심 캠페인을 제작하는 것이 목표였지요. 그래서 이 다섯 종의 자동차를 각각 별개의 광고 캠페인으로 마케팅하는 대신에 처음으로 새로운 브랜드 플랫폼으로 통합해 진행하기로 결정했습니다."라고 말한다. "또한 우리가 젊은 층을 겨냥할 수 있다고 느낀 것도 처음이었는데, 여러 측면에서 소형 승용차는 이 브랜드가 처음 발을 들이는 관문이기 때문입니다." 이들이 채택한 접근법은 "브랜드 유산뿐만 아니라 차세대 메르세데스벤츠 운전자에게도 통하는 보편적인 통찰력"을 정의하는 것이었다. 어떤 면에서 이들은 잠재 고객층을 확대할 수 있는 공식을 찾은 셈이다.

2017년에 커버걸CoverGirl은 다양한 피부 톤에 적합한 40가지 색상의 파운데이션을 포함한 일련의 신제품 라인을 출시하기 위해 "화장은 나를 결정한다I Am What I Make Up" 광고 캠페인을 벌였다. 이 광고에는 이사 레이Issa Rae(그 당시 32세)와 메이 머스크Maye Musk(69세)가 모델로 출연했다. MPC 뉴욕 스튜디오의 샘 케인Sam Caine은 "이 커버걸 캠페인에 참여하게 되어 매우 들떠 있었어요. 이 광고는 긍정적이고 포괄적이며 여성이 아름다움에 대한 자신의 생각을 솔직하게 표현할 수 있는 오늘날의 문화적 분위기를 반영한 것이기 때문이죠."라고 말했다. 코티 컨슈머 뷰티Coty Consumer Beauty의 사장 로랑 클레이트먼Laurent Kleitman은 이 캠페인은 "아름다움의 다양성을 축하하고 해방시키기 위한 것"이었다고 말한다. "아름다움은 개성과 자기표현을 옹호할 때 사람들을 행복하게 만들어야 한다."

이 예들은 브랜드가 포스트제너레이션 시장을 받아들이기 위해 취할 수 있는 다양한 경로를 보여준다. 광고 대행사 TBWA 월드와이드TBWA Worldwide의 미국 지사에서 글로벌 문화 전략 책임자로 일하는 세라 라비아Sarah Rabia는 "두 가지 전략이 있다. 하나는 연령을 기준으로 정의하지 말고 더 포괄적으로 접근하되, 고객들 사이의 가치와 유사점에 주목하는 것인데, 베이비붐 세대와 밀레니얼 세대는 공통점이 많기 때문이다."라고 지적한다. "또 하나는 이 고객층에 집중하되, 쾌활하고 현대적이며 진보적인 분위기로 접근하는 것이다." 사람들은 자신이 어떻게 늙어가고 싶으냐는 질문을 받으면, 여러 연령대가 겹쳐서 살아가는 다양성을 즐기는 포스트제너레이션 상황을 이야기하는 경향이 있다고 마케터들이 자주 언급한다.

드라비키는 "대개의 경우 사람들이 포스트제너레이션 세대가 되려고 의도하지 않았다는 점이 중요하다. 그것은 자연적으로 일어난 일이다."라고 말한다. 인구통계학적 변화가 마케팅 분야의 알고리듬 혁명과 우연히 일치한 이 시기가 마케터에게는 행운의 순간이다. 소비자는 "브랜드와 지속적인 대화를 나누고, 제품에 대한 의견을 제시하며, 커뮤니티의 일원이라는 느낌을 받길 기대한다."라고 마틴은 주장한다. 브랜드 마케팅이라는 관점에서 볼 때 이것은 소비자와의 접점이 많아야 하며, 이러한 접점은 모든 인구통계 집단의 사정에 맞춰져 있다는 느낌을 주어야 한다는 것을 의미한다. 많은 경우, 제품은 동일하더라도 메시지를 고객에 맞춰 차별화해야 한다. 보스턴 컨설팅 그룹에서 파트너로 일하는 피에르 듀프렐Pierre Dupreelle은 "브랜드의 전반적인 메시지는 브랜드의 고유한 정서적, 기능적 장점에 뿌리를 두는 것이 중요하지만, 세대에 따라 제각각 다른 뉘앙스로 메시지를 전달할 수 있다."라고 말한다. "정교한 디지털 마케팅과 개인화를 통해 마이크로타깃팅이 가능해짐에 따라, 브랜드는 나이 든 세대를 소외시키지 않으면서 젊은 소비자에게 다가갈 수 있는 미디어나 채널을 통해 젊은 소비자들에게 문화적 신뢰성의 핵심 동인을 강조할 수 있다." 글로벌 광고 대행사 매캔McCann은 나이를 초월한 모험가, 공동체를 돌보는 사람, 현실적인 어른, 젊음을 좇는 사람, 미래를 두려워하는 사람 등의 집단을 확인하기 위해 태도에 따른 세분화를 권한다. 오라클Oracle의 조직 개발 컨설턴트 제시카 크리겔Jessica Kriegel은 "이제 우리는 취미, 친구, 직업 관심사, 휴가 계획 등 소비자의 삶에 관한 세부 정보를 쉽게 얻을 수 있다."라고 말한다. "기업은 낡고 근거 없는 고정관념 대신에 훨씬 더 구체적이고 정확한 정보를 기반으로 소비자를 겨냥할 수 있다⋯⋯. 세대는 너무 광범위한 범주이다." 사실, 세대는 광범위할 뿐만 아니라, 모호하고 잘못된 길로 오도할 가능성도 있다.

정교한 알고리듬 세분화와 표적 고객 선정(더 포괄적인 접근 방식인)의 반대 전략도 디지털 마케팅의 지원을 받으면 효과를 볼 수 있다. 여성 패션 브랜드 서드러브ThirdLove's의 공동 창립자이자 공동 CEO인 하이디 잭Heidi Zak은 이렇게 말했다. "얼마 전에 동네 베이글 가게 주인과 이야기를 나누었는데, 자신의 딸에게서 서드러브의 브래지어를 소개받아 쓰고 있으며, 이를 본 자기 어머니도 우리 브래지어를 사기 시작했다고 말했다. 그러니까 세 세대가 우리 제품을 사용하는 셈인데, 고객에게서 직접 그런 이야기를 들으니 정말 기뻤다." 성공의 비결은 단순히 나이를 무시하고, 제품이 되도록 광범위한 고객 집단의 관심을 끌 수 있는 방법에 집중한 데 있었다. "우리는 모든 여성을 위한 브래지어를 원했고, 그것은 확실히 모든 연령층을 포괄하는 것이지만, 그 당시에 우리는 모든 사이즈를 포괄하는 데 더 관심을 쏟았다. 여러 세대를 겨냥한 제품을 마케팅하는 데에는 여러 가지 전략이 필요하지 않다."

사실, 잭은 한 고객의 지적을 받기 전까지는 충성도가 높은 고객 중 상당수가 40세 이상인데도 광고에 젊은 모델을 쓰고 있다는 사실을 알아채지 못했다. "그들만을 위한 특정 메시지를 사용해 나이 많은 고객 집단에 집착할 필요는 없다. 전체적으로 포용성과 다양성에 초점을 맞춘 브랜드를 만드는 것이 더 중요하다." 이제 서드러브의 인스타그램과 페이스북 게시물은 다양한 연령과 체형의 여성 이미지를 포함하고 있다. "소셜 미디어에 올린 나이 많은 모델들의 게시물은 참여도가 높은데, 그것은 나이 많은 세대에게서만 오는 것은 아니다. 젊은 여성들도 종종 고객 서비스 팀에 댓글을 달거나 메시지를 보내 해당 게시물이 무척 좋다고 말한다." 잭에 따르면, 그 목표는 진정성 있고 포용적인 브랜드를 구축하여

"모든 연령대의 사람들이 지지할 수 있는 보편적 메시지를 지닌 브랜드"로 만드는 것이다. 이것은 어떤 사업에도 효과가 좋은 방법이다.

마케팅에서 연령 차별을 극복하기 위해 다양성을 수용하는 광고 대행사가 점점 늘어나고 있다. 채용 컨설팅 회사 언노운Unknown의 창립자 올리 스콧Ollie Scott은 "젊은 층과 노년층을 막론하고 가장 개방적이고 적극적인 직원들을 함께 모아놓고 무슨 일이 일어나는지 지켜보라."라고 말한다. "인지 다양성은 살아남기 위한 우리만의 특별한 방법인데, 여기서 우리는 마케팅 비즈니스에서 은퇴해야 할 것은 바로 연령 차별임을 입증하는 결과를 얻는다." 이미디어트 미디어Immediate Media의 수익 담당 임원인 덩컨 티켈Duncan Tickell도 이에 동의한다. "브랜드 마케팅과 관련해 우리는 오랫동안 성숙한 청중의 가치를 옹호해왔다. 우리의 연구에서는 40대 이상은 기술에 해박한 미디어 소비자로 드러났다……. 우리는 이들을 '풍요의 세대'라고 부르는데, 많은 브랜드가 젊은 세대를 우선시하는 잘못을 저지르면서 너무 오랫동안 이들을 간과해왔다는 사실을 알게 되었다." 스파크스 앤드 하니Sparks & Honey의 전략적 파트너십 부사장인 애널리 킬리언Annalie Killian은 "예산의 500% 이상이 밀레니얼 세대를 겨냥해 쓰이고 있지만, 실제로는 55세 이상의 소비자가 18~34세 소비자보다 두 배 이상 많은 돈을 쓴다."라고 지적한다. 그리고 "젊은 세대에 대한 이러한 집착을 문화적 통찰력을 바탕으로 한 전략으로 대체해야 하는데, 첫째, 가치와 모든 연령대 소비자의 가치를 완전히 인간화하고, 둘째, 함께 살아가고 일하고 노는 여러 세대의 교차 지점을 반영해야" 한다고 제안한다. 이것은 사실상 나이를 바탕으로 한 시장 세분화라는 오랜 가정을 포기해야 한다는 것을 뜻한다.

마케팅이 아날로그 방식으로 진행되건 디지털 방식으로 진행되건, 핵심은 여러 세대의 접점을 찾고 활용하는 데 있다. 매슈 슈워츠Matthew Schwartz는 전미광고주협회 블로그에서 "효과적인 세대별 마케팅을 위해 그리고 모든 사람이 소속감을 느낄 수 있는 빅 텐트를 세우기 위해 브랜드 관리자는 세대를 하나로 묶는 다양한 끈을 찾아야 한다."라고 주장한다. "그러지 않으면 대다수 마케터는 모든 연령대에 모든 것을 제공하려고 자신을 꽈배기처럼 비비 꼬아야 할 테고 그 과정에서 귀중한 돈을 낭비하게 될 것이다." 예를 들면, 프로그레시브 보험Progressive Insurance은 2017년에 모든 연령층에 어필하는 '부모 변신Parentmorphosis'이라는 광고 캠페인을 시작했다. 이 일련의 광고들은 기본적으로 우리는 모두 부모가 된다는 사실을 적절한 유머를 곁들여 상기시켰다. 한 광고에서는 젊은 아내가 남성의 온갖 버릇과 골프에 대한 관심을 가진 자신의 아버지로 변신하는 모습을 보여주었다. "우리가 전기 회사의 주식을 갖고 있다고 생각하시나요?" 그녀는 갑자기 램프를 홱 끄면서 이렇게 말한다. 각각의 광고는 "프로그레시브 보험은 당신이 부모가 되지 못하도록 보호할 수는 없지만, 당신의 집과 자동차는 보호해줄 수 있습니다."라는 멘트로 끝난다.

데이터 액슬Data Axle의 전략 및 컨설팅 부문 수석 부사장 스테이샤 고더드Stacia Goddard는 "마케팅 선호도에서 세대 간에 공통점이 많다는 사실이 놀랍다."라고 말한다. "전반적으로 소비자들은 자신과 관계가 있고 충성도가 높은 브랜드로부터 개인화된 커뮤니케이션과 경험을 원한다." 그들은 베이비붐 세대, 밀레니얼 세대, Z 세대, X 세대 중 77~88%가 이러한 욕구를 공유하고 있다는 사실을 발견했다. 선호하는 채널에서도 놀라울 정도로 겹치는 부분이 많다. 소셜 미디어를 선호하는 Z 세대를 제외하고는 모두 기업과 소통하는 방법으로 이메일을 가장 선호한다고 꼽았다. 유일하게 크게 차이가 나는 부분은 젊은 층이 더 선호하는 인플루언서와 관련된 것이었다. "전반적으로 각 세대의 구매 습관, 미디어 선호도, 브랜드와 소통하려는 욕구는 다양하지만, 세대는 시장을 세분화한 부문이 아니며, 오늘날에는 각각의 부문조차 너무 광범위하다는 사실에 유의하는 게 중요하다."

마케터들이 포스트제너레이션 사회의 접근법을 완전히 받아들이려면 아직도 갈 길이 멀다. 이것은 수명과 건강 수명 증가, 많은 은퇴자의 직장 복귀, 대안 가족 형태의 부상, 사회에서 여성의 새로운 역할과 현실, 디지털 마케팅을 위한 새로운 도구의 등장을 비롯해 획기적인 변화에 대응하려면 우리의 사고방식이 얼마나 변해야 하는지 보여주는 또 하나의 예일 뿐이다. 우리는 더 이상 세대별로 분리된 각각의 구역 안에서 특정 연령대의 사람들이 같은 연령대 사람들하고만 함께 살아가고 공부하고 일하고 놀고 쇼핑하면

멀티제너레이션, 대전환의 시작

서 그 연령대에 맞는 영향과 행동 패턴에 따라 행동하는 세상에서 살고 있지 않다. 이러한 맥락에서 바라본 진정한 포스트제너레이션 사회와 경제는 어떤 모습일까?

# 10장

포스트제너레이션 사회를 향해

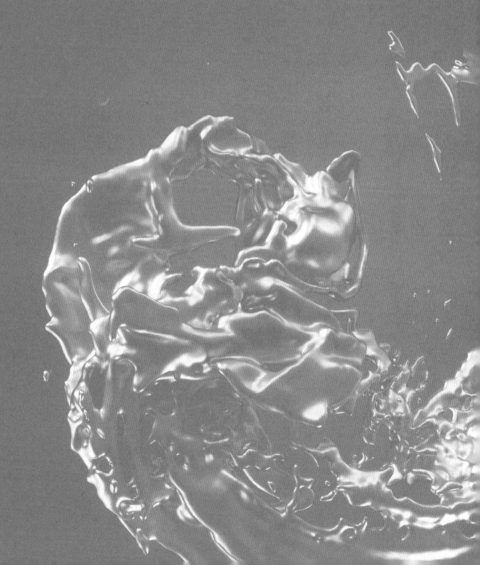

*새로운 개념을 개발하는 것보다 낡은 개념에서 벗어나는 것이 더 어렵다.*

— 존 메이너드 케인스John Maynard Keynes(1883~1946)

 

네 번의 심장 수술을 받고 골반 골절에서 회복한 80세의 일본인 미우라 유이치로三浦雄一郎는 2013년에 생애 세 번째로 에베레스트산 정상에 올랐다. 그는 지구의 꼭대기에서 위성 전화로 딸에게 전화를 걸어 "여든 살에 에베레스트산 정상에 오르리라곤 상상도 하지 못했어. 완전히 기진맥진했지만 기분만큼은 이보다 더 행복할 수가 없어."라고 말했다. 그는 세 번째 등정을 위해 치밀한 계획을 세웠다. "절대로 포기하지 않겠다고 스스로에게 다짐했어요."라고 그는 회상한다. "도중에 포기하고 싶거나 마음이 흔들릴 때에도 늘 그것을 떨쳐내고 계속 올라갔습니다." 그의 업적은 나이와 회복력에 관한 통념에 도전하는 것이었다. 산소를 보충받더라도 해수면보다 공기가 세 배나 희박한 에베레스트산 정상에서는 30분 정도만 머물 수 있다. 하지만 미우라는 "저는 경치를 감상하고 사진을 찍느라 한 시간 동안 머물렀습니다. 지구상에서 가장 높은 지점인 에베레스트산 정상에서 한 시간을 보낸다는 것은 그때까지 경험한 것 중 가장 사치스러운 경험이었습니다."라고 회상한다.

에베레스트산 단독 등정에 성공한 사람은 소수의 엘리트 산악인밖에 없다. 그의 나이를 감안할 때 미우라의 업적은 아들을 포함해 여러 세대로 이루어진 대규모 팀의 노력이 낳은 결과였다. 에베레스트산 등정에는 30대 에너지와 체력, 40대의 등반 경험과 판단력, 50대 이상의 강한 정신력이 필요하다고 주장하는 사람도 있다. 미우라의 팀에는 50대 초반의 일본인 등반대장, 43세였던 미우라의 아들, 30대 카메라맨, 등반을 도운 26~44세의 셰르파 13명, 베이스캠프에서 지원 역할을 맡은 나이 불명의 일본인 5명, 요리를 맡은 14~18세의 셰르파 5명이 포함돼 있었다. 인간이 성취할 수 있는 일에는 한계가 있지만, 베이스캠프 위로 무너져 내리는 빙하나 고도 6000m에서 발생하는 위험한 눈사태, 정상을 눈앞에 두고 조마조마하게 내디디는 마지막 몇 걸음 등 다양한 장애물을 극복하기 위해 여러 세대가 서로 협력하면서 각자의 강점을 발휘한다면 그 제약은 덜 버거워진다. 게다가 이번 등반에 참여한 여러 세대의 구성원들은 각자 다른 역할을 수행하면서 서로에게서 배웠고, 다음 등반을 위해 많은 것을 익힐 수 있었다.

미우라는 퍼레니얼의 본보기이다. 그가 놀라운 위업을 이루었다고 해서 우리도 얼음으로 뒤덮이고 강한 바람이 휘몰아치는 산을 등정하는 것처럼 매우 위험한 도전에 나서야 하는 것은 아니다. 미우라가 이룬 여러 업적은 우리가 전통적으로 생각해온 삶의 방식에 도전한 것이었다. 하지만 여기서 아주 미묘하면서 중요한 사실은, 순차적 인생 모형이 미우라의 에베레스트산 등정과는 아주 대조적으로, 살아가고 배우고 일하고 소비하는 일이 대부분 같은 세대(혹은 기껏해야 두 세대) 사이에서 일어난다고 상정한다는 점이다. 이 개념의 위기는 오래전부터 시작되었다. "모든 놀이와 학습을 어린 시절에, 모든 일을 중년기에, 모든 후회를 노년기에 배정하는 것은 완전히 잘못된 것이며 매우 자의적이다." 1928년 처음 출간된 베스트셀러 『사모아의 청소년Coming of Age in Samoa』의 저자이자 문화 인류학자인 마거릿 미드는 이렇게 주장했다. 그로부터 40년이 지난 1970년대 초에 역사상 가장 통찰력이 뛰어난 경영 컨설턴드 중 한 명인 피터 드러커Peter Drucker는 "이제 우리는 학습이 변화를 따라잡기 위해 평생 동안 진행되는 과정이라는 사실을 받아들이고 있다."라고 낙관적으로 선언했다. 드러커가 이 말을 한 지 반세기가 지났는데도 우리는 여전히 학교나 대학에서 배운 것이 평생 동안 지속되고, 한 가지 일에 매달려 생계를 유지하고, 긴 은퇴 생활을 즐길 수 있기를 기대한다. 하지만 인간의 수명 연장과 가속되는 기술 변화 속도를 감안하면, '학교에서 일터로 그리고 은퇴'로 이어지는 모형을 재검토할 필요가 있다.

100년이 넘는 세월 동안 한 세대가 놀 때 다른 세대는 공부하고, 한두 세대는 다른 세대의 지시를 받으며 일하고, 두 세대는 은퇴한 상태에서 살아갔다. 이것이 인생을 조직하는 최선의 방법일까? 과연 이것이 번영과 행복을 가져다줄까? 사회의 많은 부문을 괴롭히는 문제가 수많이 생겨났는데, 이 모든 문제들은 적어도 부분적으로는 순차적 인생 모형이 만든 구속복에서 비롯되었다. 앞 장들에서 청소년 스트레스, 성인기 지연, 10대 어머니, 출산율 감소, 일과 가정의 균형 상실, 중년의 위기, 막다른 길에 이른 경력, 세대 간 갈등, 연금 부족, 은퇴자의 외로움, 남녀 차별, 경제적 불평등, 소비자의 불만 등 다양한 문제를 다루었다. 이 문제들은 개인들을 망가뜨리고, 지역 사회와 국가 전체를 견딜 수 없는 수준의 긴장에 노출시킨다. 미봉책에 불과한 정책에 의존하는 대신에 우리의 인생을 살아가는 방식을 재조직하고, 단순히 문제를 해결하는 대신에 문제를 없애려고 노력한다면, 이 문제들은 하나씩 사라질 수 있다. 우리는 비스마르크식 순차적 인생 모형의 경직성을 극복할 필요가 있는데 우리 자신과 우리가 하는 일을 단순히 나이로만 정의하지 말고 퍼레니얼 사고방식을 채택함으로써 그렇게 할 수 있다.

## 퍼레니얼 사고방식이 제공하는 방법

서문에서 이 책은 순차적 인생 모형이 만들어낸 각각의 큰 문제에 대해 구체적인 해결책을 제시하지는 않을 것이라고 말했다.

앞 장들에서 이야기했듯이, 포스트제너레이션 혁명과 퍼레니얼의 부상(인구통계학적 변화와 기술 변화가 그 원동력이 된)은 현재의 시스템에서 혜택을 받는 사람과 그렇지 않은 사람이 누구인지 평가해보라고 재촉한다. 그것은 진정한 기회의 평등을 통해 모든 사람의 잠재력을 최대한 발휘하게 하려면, 기존의 삶의 방식을 재고할 필요가 없는지 성찰해보라는 권고이기도 하다. 나는 놀고 배우고 일하고 소비하는 것에 대해 당연시하는 일부 가정에 의문을 제기하고 싶다.(그리고 여러분도 그래야 한다.) 우리는 지나간 시대로부터 물려받은 틀을 깨야 한다. 우리 주변의 현실은 이미 엄격한 순차적 인생 모형에서 벗어났다. 하지만 문제들은 여전히 남아 있고, 일부 문제들은 점점 더 악화되고 있다. 이제 퍼레니얼의 방법론과 포스트제너레이션적 접근법을 사용해 문제들을 해결하는 대신에 없애야 할 때가 되었다. 그것은 우리 삶을 이끄는 시스템을 점진적으로 변화시키고 새로운 기회를 불러오는 방법이기도 하다.

우선, 퍼레니얼들의 포스트제너레이션 사회라는 개념에서 영감을 얻은 이 방법은 인생의 단계들을 제때 통과하지 못했다는 낙인을 제거함으로써 기울어진 운동장을 평평하게 할 수 있다. 예컨대 청소년기에 명확한 진로 계획을 세우지 못했거나 살아오면서 좌절을 겪은 사람들은 다양한 세대가 함께 살고 공부하고 일하고 소비하는 환경에서 자신의 길을 찾기에 더 유리한 기회를 얻을 수 있다. 그들은 부적응자라는 시선을 받지 않을 것이다.

퍼레니얼 사고방식은 다른 영역뿐만 아니라 인생에 큰 변화를 가져오는 위기나 비극을 겪지 않은 사람들에게도 더 나은 결과를 가져다줄 수 있다. 예를 들면, 사람들은 점점 더 스스로를 재창조하는 노력에 나서고 있지만, 전문직 경력들이 조직된 방식은 여기에 아무 도움을 주지 못한다. 직장은 여러 세대가 다닐 수 있지만, 우리는 아직 여러 세대의 기술과 전문 지식, 경험에 존재하는 상호 보완이라는 잠재력의 결실을 충분히 얻지 못하고 있다. 기술은 계속해서 지식을 낡은 것으로 만들고 있지만, 사람들이 평생 동안 학업과 일 사이를 자유롭게 오갈 수 있는 방법은 아직 자리를 잡지 못했다. 또한 대다수 마케터들은 라이프스타일 브랜드가 젊은 층의 전유물이라는 고정관념에 사로잡힌 나머지, 여러 세대가 집 안과 집 밖에서 서로에게 어떤 영향을 미치는지 보지 못하고 있다.

## 포스트제너레이션 사회를 상상하다

"근로자 10명 중 7명은 자신과 다른 세대와 함께 일하는 것이 좋다고 답했으며, 대다수는 젊은 근로자와 나이 든 근로자 모두 직장 환경을 개선하는 긍정적 이점이 있다는 데 동의했다." 미국은퇴자협회가 2019년에 실시한 한 연구는 이렇게 결론지었다. "특히 근로자들은 다세대 작업 환경에서 서로 주고받으면서 협력하는 측면을 높게 평가한다." 미국은퇴자협회의 공공 정책 책임자 데브러 휘트먼Debra Whitman은 다세대 직장의 잠재적 이점이 다양하다고 말한다. "여러 세대로 이루어진 팀은 그렇지 않은 팀보다 더 나은 성과를 낸다. 다세대 인력은 인력의 연속성과 안정성, 지적 자본의 지속성을 높인다. 또한 다양한 연령대의 인력은 기업들이 나이 많은 소비자들로 이루어진 방대한 부문을 포함해 시장을 분석하는 데 더 많은 통찰력을 제공한다." 이러한 주요 이점들은 이미 앞 장들에서 살펴본 것들이다.

하지만 그 이점들은 단순히 비즈니스와 경제 부문에만 그치는 게 아니다. 나이는 생물학적 현실일 뿐만 아니라, 사회적, 정치적 구성 개념이다. 의학과 기술은 수명과 건강 수명을 재정의하면서 나이에 따라 사람들이 할 수 있는 일과 할 수 없는 일에 대한 오랜 사회적, 정치적 가정과 인식과 기대를 바꿀 것을 촉구한다. 이제 우리는 삶을 살아가는 방식을 재창조해야 할 필요가 있다.

진정한 포스트제너레이션 사회는 어떤 모습일까? 그것은 우리가 살아가고 배우고 일하고 소비하는 방식을 재구성하라고 요구하는 사회이다. 그것은 학교와 직장의 경계에 많은 구멍이 생겨나 세대들 간의 상호 작용이 많이 일어나는 상황을 수반하는데, 주로 기술을 활용한 원격 학습과 대면 학습의 혼합 모형에 따라 그런 일들이 일어날 것이다. 이 사회는 10대들에게 자신의 특별한 자리를 찾아가는 데 스트레스가 덜한 길을 제공한다. 이런 길을 걸어가면, 아직 준비되기도 전에 부모의 압력 때문에 어쩔 수 없이 평생 동안 영향을 미칠 운명적인 결정을 내릴 필요 없이 여러 차례에 걸쳐 학교로 되돌아감으로써 자신의 경력을 재구상할 수 있다. 이 사회는 부모(특히 젊은 어머니)가 일과 가족의 의무 사이에서 균형을 잡도록 도와주며, 가정과 경력 중 하나를 선택해야 하는 딜레마에서 벗어나게 해주는데, 엄격한 일정을 따를 필요 없이 각각 다른 연령대에서 학업과 일과 가정 사이를 쉽게 오갈 수 있기 때문이다. 이 사회는 학교 중퇴자와 기술 변화나 경제적 구조 조정으로 인해 경력의 막다른 골목에 이른 사람을 포함해 기존 사회라면 경쟁에서 뒤처졌을 사람들에게도 기회를 약속한다. 그리고 훨씬 만족스럽고 재정적으로 안전한 완전 은퇴나 부분 은퇴를 위한 환경을 제공한다.

진전이 일어나려면 어떤 종류의 문화적, 조직적, 정책적 변화가 필요한지 평가하기 전에 퍼레니얼들의 포스트제너레이션 사회가 가져다줄 잠재적 이점을 요약해보기로 하자. 순차적 인생 모형을 완화하거나 아니면 아예 거기서 벗어나는 것이 좋다.

- 더 유연한 타이밍과 더 많은 발전 경로를 활용함으로써, 한 단계에서 다른 단계로 전환하는 과정에서 많은 사람들이 느끼는 스트레스를 줄인다.
- 불운이나 의문스러운 결정으로 인해 낙오된 사람들이 다른 길(아마도 빙 돌아가는 길)을 통해 만족스러운 삶으로 회복할 수 있도록 돕는다.
- 인지 능력과 업무 경험의 균형을 맞추는 새로운 업무 방식을 통해 모든 연령대의 근로자가 창의적인 잠재력을 최대한 발휘할 수 있게 한다.

- 교육과 지식에 대한 접근성을 높임으로써 평생 학습을 촉진해 사람들이 경력에 지장을 주는 기술 변화에 대처하거나 스스로를 재창조할 수 있도록 돕는다.
- 더 유연한 경력 경로를 제공함으로써 기업 세계와 노동 시장에서 일하는 부모를 위해 운동장을 평평하게 만든다.
- 은퇴자가 원할 경우 파트타임으로 일하도록 지원하는 제도를 도입해 외로움 같은 은퇴의 부작용을 줄인다.
- 연금 제도를 정비하고 은퇴자의 파트타임 고용이나 자영업을 촉진함으로써 어렵게 얻은 은퇴의 보상과 젊은 세대의 열망 사이에서 효과적인 균형을 맞춘다.
- 교육을 통해 사람들이 특정 집단에 대한 부당한 고정관념을 갖지 않게 하고, 각자의 강점과 약점을 알게 함으로써 연령 편견과 차별의 원인을 줄인다.
- 포용적 마케팅 접근법을 수용함으로써 모든 세대가 편안함을 느끼는 소비자 시장을 형성한다.

이것들은 우리가 열정적으로 추구해야 할 가능성이지만, 문화적, 조직적, 정책적 변화가 없이는 진전이 일어날 수 없다. 변화가 거대한 것이거나 혁명적인 것일 필요는 없다. 그것은 신중하고 점진적으로 일어날 수도 있다. 시간을 갖고 실험하고 조정할 수 있다. 우리가 퍼레니얼 사회를 향해 내딛는 한 걸음 한 걸음이 도움이 될 것이다.

## 문화적 변화

"이 세상은 연극 무대." 윌리엄 셰익스피어의 『당신 뜻대로As You Like It』에 나오는 유명한 독백은 이렇게 시작한다. "그리고 세상의 모든 남자와 여자는 그저 배우일 뿐." 우울감에 사로잡힌 자크는 인생의 "일곱 시대"를 통해 "그들이 무대에 등장하고 퇴장하는" 이야기를 늘어놓는데, 그 일곱 시대를 "칭얼대고 토하는" 유아, "징징거리는" 학생, "한숨 쉬는" 연인, "표범 같은 수염을 기른" 군인, "배가 동그랗게 불룩 튀어나온" 법관, "여섯 번째 시대는 …… 콧잔등에 안경을 걸치고 옆구리에 돈주머니를 찬" 노인, 마지막으로 "이도 없고, 눈도 없고, 미각도 없고, 모든 것을 다 잃은 …… 제2의 유년기"로 표현했다.

인생의 일곱 시대를 이렇게 생생하고 직설적으로 표현할 수 있는 사람은 오직 셰익스피어뿐이다.

순차적 인생 모형은 문화에 깊이 뿌리박혀 있다. 인생의 다양한 단계를 다루는 많은 연극과 소설, 시, 영화, TV 프로그램에서 그 흔적을 발견할 수 있는데, 이 작품들은 우리가 유아기, 아동기, 청소년기, 성인기, 은퇴로 이어지는 일련의 전환 과정에서 경험하는 시련과 고난을 생생하게 묘사한다. 대중의 상상력은 인생의 다양한 단계와 단계별 통과의례(그리고 2~4장에서 보았듯이, 각 단계에서 낙오했을 때의 결과를 포함해)를 나타내는 상징적 표현으로 넘쳐난다.

퍼레니얼들의 포스트제너레이션 사회가 도래하려면, 가장 먼저 사고방식의 변화가 필요하다. 학교와 대학, 기업, 정부 기관, 그리고 전체 경제는 사람들을 고정된 연령군으로 분류하는 체계를 중심으로 조직되어 있다. 이 체계는 100년 이상 전 세계에서 잘 통했지만, 이제는 노화의 징후를 보이고 있다. 장수와 건강, 기술이 조직과 사회에 계속 압력을 가하는 상황에서 우리는 다양한 세대의 사람들이 더 건강하고 행복한 삶을 더 오래 누릴 수 있는 새 틀을 찾아야 한다. 미래에는 포스트제너레이션 방식으로 놀고 살아가고 배우고 일하고 소비하는 방법이 늘어날 것이다.

문화의 핵심은 범주이다. 사람들이 할 수 있는 것과 할 수 없는 것을 구속하는 특정 범주들을 버리는 것이 절실히 필요한데, 그것들이 '나이에 어울리는 것'을 규정하기 때문이다. 범주는 특별히 해로울 수 있는데, 범주가 배타적이고 철저한 분류 체계로 변할 때, 즉 각 개인을 인생의 어느 시점에서 특정 범주에, 심지어 오직 한 범주에만 집어넣을 때, 그런 일이 일어난다. 순차적 인생 모형은 나이와 활동에 따라 사람들을 세대라는 범주로 분류하고, 인생에서 성공하기를 원하는 사람들을 위해 요람에서 무덤까지 일직선으로 이어지는 경로를 제시했다. 이 모형은 보육원, 학교, 대학, 병원, 정부 기관, 기업 등 모든 종류의 조직이 사람들을 다루는 방식의 기반이 되었다.

범주를 없애는 것은 어려울 수 있지만, 사람들을 나이와 세대에 따라 분류하는 데에서 비롯되는 편견은 극복할 수 있다. 예를 들면, 세계가치조사World Values Survey는 2010~2014년에 57개국에서 8만 명 이상의 응답자에게 30세와 70세 중 어느 쪽이 자신의 상사가 되면 좋겠느냐고 물었다. 다른 질문은 그 나라의 대다수 사람들이 70세 이상인 사람들을 "친절하다"/"유능하다"/"존경할 만하다"라고 생각하는지 물었다. 이 설문조사에는 단도직입적인 질문도 몇 가지 포함되었는데, 예컨대 "노인은 사회에 부담이 된다고 생각하는가?"/"노인은 정부로부터 정당한 것 이상의 몫을 받는다고 생각하는가?"/"노인의 정치적 영향력이 너무 크다고 생각하는가?" 등이 있었다. 그리고 가장 중요한 질문인 "젊은 사람을 고용하는 기업이 다른 연령대의 사람을 고용하는 기업보다 실적이 더 낫다고 생각하는가?"도 있었다.

일반적으로 응답자 중 절반 이상은 30세 상사나 70세 상사 모두와 편하게 지낼 수 있다고 답했다. 아주 흥미롭게도 라틴아메리카와 러시아, 구소련에 속했다가 독립한 나라들, 그리고 네덜란드와 스페인과 스웨덴 같은 일부 서유럽 국가 사람들은 젊은 상사를 훨씬 선호하는 것으로 나타났다. 반면에 중국, 독일, 일본 사람들은 70세 상사를 약간 선호하는 것으로 나타났다. 미국과 한국 사람들은 30세 상사와 70세 상사에 대한 선호도에 큰 차이가 없었다.

좋은 소식이 있는데, 철저한 통계 분석 결과에 따르면, "교육 수준이 낮고 나이가 어린 남성일수록 연령 차별적 태도를 가질 확률이 훨씬 높다." 이것을 좋은 소식이라고 하는 이유는, 교육자인 나는 여기서 문화적 변화를 일으킬 가능성을 보았기 때문이다. 즉,

멀티제너레이션, 대전환의 시작

젊은이들, 특히 남성들에게 포스트제너레이션 사회의 이점을 가르침으로써 그런 변화를 일어나게 할 수 있다. 나이와 세대에 대한 편견은 남아시아, 중동, 아프리카의 저소득 국가에서 더 두드러지게 나타나는데, 이곳들은 모두 전체 인구 중에서 젊은 층이 많고 학교 교육이 미래에 더 많은 사람에게 혜택을 가져다줄 수 있는 지역이다. 따라서 나는 여전히 낙관적 견해를 갖고 있다. 하지만 조직의 규칙과 절차가 문화적 변화를 질식시킬 수 있다. 따라서 이것들 역시 바뀌어야 한다.

## 조직의 변화

텍사스주 샌안토니오에 거주하는 다이앤 후스는 "난 이제 69세인데, 이것은 곧 실직 상태라는 뜻이지요."라고 말한다. 수많은 전문직 남녀들과 마찬가지로 "나는 브랜딩 분야에서 유명한 미국 기업에서 40년 넘게 일했습니다. 하지만 이제 일자리를 구할 수 없어요. 15년 전에 능력을 발휘했던 그 자리로 다시 돌아갈 수가 없어요. 사전 심사 과정 때문에 면접조차 볼 수 없죠. 나는 너무 늙었어요. 이 나이에 일자리를 원하는 나를 아무도 진지하게 받아들이지 않아요. 심지어 내가 뛰어난 능력을 발휘했던 분야에서도요." 연령 스펙트럼의 반대편 끝에서는 젊은이들이 직장에서 충분한 책임을 맡지 못하거나, 집을 사기에 충분한 급여를 받지 못하거나, 안정적인 일자리를 구할 수 없다고 불평한다.

문화적 변화의 경우와 마찬가지로, 연령 차별과 세대 차별 논쟁과 관련해 우리는 문제를 없애려고 하기보다 해결하려고만 한다. 분명히 우리는 법적, 문화적, 조직적 수단을 모두 동원해 모든 형태의 명시적, 암묵적 차별을 없애야 한다. 이에 따라 교육 기관, 기업, 정부를 포함한 모든 조직적 환경에서 여러 세대가 학습과 일과 여가의 혜택을 누릴 수 있도록 보장할 필요가 있다. 그러지 않으면 10대 우울증, 중년의 위기, 막다른 길에 다다른 경력, 연금 위기 등의 문제를 줄일 수 없다.

교육 부문은 퍼레니얼들의 포스트제너레이션 사회를 변화시킬 잠재력이 가장 크다. 교육은 문화적 편견을 극복하고 사람들에게 학교와 직장을 오갈 기회를 만들어내는 데 도움을 줄 수 있다. 저자이자 컨설턴트인 앨빈 토플러Alvin Toffler는 "21세기의 문맹은 읽고 쓸 줄 모르는 사람이 아니라, 배우고, 배운 것을 잊고(탈학습), 다시 배울(재학습) 줄 모르는 사람이 될 것"이라고 주장한다. 인구통계학적, 경제적, 기술적 변화로 인해 우리는 일생 동안 이러한 주기를 여러 번 겪게 될 것이다. 새로운 기술을 배우는 것은 단순히 25세 이후의 정규 학교 교육(미국 대학생 3명 중 1명 이상은 이 나이를 넘어선다.)을 통해서뿐만 아니라, 데이터 분석, 대중 연설, 스케치 등 새로운 기술을 익힐 수 있는 다양한 디지털 선택지를 통해서 점점 더 보편화되고 있다. 다른 회사로 이직하거나 완전히 새로운 직종으로 전환하는 것은 말할 것도 없고, 같은 조직 내의 새로운 직책에서 성공하려면 탈학습 습관과 절차와 사고방식이 필수적이다. 예를 들면, 은행가에서 운동가로 변신한 사람은 공동체를 조직할 때 쉽게 계산할 수 있는 내부 수익률$^\bullet$은 없다는 사실을 끊임없이 떠올릴 필요가 있다. 그리고 재학습은 낡은 지식을 새롭게 하는 것을 포함할 때가 많다. 내 제자 중 상당수는 경영대학원에 다닐 때에는 리더십 기술이 얼마나 중요한지 몰랐지만, 전문 직종에서 오랫동안 일하면서 조직의 책임자가 된 후에는 그 중요성을 실감했다고 이야기한다.

사람들이 학습, 탈학습, 재학습을 통해 비선형적이고 다양한 경력 경로를 추구하도록 지원하려면 새로운 교육 기회를 제공해야 할 뿐만 아니라, 고용주가 인재를 선발하고 끌어들이고 보상하고 유지하는 기존의 방식을 적극적으로 재검토할 필요가 있다. 이것은 어려운 일일 수 있는데, 기업과 정부 모두 인사 관행이 매우 관료화되어 있기 때문이다. 승진 사다리를 더 유연하게 만드는 것이 좋은 첫걸음이 될 수 있다. 몇몇 기업의 사례처럼 공장 생산 라인이나 마케팅 팀 같은 일부 부서에 포스트제너레이션 작업 환경을 구축하는 것도 순차적 인생 모형의 단점을 극복하는 이상적인 접근법이 될 수 있다. 필라델피아 교외에 위치한 브랜드 에이전시인 트웬티나인20nine의 브랜드 전략, 스토리 디자인, 혁신 담당 수

---

● 어떤 사업에 대해 사업 기간의 현금 수익 흐름을 현재 가치로 환산하여 합한 값이 투자 지출과 같아지도록 할인하는 이자율.

석 부사장 게리 코퍼바스Gary Kopervas는 "모든 곳에서 변화가 일어나고 있는 현 상황에서 기업들은 성장을 견인하기 위해 해결해야 할 고약한 문제들에 직면해 있다."라고 말한다. "베이비붐 세대와 X 세대, 밀레니얼 세대, Z 세대를 창조적인 환경에서 함께 일하게 하면, 더 풍부하고 광범위한 해결책들이 나타난다……. 창조성이 목표라면, 다세대 작업 환경을 조성하는 것이 더 나은 해결책을 얻는 데 도움을 줄 수 있다."

더 많은 온갖 규모의 기업들이 채용과 승진 과정에서 온라인 교육 자격증을 인정한다면, 진정한 포스트제너레이션 노동력이 탄생할 것이다. 그렇게 하지 않는다면, 고용주들은 점점 더 늘어나는 유능한 학생들의 기술을 간과하게 될 것이다. 예를 들면, 2019년 가을 학기(즉, 팬데믹 직전)에 온라인으로만 학습하는 미국 대학생은 340만 명으로, 전체 학생들 중 약 17.5%를 차지했다. 이 비율은 공립 대학교에서는 13%에 불과했지만, 사립 비영리 대학교에서는 21.4%, 사립 영리 대학교에서는 무려 62.8%나 되었다. 따라서 공립 대학교도 이러한 흐름에 동참해 혁신할 필요가 있다.

앞 장들에서 살펴본 것처럼 일부 기업은 포스트제너레이션 마케팅과 포스트제너레이션 직장의 잠재력을 이미 깨닫고 있지만 아직은 극소수에 불과하다. 소수의 대기업만 참여하더라도 진정한 포스트제너레이션 직장을 향해 나아가는 추세를 만들기에 충분할 것이다. 하지만 크고 작은 기업들이 이러한 흐름에 많이 동참하도록 하려면, 자극과 규제, 새로운 정책의 주도가 필요할지 모른다.

## 정책 변화

"사회 전체가, 특히 정부가 젊은 사람들과 나이 든 사람들의 상호 이해를 촉진하는 데 초점을 맞추는 것이 중요하다고 생각합니다." 유엔의 「글로벌 연령 차별 보고서Global Report on Ageism」를 위해 인터뷰에 응한 74세의 아이티 여성 올림시아는 이렇게 말했다. 하지만 정책 입안자들이 먼저 연령 차별 편견을 극복하는 방법을 배워야 할 필요가 있는데, 이러한 편견은 여러 가지 정책 부문 중에서도 교육과 직장, 주택, 의료 부문에서 나이를 이유로 사람들을 정형화하고 예단하고 차별하는 정책을 낳는 경우가 많다. 정부 관료 조직에서 상위 계층의 정책 입안자들은 대체로 젊지도 은퇴할 나이에 가깝지도 않은 '중년'인 경우가 많다. 다만 선출직과 비선출직 정치인은 연령이 더 높은 경향이 있다.

퍼레니얼들의 포스트제너레이션 사회로 순탄하게 이행하기 위해서는 고용, 주택과 의료 서비스 이용, 법적 절차 등에서 영 어덜트와 60세 이상인 사람들에 대한 차별을 해소하기 위한 법률 수정이 반드시 필요하다. 이 보고서에서 유엔은 연령 스펙트럼의 양쪽 끝에 위치한 사람들에 대한 연령 차별이 개발도상국은 물론이고 선진국에서도 만연하다는 사실을 발견했다고 적시했다. 하지만 진정한 포스트제너레이션 사회로 나아가는 데 필요한 변화는 법적 측면을 넘어 문화적, 조직적, 정책적 측면까지 포함해야 하며, 연령 차별을 극복하는 것에서 더 나아가 세대 간 상호 작용을 촉진하기 위해 인생을 새롭게 조직하는 방식을 받아들여야 한다. 사실, 세대 간 접촉과 협력은 나이에 기초한 고정관념과 편견과 차별을 극복하는 가장 좋은 방법일 수 있다.

차별을 근절하는 것 외에도 교육에 대한 접근성을 개선하는(태도 변화와 더 유연한 경력 경로라는 측면에서) 정책을 통해 포스트제너레이션 시대의 퍼레니얼 사고방식을 촉진할 수 있다. 또한 정부는 수명이 계속 늘어나는 상황에서 건강 수명을 개선하기 위한 자원 재분배도 고려할 수 있다. 경제학자 데이비드 뉴마크David Neumark가 최근에 싱크탱크인 브루킹스연구소에 기고한 글에서 제안한 것처럼, 포스트제너레이션 사회의 교실과 직장이 제공하는 혜택을 최대한 누리려면, 형평성과 다양성과 포용을 추구하는 정책에 사회적 약자 우대 정책처럼 세대적 차원을 추가해 훨씬 과감한 조치를 취할 필요가 있다. 빠른 진전에 우선순위를 둔다면, 쿼터제를 고려할 수 있다. 모든 대기업이 고등학교 중퇴자나 어린 자녀가 있는 부모나 손주를 둔 사람들을 위해 일정 비율의 일자리를 할당하는 제도를 도입할 수도 있다. 나는 쿼터제가 역효과를 내거나 불공정할 수 있는 이유를 몇 가지 들 수 있지만, 쿼터제가 생산적일 수 있는 이유도 비슷하게 들 수 있다. 어떤 경우에는 현재 시스템에 충격을 가하고 재부팅하는 것이 더 나을 수 있다고 생각한다. 어쩌면 쿼터제만이 변화를 위한 새로운 시발점이 될지도 모른다. 우리는 이 방법이 기업의 이사회에서 효과가 있다는 것을 보았는데, 이러한 장치가 뒷받침되지 않는다면 여성과 소수자는 여전히 기업 지배 구조에서 대체로 배제될 수밖에 없다. 그렇다면 더 넓은 조직 세계에서도 같은 방법을 시도해볼 수 있지 않겠는가?

정부들은 사람들에게 은퇴에 대비한 저축, 에너지 사용 절약, 자녀 출산 등을 포함해 온갖 종류의 행동에 대한 자극과 인센티브를 제공한다. 많은 잠재적 이점을 고려할 때, 이제 그런 정책들을 통해 세대 간 상호 작용을 촉진할 때가 되었다. 사람들이 경제와 노동 시장의 변화에 적응하는 데 도움을 주는 비선형적 경로를 더 쉽게 추구할 수 있도록 학교와 대학, 기업에 긍정적 인센티브를 제공하면 좋지 않을까? 아니면 직장에서 세대 간 상호 작용과 협력의 기회를 극대화하는 것은 어떨까? 그리고 사람들이 건강 수명 중 대부분의 기간에 일과 휴식을 쉽게 병행할 수 있도록 함으로써 연금 제도의 생존력을 강화하는 것은 어떨까? 순차적 인생 모형의 선형 경로를 각자 자신의 인생 경로를 찾을 수 있는 다양한 경로로 전환하려면 당연히 많은 상상력이 필요하다. 기술은 갈수록 지식을 더 빠르게 쓸모없게 만듦으로써 이렇게 유연성이 필요한 상황을 만들어낸 반면, 학습에 대한 수요가 계속 급증하는 오늘날 더 세분화된 교육과 직업의 선택지를 제공함으로써 우리의 구세주가 될 수도 있다.

## 전환을 가속하는 추세들과 새로운 도전 과제

좋은 소식은 포스트제너레이션 사회에서 살아가고 배우고 일하고 소비하는 방식이 날이 갈수록 점점 더 강해지는 힘들에 좌우된다는 점이다. 퍼레니얼 사고방식은 벌써 뿌리를 내리기 시작했다. 출산율 감소는 학교와 대학을 다니는 연령군의 감소를 의미하는데(특히 동아시아, 유럽, 북아메리카에서), 이런 상황은 전통적인 교육 기관들이 전통적으로 학교와 대학을 다니던 연령군이 아닌 다른 연령군의 필요를 충족시키는 데 눈길을 돌릴 동기를 만들어내고 있다. 기술 변화는 기존의 지식과 기술을 과거보다 더 빨리 쓸모없는 것으로 만들어 사람들을 다른 연령대의 사람들과 함께 학습 모드로 돌아가도록 유도한다는 점에서 포스트제너레이션 학습을 크게 가속화하는 또 하나의 요인이다. 인구통계학적 변화와 지정학적 긴장, 코로나바이러스 팬데믹의 여파로 만연한 노동력 부족은 이미 기업과 그 밖의 고용주들에게 특정 연령 이상의 직원에 대해 그들이 갖고 있던 편견을 재고하도록 강요하고 있다. 소비의 무게중심이 연령 분포의 상단으로 이동하면서 브랜드와 마케터들은 이제 기존의 접근법을 수정하고 있다. 교육과 일, 쇼핑이 진정한 포스트제너레이션 시대에 어울리는 형태로 변해가면서 레저와 엔터테인먼트도 마찬가지로 변해갈 것이다. 우리가 학교와 직장에서 상호 작용하는 사람들과 함께 노는 경향이 있다는 사실을 감안하면 그럴 수밖에 없다. 이처럼 인구통계학적 변화와 기술 변화,

코로나바이러스 팬데믹 같은 중대한 사건이 퍼레니얼 사회의 도래를 가속화하고 있다.

포스트제너레이션 사회를 향해 나아가는 속도는 어떤 측면에서 바라보느냐에 따라 큰 차이가 있다. 먼저 여러 세대가 함께 사는 상황을 평가해보자. 선진국에서는 전체 인구 중 최대 20%가 다세대 가구를 이루어 살아간다(3장 참고). 그 비율은 계속 증가하고 있다. 증가분 중 상당수는 여전히 필요에 의한 선택이 주요 요인이지만, 이제는 개인적 선택에 따라 최소 두 세대 이상이 함께 사는 사람들이 늘어나고 있다. 신흥국과 개발도상국에서는 도시화와 새로운 경제적 기회 덕분에 이 비율이 훨씬 높았던 수준에서 감소하고 있다. 요컨대 여러 세대가 함께 살아가는 생활 방식은 주로 선진국과 개발도상국을 중심으로 양분되는 양상을 보인다.

두 번째로 중요한 차원인 다세대 학습 측면에서는 전 세계적으로 20대를 지난 뒤에 교육을 받으려는 사람들이 점점 더 늘어나고 있어(비록 과거에는 그 비율이 아주 낮은 수준이긴 했지만), 다세대 가구의 증감 추세와는 완전히 대조적인 양상을 보인다. 30세 이상 인구 중에서 고등학교 이상의 학위 취득 프로그램에 등록한 사람들의 비율은 오스트레일리아, 핀란드, 튀르키예가 10%를 넘고, 덴마크, 아이슬란드, 스웨덴, 뉴질랜드, 헝가리, 브라질이 5%를 넘는 수준이다. 미국은 약 4%이다. 5장에서 이야기했듯이, 60세 이상 중국인 4명 중 1명은 노인들을 위한 특수 대학교를 다닌다. 학위 취득을 목표로 하는 전통적인 교육의 경우, 단순히 모든 연령대의 학생들을 수용하는 것뿐만이 아니라, 진정한 포스트제너레이션 방식으로 함께 공부하는 다양한 연령대의 학생들의 필요를 제각각 다른 종류의 대학들을 통해 충족시키는 모형에서 벗어나는 것이 어려운 과제가 될 수 있다.

전통적인 모형에서와는 달리 포스트제너레이션 학습은 전 세계의 모든 연령층에서 폭발적으로 증가했다. EU 27개국에서 온라인 교육에 참여하는 30세 이상 인구의 비율은 2015년에 10% 미만이던 것이 2021년에는 20% 이상으로 증가했다. 영국은 30%에 육박하고 있고, 미국도 적어도 그만큼 높다. 기업들도 주목하기 시작했다. 컨설팅 회사인 KPMG에 따르면, 1995년에 미국 대기업과 중견 기업 중 직원에게 온라인 교육을 제공한 비율은 4%에 불과했다. 2022년에는 그 비율이 거의 90%에 이르렀다. 2019~2020년에 OECD 회원국 36개국에서 약 6000명의 임원을 대상으로 실시한 미국은퇴자협회의 설문조사에 따르면, 평생 학습과 교육, 훈련에 관한 정보가 매우 유용하거나 어느 정도 유용하다고 답한 비율이 80% 이상이었다. 그리고 75% 이상이 회사에서 직원에게 훈련 및 평생 학습 기회를 제공할 가능성이 매우 높거나 다소 높다고 답했다. 30세 이상인 사람들 중 상당수가 이미 평생 학습에 참여하고 있다. 다음 단계는 퍼레니얼을 위한 교육 제도를 만드는 것인데, 그러려면 진정한 다세대 학습의 혜택을 누릴 수 있도록 나이에 따라 사람들을 분리하는 교육을 철폐하는 것이 필요하다.

기업들도 심각한 인재 부족의 압박 때문에 다세대 직장 개념을 수용하기 시작했다. 이것은 퍼레니얼 사회와 경제의 세 번째 차원이다. 동일한 미국은퇴자협회 설문조사에 따르면, 형평성, 다양성, 포용성 정책을 시행하고 있는 64%의 기업 중 47%가 나이를 고려하는 것으로 드러났다. 약 46%는 다세대 인력의 잠재적 이점을 검토한 적이 있다고 답했다. 그중 70~80%는 다세대 인력의 비즈니스 가치와 전략적 이점, 같은 분야의 다른 기업들과 비교해 벤치마킹할 수 있는 도구, 다세대 인력의 필요를 충족하는 업무 환경의 설계 방법에 관한 정보, 다세대 인력과 팀의 관리와 관련된 실무와 통찰력에 매우 관심이 있거나 다소 관심이 있다고 답했다. 또한 다시 직장에 재진입하거나 복귀하는 프로그램, 세대 간 직원 자원 그룹, 다양한 연령대가 섞인 팀, 단계적 은퇴 프로그램 같은 계획에 대해서도 비슷한 수준의 관심을 보였다. 약 84%는 다세대 인력 양성이 회사의 성공에 매우 중요하거나 다소 중요하다고 생각했다.

경영진은 다세대 직장에 큰 관심을 갖고 있는 것처럼 보이는데, 그렇다면 근로자들은 어떨까? 2020년 6월에 컨설팅업체 딜로이트가 유럽 7개국에서 1만 명의 직원을 대상으로 실시한 설문조사에 따르면, 자기 회사가 다세대 인력을 양성하고 관리할 준비가되어 있다고 생각하는 응답자는 6%에 불과했다. 이것은 경영진이 생각하는 것과는 아주 큰 격차로, 반드시 메울 필요가 있다.

네 번째 차원인 다세대 소비는 여러 세대가 함께 살고 학습하고 일하는 추세 덕분에 증가하고 있다. 브랜드들은 세대 간의 공통점을 강조하고 다세대 공동 소비와 퍼레니얼 마케팅이라는 새로운 추세를 활용하여 여러 세대에 어필하기 시작했다. 상상할 수 없었던 일이 실제로 일어나고 있다. 디스커버리 채널과 폭스 엔터테인먼트, CBS, 텔레문도, 틱톡, 페이스북을 포함한 미디어와 스트리밍 회사들은 다세대 콘텐츠를 제작하고 있다. 뷰티 브랜드는 이제 '19/99' 연령층을 표적으로 삼는데, 캐나다 기업 19/99는 자사 웹사이트에서 "자신만의 아름다움을 정의하길 원하고, 적절하다고 여겨지는 것이 무엇인지에 신경 쓰지 않는 사람들을 위해 디자인했습니다."라고 말한다. "매직 넘버 같은 것은 없습니다. 이것은 보복의 시대를 위한 아름다움입니다." 9장에서 보았듯이, 디즈니와 레고 같은 유명 기업과 마찬가지로 자동차 회사들도 이러한 추세에 동참하고 있다.

생활, 학습, 일, 소비 부문의 트렌드가 서로를 강화하며 점점 더 포스트제너레이션 사회와 경제를 향해 나아가고 있다는 사실은 무척 고무적이다. 포스트제너레이션 사회로 향하는 진화를 가속화할 수 있는 최선의 방법들을 요약 정리해보자.

- 교육, 고용, 주택, 의료 서비스의 접근을 제한하는 것을 포함해 심각한 형태의 연령 차별을 철폐하여 법적 운동장을 평평하게 만든다.
- 교육 부문의 혁신과 경쟁을 장려하여 사람들에게 평생 학습에 참여하게 하고 여러 세대가 함께 배울 수 있는 환경을 조성한다. 여기에는 모든 연령대의 사람들에게 학자금 지원을

제공하는 것도 포함된다.

- 부모가 가정과 일 사이에서 복잡한 트레이드오프를 헤쳐나가 느라 고생하지 않도록 직무 성과 평가와 승진 제도를 개혁한 다. 여기에는 일부 기업과 조직에서 이미 사용하고 있는 방법 (승진 시한 연장과 유급 휴가 등)도 포함될 수 있다.

- 학교와 직장을 쉽게 오갈 수 있도록 개인과 기업에 자극과 인 센티브, 자금 지원을 제공하는 정부 정책을 채택한다. 그럼으 로써 조직이 포스트제너레이션 방식의 상호 작용과 협력을 극대화하도록 장려할 수 있다.

- 더 많은 기업과 정부 기관에 업무와 교육, 재교육, 경력에 포 스트제너레이션 접근법을 실험하라고 설득한다. 또한 채용과 승진을 결정할 때, 양질의 온라인 교육 증명서를 인정하도록 한다. 이렇게 하면 기업과 정부의 얼리 어답터는 변화의 선봉 장이 되어 다른 기업과 조직이 그 뒤를 따르려는 롤 모델이 될 수 있다. 정부와 전향적인 고용주는 세대 간 인식과 학습, 협력 기회를 극대화함으로써 다세대 사회와 경제를 옹호해야 한다.

하지만 잠재적 이점에 도취되어 이러한 전환 과정에 수반되는 몇 가지 큰 위험을 간과해서는 안 된다. 포스트제너레이션 혁명과 퍼레니얼 사고방식을 채택할 때 명심해야 할 주의 사항이 세 가지 있다. 가장 큰 문제는 사람들이 교육, 기술, 금융 보안을 포함해 인생에서 다양한 경로를 추구하게 해주는 수단과 도구에 대한 접근성과 관련이 있다. 포스트제너레이션 사회의 혜택이 널리 확산되려면, 이 자원들에 대한 평등한 접근을 보장하도록 지속적으로 신경을 쓰는 것이 중요하다. 아마도 기본 소득과 같은 제안은 사람들에게 경제와 기술 변화의 새 물결을 따라잡기 위해 직업과 경력을 바꾸도록 장려하는 데 큰 도움이 될 것이다.

또 한 가지 문제는 설령 수명이 늘어나더라도, 출산율 감소와 지식 경제 부문에서 부의 축적 심화로 상속 자산이 급증하면서 결국 불평등을 악화시킬 가능성이다. 그 영향은 전 세계적으로 지역에 따라 다르게 나타나겠지만(7장 참고), 가진 자와 못 가진 자 사이의 소득과 부의 격차가 커지면 기회의 평등을 위태롭게 함으로써 포스트제너레이션 사회의 전반적인 이점을 심각하게 훼손할 것이다.

전 세계의 많은 국가가 문화적으로나 정치적으로 고도로 양극화된 오늘날, 순차적 인생 모형에서 다양한 경로와 피드백 고리가 있는 새로운 모형으로 빠르고 급격하게 전환하는 것은 큰 논란을 야기할 수 있다. 인생을 살아가는 방식을 갑자기 바꾸자고 제안하면, 문화적, 정치적 관점에 따라 즉각 다양한 반응을 불러올 수 있기 때문이다. 전통적인 핵가족 개념이 더 이상 표준이 아닌 시대에 반동적 관점을 가진 사람들은 낡은 가치와 관행(여성을 전통적 역할로 강등하는 것을 포함해)으로 돌아가자고 주장할 수 있는데, 이것은 실현 가능성이 아주 낮을 뿐만 아니라 사회의 많은 집단이 받아들일 수 없는 주장이다. 우리는 반발을 피하고, 사회적, 정치적 균열을 악화시키지 않으면서 앞으로 나아가야 한다.

따라서 실용적 태도를 가질 필요가 있다. 점진적 변화와 급진적 변화를 전략적으로 조정하면서 사회적 갈등과 정치적 극단주의를 최소화해야 한다. 순차적 인생 모형이 사람들에게 잠재력을 완전히 발휘하지 못하게 하는 방법에는 어떤 것들이 있는지 계속 찾아야 한다. 가장 큰 문제를 야기하는 가정, 특히 인생의 단계를 구획화하는 가정에 이의를 제기해야 한다. 인구학적, 경제적, 기술적 변화가 급격하게 진행되는 시대에 사람들이 시대에 뒤처지는 것을 막고 각 개인이 잠재력을 최대한 발휘할 수 있도록 새로운 개념과 가능성에 기반을 둔 시험 계획을 실행에 옮기자. 정부와 기업, 교육 기관, 그리고 다른 유형의 조직들이 시민과 학생, 근로자를 퍼레니얼로 바라보고, 창의력을 발휘하고, 틀에서 벗어나 생각하고, 변화의 동력이 되고, 단순히 문제를 해결하는 대신에 문제를 없애라고 요구하자. 이들 중 일부만이라도 동참해 포스트제너레이션 생활과 학습, 일, 소비 방식의 다양한 측면을 실험하면 큰 차이를 만들어낼 수 있다.

일자리와 주택, 세금, 의료, 연금, 지속 가능성을 둘러싼 세대 간 갈등의 원인에 주의를 기울이면서 더 균형 잡히고 유연한 퍼레니얼 사회로 이행하는 것은 가장 어려운 시험이 될 것이다. 대규모 변화는 결코 쉽지 않고 마찰 없이 넘어가기 어렵다. 사실, 이러한 변화는 사회적, 정치적 혼란과 격변, 질서 붕괴를 동반하는 것이

보통이다. 이번에도 예외가 아닐 것이다. 하지만 낡은 가정과 실행 방법을 버리고 많은 상상력을 발휘한다면, 고등학교 중퇴자와 석사 학위를 받은 학생, 노동 시장에 재진입하려는 10대 어머니, 전문직 여성, 이혼한 여성, 기술 변화로 일자리를 잃은 사람, 지식 근로자를 비롯해 대다수 사람들에게 더 나은 미래 환경을 만드는 방식으로 우리의 삶을 재조직할 수 있을 것이다. 이것이 바로 퍼레니얼 사고방식을 채택하는 데 따르는 약속으로, 이 사고방식은 우리가 오랫동안 사람들을 경직된 범주들과 생애 단계들로 구분하는 데 사용해온 많은 용어의 의미를 바꿀 것이다.

* * *

엄청난 인구통계학적 변화와 기술 변화로 인해 점차 포스트제너레이션 시대의 삶과, 학습, 일, 소비 방식이 등장하고 있다. 그 결과로 갈수록 수많은 사람들을 순차적 인생 모형의 굴레로부터 해방시키는 것이 가능해지면서 누구나 평평한 운동장에서 보람 있는 삶을 살아갈 기회를 얻게 될 것이다. 이제 우리는 문제를 해결하기보다는 없애려는 퍼레니얼 사고방식을 채택할 때가 되었다. 사회와 경제는 이제 더 이상 산업화의 요구 조건을 충족시키기 위해 우리의 삶을 선형적으로 조직하던 19세기 후반의 사회와 경제가 아니다. 이제 우리는 지식과 기술이 주도하면서 빠르게 진화하는 후기 산업 경제 시대에 살고 있으며, 조직과 사람 모두 변덕스러운 환경에 훨씬 더 빠르고 유연하게 적응해야 한다. 이 새롭고 경쟁이 치열한 게임에서 성공하려면, 여러 세대가 함께 살고 배우고 일하고 소비하는 정신을 포용해야 한다. 점점 더 많은 사람들이 진정한 퍼레니얼이 되어가면서 포스트제너레이션 혁명은 이미 시작되었다. 우리는 그저 낡은 개념에서 벗어나 변화의 물결에 올라타기만 하면 된다.

# 감사의 말

---

책을 쓰는 것은 개인적 발견 여행을 시작하는 것과 같다. 이 책을 통해 내가 인생의 한 단계에서 다음 단계로 어떻게 진화했는지 이해하는 데 약간의 성과가 있었다. 사실, 나는 이 책을 쓰는 동안 교수에서 학장이 되면서 경력이 한 단계 바뀌었는데, 그러는 한편으로 팬데믹에서 벗어나면서 대다수 사람들처럼 미래가 어떤 모습으로 다가올지 갈피를 잡지 못한 채 그 어느 때보다 시간의 흐름을 강하게 의식했다. 이 책은 우리가 일반적으로 살아가는 삶의 방식에 의문을 제기한다. 그리고 몇 가지 일반적인 가정에 의문을 제기한다. 나는 다른 사람들과 대화를 나누기 전까지는 일반적으로 통용되는 많은 믿음의 함의를 제대로 이해하지 못했다. 이 책에 실린 내용 중 많은 것은 내가 교수로서 이 주제에 관한 강의를 하면서

받은 피드백에서 얻었다. 이 책에 뉘앙스를 더하고 부가적인 주제를 탐구할 때 가장 유용했던 것은 수천 명의 학생과 임원을 포함해 그 밖의 청중에게서 나온 질문과 논평이었다.

운 좋게도 나는 출판계에서 가장 뛰어난 사람들과 함께 일할 수 있었다. 에비타스 크리에이티브 매니지먼트의 제인 폰 메렌, 세인트마틴 출판사의 편집자 마이클 플라미니, 폴 슬라이커가 이끈 우리 홍보팀, 차트웰 스피커 뷰로의 프랜시스 호크가 바로 그들이다. 최상의 성과를 추구하는 그들의 열정은 내가 목표를 높이 세우고 열심히 일해 훌륭한 작품을 내도록 자극했다.

이 책의 실제 집필 작업은 필라델피아의 집과 케임브리지에서 이뤄졌다. 원고를 타자하고 다시 타자하면서 많은 저녁과 주말을 퀸스칼리지에서 보냈는데, 내학 총장인 모하메드 엘-에리안에게 가장 큰 고마움을 표시하고 싶다. 베니토 카치네로, 호세 마누엘 캄파, 카를로스 데 라 크루스, 알바로 쿠에르보, 훌리오 가르시아 코보스, 에밀리오 온티베로스, 산드라 수아레스는 언제나처럼 수많은 조언을 해주었고 수많은 실수로부터 나를 구해주었다.

이전 책을 집필할 때와 마찬가지로 아내 산드라와 딸 다니엘라와 안드레아는 내가 작업하는 모습을 지켜보며 끊임없는 도움을 주었다. 이 책을 세 사람에게 바친다.

# 참고 문헌

(• 모든 인터넷 웹사이트는 2022년 8월 20일 기준이다.)

## 수치로 본 멀티제너레이션 사회

- 1900년 이후 미국인의 평균 기대 수명 증가에 관한 내용은 다음을 참조하라. "Life Expectancy in the USA, 1900 – 1998," https://u.demog.berkeley.edu/~andrew/1918/figure2.html; U.S.; United Nations, World Population Prospects 2022 (New York: United Nations, 2022); World Health Organization, Global Health Observatory, https://apps.who.int/gho/data/view.main.HALEXv; Bureau of the Census, "American Families and Living Arrangements: 2021," tables H1 and FG3, https://www.census.gov/data/tables/2021/demo/families/cps-2021.html; "Financial Issues Top the List of Reasons U.S. Adults Live in Multigenerational Homes," Pew Research Center, March 24, 2022, https://www.pewresearch.org/fact-tank/2018/04/05/a-record-64-million-americans-live-in-multigenerational-households/; OECD's Education Database, https://data.oecd.org/education.htm; the data on online learning by age come from the Statista database; *Global Insights on a Multigenerational Workforce* (Washington, DC: AARP Research, August 2020); "The Rise of Intergenerational Influence?," Media Leader, March 2, 2021, https://the-media-leader.com/the-rise-of-intergenerational-influence/.

멀티제너레이션, 대전환의 시작

## 들어가는 말

- 세계경제포럼이 정의한 '노년'은 다음 문헌을 참조하라. "What is Old Age?," April 21, 2015, https://www.weforum.org/agenda/2015/04/what-is-old-age/.
- BMW에 관한 내용은 다음을 참조하라. Christoph Loch, Fabian J. Sting, Nikolaus Bauer, and Helmut Mauermann, "The Globe: How BMW Is Defusing the Demographic Time Bomb," *Harvard Business Review*, https://hbr.org/2010/03/the-globe-how-bmw-is-defusing-the-demographic-time-bomb; Val Grubb, "Managing Four Generations in the Workplace," Val Grubb & Associates, October 18, 2015, https://valgrubbandassociates.com/managing-four-generations-in-the-workplace/; "The Future of Work: Changing Values in a Multi-Generational Workforce," GetSmarter, September 28, 2020, https://www.getsmarter.com/blog/market-trends/the-future-of-work-changing-values-in-a-multi-generational-workforce/; Marti Konstant, "Multigenerational Workforce Re-quires Culture Shift," Marti Konstant's website, 2022.
- 같은 직장에서 여러 세대가 함께 일하는 이야기는 다음을 참조하라. Brendan Shaw, "Five Generations in the Workplace," Shawview Consulting, June 7, 2019, https://www.shawview.com/post/2019/06/07/an-historical-moment-five-generations-in-the-workplace; Jeff Desjardins, "How Different Generations Approach Work," Visual Capitalist, May 30, 2019, https://www.visualcapitalist.com/generations-approach-workplace/; Michael Vincent, "The Benefits of Having Multiple Generations in the One Workplace," ABC News Australia, March 6, 2019, https://mobile.abc.net.au/news/2019-03-06/benefits-of-having-multi-generations-in-the-one-workplace/10873564.
- 문제를 해결하는 데 뇌의 다른 부분을 사용하는 이야기는 다음을 참조하라. Katherine Ellen Foley, "Scientifically, This Is the Best Age for You to Lead," Quartz, May 9, 2019, https://qz.com/work/1614701/the-best-age-to-lead-is-probably-in-your-50s/.

## 1장 인생의 네 단계

- 의무 교육의 역사에 관한 내용은 다음을 참조하라. Peter Gray, "A Brief History of

Education," *Psychology Today*, August 20, 2008, https://www.psychologytoday.com/us/blog/freedom-learn/200808/brief-history-education; Francisco O. Ramirez and John Boli, "The Political Construction of Mass Schooling," *Sociology of Education* 60, no. 1 (January 1987): 2-17.

- 독일 교사와 그가 학생에게 가한 체벌에 관한 이야기는 다음을 참조하라. James Mulhern, *A History of Education: A Social Interpretation*, 2nd ed. (New York: Ronald Press, 1959), 383.

- 산업화와 학교 교육에 관한 내용은 다음을 참조하라. E. P. Thompson, "Time, Work-Discipline, and Industrial Capitalism," *Past & Present* 38 (December 1967): 56-97. 터너 목사가 인용한 말은 84쪽에 나온다.
  Charles Perrow, "A Society of Organizations," *Theory & Society* 20, no. 6 (December 1991): 725-762.

- 직장에 관한 소설은 다음을 참조하라. Joanna Biggs, "Top 10 Books About Working Life," *Guardian*, April 29, 2015.

- 학교 교육에 관한 텔컷 파슨스의 유명한 논문은 다음과 같다. Talcott Parsons, "The School Class as a Social System," *Harvard Educational Review* 29 (1959): 297-318.

- 피터 팬 증후군에 관한 내용은 다음을 참조하라. Dan Kiley, *The Peter Pan Syndrome: Men Who Have Never Grown Up* (New York: Avon Books, 1983); Aldous Huxley, *Island* (New York: Perennial, 1962), 184-185; Melek Kalkan, Meryem Vural Batik, Leyla Kaya, and Merve Turan, "Peter Pan Syndrome 'Men Who Don't Grow': Developing a Scale," *Men and Masculinities* 24, no. 2 (June 2021): 245-257.

- 호세 오르테가 이 가세트José Ortega y Gasset의 말은 다음에서 인용했다. "Overprotecting Parents Can Lead Children to Develop 'Peter Pan Syndrome,'" Science Daily, May 3, 2007, https://www.sciencedaily.com/releases/2007/05/070501112023.htm.

- 인생의 단계에 관한 에릭 에릭슨의 이론은 다음에 잘 요약되어 있다. Kendra Cherry, "Erik Erikson's Stages of Psychosocial Development," Verywell Mind, August 3, 2022, https://www.verywellmind.com/erik-eriksons-stages-of-psychosocial-development-2795740.

- 게리 베커의 인구통계학 이론은 다음에 잘 요약되어 있다. Matthias Doepke, "Gary Becker on the Quantity and Quality of Children," *Journal of Demographic Economics* 81 (2015): 59-66.
  베커가 인용한 구절들은 다음에서 가져왔다. Gary Becker, *A Treatise on the Family* (Cambridge, MA: Harvard University Press, 1991), 144.

- 길브레스 가족의 시도와 시련에 관한 내용은 다음에서 인용했다. Frank B. Gilbreth Jr. and Ernestine Gilbreth Carey, *Cheaper by the Dozen* (Binghamton, NY: Vail-Ballou Press, 1948), 2, 10, 21-22, 88; *Ernestine M. Gilbreth, Living with Our Children* (New York: W. W. Norton, 1928), 3, 11.

- 여성의 교육과 어린이에 관한 통계 수치는 다음에서 인용했다. Gladys M. Martinez, Kimberly Daniels, and Isaedmarie Febo-Vazquez, "Fertility of Men and Women Aged 15-44 in the United States: National Survey of Family Growth, 2011-2015," *National Health Statistics Report* no. 113 (July 11, 2018).

- 부모의 압력과 어린이의 교육 계획에 관한 내용은 다음을 참조하라. Carl O'Brien, "Parents Warned of Obsession with Sending Children to University," *Irish Times*, May 23, 2018, https://www.irishtimes.com/news/education/parents-warned-of-obsession-with-sending-children-to-university-1.3402361, 켄 로빈슨의 말은 여기에서 인용했다; Avik Mallick, "How Obsession with Grades Harms Children's Education," India Education, 2022, https://indiaeducation.net/students-corner/how-obsession-with-grades-harms-childrens-education/; Alia Wong, "The American Obsession with Parenting," *Atlantic*, December 12, 2016, https://www.theatlantic.com/family/archive/2016/12/the-american-obsession-with-parenting/510221/.

- 문화적 자본과 학교 성적에 관한 내용은 다음을 참조하라. Paul DiMaggio, "Cultural Capital and School Success," *American Sociological Review* 47 (April 1982): 189-201.

- 조지프 가벌리가 한 말은 다음에서 인용했다. "Parental Pressure and Behavior May Put Teens at Risk for Substance Use and Abuse Say Experts from Caron Treatment Centers," GlobeNewswire, March 14, 2019, https://www.globenewswire.com/news-release/2019/03/14/1754943/0/en/Parental-Pressure-and-Behavior-May-Put-Teens-at-Risk-for-Substance-Use-and-Abuse-Say-Experts-from-Caron-Treatment-Centers.html.

- 중년의 위기에 관한 인용문은 다음에서 가져왔다. Rebecca A. Clay, "Researchers Replace Midlife Myths with Facts," *Monitor on Psychology* 34, no. 4 (April 2003): 36.
다음 글도 함께 참조하라. "Midlife," *Psychology Today*, https://www.psychologytoday.com/intl/conditions/midlife; Jonathan Rauch, "The Real Roots of Midlife Crisis," *Atlantic*, December 2014, https://www.theatlantic.com/magazine/archive/2014/12/the-real-roots-of-midlife-crisis/382235/; Xu Qin, "Did Snow White Deal

with Midlife Crisis?," Shine, October 16, 2020, https://www.shine.cn/feature/book/2010167822/.

- 독신 생활과 외로움에 관한 내용은 다음을 참조하라. "Percentage of Americans Living Alone, by Age," Our World in Data, https://ourworldindata.org/grapher/percentage-of-americans-living-alone-by-age?time=1900,2018; "Social Isolation, Loneliness in Older People Pose Health Risks," National Institute on Aging, https://www.nia.nih.gov/news/social-isolation-loneliness-older-people-pose-health-risks.

- 은퇴 후의 외로움에 관한 내용은 다음을 참조하라. "How to Combat Loneliness in Older Age," Gransnet, https://www.gransnet.com/relationships/older-people-feeling-lonely-making-new-friends; James Sullivan, "The Financial and Human Cost of Loneliness in Retirement," *Journal of Accountancy Newsletter / CPA Insider*, January 21, 2020, https://www.journalofaccountancy.com/newsletters/2020/jan/financial-consequences-isolation-senior-clients.html; Oejin Shin, Sojung Park, Takashi Amano, Eunsun Kwon, and BoRin Kim, "Nature of Retirement and Loneliness: The Moderating Roles of Social Support," *Journal of Applied Gerontology* 39, no. 12 (2020): 1292–1302; Esteban Calvo, Kelly Haverstick, and Steven A. Sass, "Gradual Retirement, Sense of Control, and Retirees' Happiness," *Research on Aging* 31, no. 1 (2009): 112–135.

- 발터 그로피우스와 프랭크 길브레스에 관한 내용은 다음을 참조하라. Mauro F. Guillén, *The Taylorized Beauty of the Mechanical: Scientific Management and the Rise of Modernist Architecture* (Princeton, NJ: Princeton University Press, 2006).

- 세대 간 역학에 관한 내용은 다음을 참조하라. "Intergenerational Solidarity and Needs of Future Generations," United Nations, August 5, 2013, https://sustainabledevelopment.un.org/content/documents/2006future.pdf; Michael J. Urick, Elaine C. Hollensbe, Suzanne S. Masterson, and Sean T. Lyons, "Understanding and Managing Intergenerational Conflict: An Examination of Influences and Strategies," *Work, Aging and Retirement* 3, no. 2 (April 2017): 166–185; "Inheriting Climate Change," ClimateOne, https://www.climateone.org/audio/inheriting-climate-change-0; Bruce Gibney, *A Generation of Sociopaths: How the Baby Boomers Betrayed America* (New York: Hachette Books, 2017).

멀티제너레이션, 대전환의 시작

## 2장 늘어나는 수명과 좋아지는 건강

- 이 주제에 관한 가장 좋은 역사서로 다음을 추천한다. James C. Riley, *Rising Life Expectancy: A Global History* (Cambridge, England: Cambridge University Press, 2001), 본문에서 인용한 구절은 1쪽에, 런던 사람들의 사망 원인에 관한 변천사는 17쪽에 나온다.
- 100세 이상의 장수자와 스탈린에 관한 이야기는 다음을 참조하라. Neil G. Bennett and Lea Keil Garson, "The Centenarian Question and Old-Age Mortality in the Soviet Union, 1959-1970," *Demography* 20, no. 4 (November 1983): 587-606; Neil G. Bennett and Lea Keil Garson, "Extraordinary Longevity in the Soviet Union: Fact or Artifact?," *Gerontologist* 6, no. 4 (August 1986): 358-361; Lea Keil Garson, "The Centenarian Question: Old-Age Mortality in the Soviet Union, 1897 to 1970," *Population Studies* 45, no. 2 (July 1991): 265-278.
- 과거의 미국인 기대 수명에 관한 데이터는 다음에서 볼 수 있다. "Life Expectancy in the USA, 1900-1998," University of California, Berkeley, https://u.demog.berkeley.edu/~andrew/1918/figure2.html.
- 남성 엘리트의 기대 수명에 관한 데이터는 다음에서 인용했다. J. P. Griffin, "Changing Life Expectancy Throughout History," *Journal of the Royal Society of Medicine* 101, no. 12 (December 2008): 577.
- 세계 각국의 기대 수명에 관한 내용은 다음을 참조하라. Aaron O'Neill, "Life Expectancy in the United Kingdom 1765-2020," Statista, https://www.statista.com/statistics/1040159/life-expectancy-united-kingdom-all-tim/; "Life Expectancy by Age," Infoplease, https://www.infoplease.com/us/health-statistics/life-expectancy-age-1850-2011; Lauren Medina, Shannon Sabo, and Jonathan Vespa, "Living Longer: Historical and Projected Life Expectancy in the United States, 1960 to 2060," *Current Population Reports*, February 2020, https://www.census.gov/content/dam/Census/library/publications/2020/demo/p25-1145.pdf; Raphael Minder, "Spain's Formula to Live Forever," *Foreign Policy*, July 4, 2019, https://foreignpolicy.com/2019/07/04/spains-formula-to-live-forever/; Steven Johnson, "How Humanity Gave Itself an Extra Life," *New York Times Magazine*, April 27, 2021.
- 젊음의 샘에 관한 이야기는 다음을 참조하라. Herodotus, *The Histories*, book III, http://www.perseus.tufts.edu/hopper/text?doc=Perseus%3Atext%3A1999.01.0126%3Abook%3D3; "Myth of the Source: Historical References," Acción Cultura

Española, https://www.accioncultural.es/virtuales/florida/eng/search/myth_history. html; Tad Friend, "Silicon Valley's Quest to Live Forever," *New Yorker*, March 27, 2017; Jocelyn Kaiser, "Google X Sets Out to Define Healthy Human," *Science*, July 28, 2014; Eva Hamrud, "Scientists Think We Can 'Delay' the Aging Process, but How Far Can We Actually Go?," Science Alert, April 3, 2021; Adam Gopnik, "Can We Live Longer but Stay Younger?," *New Yorker*, May 13, 2019.

- 미국에서 일어나는 '절망의 죽음'에 관한 정보는 다음에서 확인할 수 있다. Anne Case and Angus Deaton, "Rising Morbidity and Mortality in Midlife among White Non-Hispanic Americans in the 21st Century," *Proceedings of the National Academy of Sciences* 112, no. 49 (November 2, 2015); Alan B. Krueger, " Where Have All the Workers Gone?," paper prepared for "The Elusive 'Great' Recovery: Causes and Implications for Future Business Cycle Dynamics," Sixtieth Annual Economic Conference, Federal Reserve Bank of Boston, Boston, MA, October 14, 2016, https://www.bostonfed.org/-/media/Documents/economic/conf/great-recovery-2016/Alan-B-Krueger.pdf.

- 일로 인한 성별 사망률 변화에 관한 내용은 다음을 참조하라. UN, *World Population Prospects: 2019 Revision*; Bertrand Desjardins, "Why Is Life Expectancy Longer for Women Than It Is for Men?," *Scientific American*, August 30, 2004; Rochelle Sharpe, "Women's Longevity Falling in Some Parts of the U.S., Stress May Be Factor," *Connecticut Health*, November 12, 2012, http://c-hit.org/2012/11/12/womens-longevity-falling-in-some-parts-of-u-s-stress-may-be-factor/; Irma T. Elo et al., "Trends in Non-Hispanic White Mortality in the United States by Metropolitan-Nonmetropolitan Status and Region, 1990-2016," *Population and Development Review* 45, no. 3 (2019): 549-583; Arun S. Hendi, "Trends in Education-Specific Life Expectancy, Data Quality, and Shifting Education Distributions: A Note on Recent Research," *Demography* 54, no. 3 (2017): 1203-1213; Monica Potts, "What's Killing Poor White Women?," *American Prospect*, September 3, 2013.

- 인종별 코로나19 사망률에 관한 정보는 다음을 참조하라. Tamara Rushovich, Marion Boulicault, and Heather Shattuck-Heidorn, "Sex Disparities in COVID-19 Mortality Vary Across US Racial Groups," *Journal of General Internal Medicine* 36 (2021): 1696-1701.

- 싱글 맘에 관한 통계 수치는 다음에서 인용했다. "Single Mother Statistics," Single Mother Guide, May 17, 2021, https://singlemotherguide.com/single-motherstatistics/.

- 건강을 감안해 조정한 기대 수명 통계 수치는 다음에서 인용했다. "Healthy Life Expectancy at Birth," UN, https://www.un.org/esa/sustdev/natlinfo/indicators/methodology_sheets/health/health_life_expectancy.pdf.
- 얀피터르 얀선이 한 말은 다음에서 인용했다. Josephine Cumbo, "'Their House is on Fire': The Pension Crisis Sweeping the World," *Financial Times*, November 17, 2019.
- 평균 은퇴 나이 데이터는 다음을 참조하라. Brendan Shaw, "Five Generations in the Workplace," Shawview Consulting, June 7, 2019, https://www.shawview.com/post/2019/06/07/an-historical-moment-five-generations-in-the-workplace.
- 정부 보고서는 다음을 말한다. *Intergenerational Fairness and Provision Committee Report* (London: House of Lords, January 21, 2021), https://lordslibrary.parliament.uk/intergenerational-fairness-and-provision-committee-report/.
  다음 글도 함께 참조하라. Aart-Jan Riekhoff, "Pension Reforms, the Generational Welfare Contract and Preferences for Pro-Old Welfare Policies in Europe," *Social Policy & Administration* 55, no. 3 (December 2020): 501-518.
- 1950년대의 런던 버스 파업에 대한 기록은 다음을 참조하라. "London Buses on the Streets, 1940s and 1950s," https://www.1900s.org.uk/1940s-london-buses.htm; "Bus Drivers and Their Special Skills, 1940s and 1950s," https://www.1900s.org.uk/1940s-london-bus-drivers.htm.

## 3장 가족의 재구성

- 미국과 세계 각국의 가구에 관한 데이터는 다음을 참조하라. Bureau of the Census, "American Families and Living Arrangements: 2021," tables H1 and FG3, https://www.census.gov/data/tables/2021/demo/families/cps-2021.html; Stephanie Kramer, "U.S. Has World's Highest Rate of Children Living in Single-Parent Households," Pew Research Center, December 12, 2019, https://www.pewresearch.org/fact-tank/2019/12/12/u-s-children-more-likely-than-children-in-other-countries-to-live-with-just-one-parent/.
- 핵가족에 관한 인용문은 다음에서 가져왔다. Margaret Mead and Ken Heyman, *Family* (New York: Macmillan, 1965), 77-78; David Brooks, "The Nuclear Family Was a Mistake," *Atlantic*, March 2020; Joe Pinsker, "If the Nuclear Family Has

Failed, What Comes Next?," *Atlantic*, March 2020.

- 여성 잡지 인용 구절들은 다음에서 가져왔다. Francesca M. Cancian and Steven L. Gordon, "Changing Emotion Norms in Marriage: Love and Anger in U.S. Women's Magazines Since 1900," *Gender and Society* 2, no. 3 (September 1988): 308–342. Robert N. Bellah, Richard Madsen, William M. Sullivan, Ann Swidler, and Steven M. Tipton, *Habits of the Heart: Individualism and Commitment in American Life* (Berkeley: University of California Press, 1985), 6.

  Robert D. Putnam, *Bowling Alone: The Collapse and Revival of American Community* (New York: Simon & Schuster, 2000), 183; 277.

- 가족 구조와 싱글 맘에 관한 데이터는 다음을 참조하라. OECD Family Database, https://www.oecd.org/els/family/database.htm#structure; Huizhong Wu, "Denied Benefits, Chinese Single Moms Press for Change," *Associated Press*, March 15, 2021, https://apnews.com/article/china-single-moms-denied-benefits-d7c841920b21331e7c18ca4f40e69b6a; Vivian Wang, "For China's Single Mothers, a Road to Recognition Paved with False Starts," *New York Times*, May 31, 2021; Kanksha Raina, "The Joys and Struggles of Being a Single Mother in India," *Kool Kanya*, July 28, 2020, https://blogs.koolkanya.com/the-joys-and-struggles-of-being-a-single-mother-in-india/; Bella DePaulo, *How We Live Now: Redefining Home and Family in the 21st Century* (New York: Simon & Schuster, 2015).

- 〈초원의 집〉에 관한 내용은 다음을 참조하라. Diana Bruk, "11 Reasons 'Little House on the Prairie' Was Once the Best Show on Television," *Country Living*, November 12, 2014, https://www.countryliving.com/life/a6263/little-house-on-the-prairie/.

- 한국의 리얼리티 쇼 〈나 홀로 산다〉에 관한 내용은 다음을 참조하라. Sam Kim, "South Korea Crosses a Population Rubicon in Warning to the World," *Bloomberg*, May 26, 2021.

- 홀로 살기에 관한 내용은 다음을 참조하라. Bella DePaulo, "Living Alone: Men and Women, Young to Old, Around the World," *Psychology Today*, February 28, 2020, https://www.psychologytoday.com/us/blog/living-single/202002/living-alone-men-and-women-young-old-around-the-world; Albert Esteve, David S. Reher, Rocío Treviño, Pilar Zueras, and Anna Turu, "Living Alone over the Life Course: Cross-National: Variations on an Emerging Issue," *Population and Development Review* 46, no. 1 (2019): 169–189; Eric Kilnenberg, *Going Solo: The Extraordinary Rise and Surprising Appeal of Living Alone* (New York: Duckworth Books, 2013).

- 부모와 함께 사는 성인 자녀 '어른이'에 관한 내용은 다음을 참조하라. Richard Fry, Jeffrey S. Passel, and D'Vera Cohn, "A Majority of Young Adults in the U.S. Live with Their Parents for the First Time Since the Great Depression," Pew Research Center, September 4, 2020, https://www.pewresearch.org/fact-tank/2020/09/04/a-majority-of-young-adults-in-the-u-s-live-with-their-parents-for-the-first-time-since-the-great-depression/; "When Are They Ready to Leave the Nest?," Eurostat, August 12, 2020, https://ec.europa.eu/eurostat/web/products-eurostat-news/-/edn-20200812-1; "The Ominous 'Kangaroo' Generation in Korea," Newsnpr, November 7, 2021, https://www.newsnpr.org/the-ominous-kangaroo-generation-in-korea-parents-do-not-let-their-children-be-independent-until-the-age-of-40-they-still-have-no-intention-of-leaving-the-house/, 한국의 사례는 여기에서 인용했다; "Census Data Shows More than 42% of South Koreans in their 30s Are Unmarried," Allkpop, September 29, 2021, https://www.allkpop.com/article/2021/09/census-data-shows-more-than-42-of-south-koreans-in-their-30s-are-unmarried; Christina Newberry, "Adult Children At Home? Learn Strategies for Making It Work—Including How to Word a Contract for Adult Children Living at Home That Makes the Rules Clear!," Adult Children Living at Home, https://adultchildrenlivingathome.com/.
- 벨라 드파울로가 한 말은 다음에서 가져왔다. *How We Live Now: Redefining Home and Family in the 21st Century*, Kindle edition (New York: Atria Books, 2015), 5-6.
- ILGA가 성적 지향성에 관한 법률의 현황을 표현한 세계 지도는 다음에서 볼 수 있다. https://ilga.org/maps-sexual-orientation-laws; "언어는 감옥이다."라는 표현은 다음에 나온다. https://www.reddit.com/r/Showerthoughts/comments/3qghcp/language_is_a_prison_we_cannot_break_out_of_it_is/.
- 성별 구별이 있는 언어와 불평등에 관한 내용은 다음을 참조하라. "The Subtle Ways Language Shapes Us," BBC, https://www.bbc.com/culture/article/20201006-are-some-languages-more-sexist-than-others; Jennifer L. Prewitt-Freilino, T. Andrew Caswell, and Emmi K . Laakso, "The Gendering of Language: A Comparison of Gender Equality in Countries with Gendered, Natural Gender, and Genderless Languages," *Sex Roles* 66, nos. 3-4 (February 2011): 268-281.
- 다세대 가구에 관한 내용은 다음을 참조하라. Robert Habiger, "Multigenerational Living: A Personal Experience," Dekker Perich Sabatini, https://www.dpsdesign.org/blog/multigenerational-living-a-personal-experience; Peter Muennig, Boshen Jiao,

and Elizabeth Singer, "Living with Parents or Grandparents Increases Social Capital and Survival: 2014 General Social Survey—National Death Index," *SSM Population Health* 4 (April 2018): 71–75; James Tapper, "All Under One Roof: The Rise and Rise of Multigenerational Life," *Guardian*, March 10, 2019; Ian Marcus Corbin, "A Return to Multigenerational Living," Institute for Family Studies, June 22, 2020, https://ifstudies.org/blog/a-return-to-multi-generational-living; D'Vera Cohn et al., "Financial Issues Top the List of Reasons U.S. Adults Live in Multigenerational Homes," Pew Research Center, March 24, 2022, https://www.pewresearch.org/fact-tank/2018/04/05/a-record-64-million-americans-live-in-multigenerational-households/; *Family Matters: Multigenerational Living Is on the Rise and Here to Stay* (Washington, DC: Generations United, 2021), https://www.gu.org/app/uploads/2021/04/21-MG-Family-Report-WEB.pdf; Gemma Burgess and Kathryn Muir, "The Increase in Multigenerational Households in the UK: The Motivations for and Experiences of Multigenerational Living," *Housing, Theory and Society* 37, no. 3 (2020): 322–338; Shannon Guzman, "Multigenerational Housing on the Rise, Fueled by Economic and Social Changes," AARP Public Policy Institute, June 2019, https://www.aarp.org/content/dam/aarp/ppi/2019/06/multigenerational-housing.doi.org.10.26419-2Fppi.00071.001.pdf; Daphne Lofquist, "Multigenerational Households," U.S. Census Bureau, working paper #2013–20, https://www.census.gov/content/dam/Census/library/working-papers/2013/acs/lofquist-01.pdf.

• 유토피아적 공동체에 대한 자세한 내용은 다음을 참조하라. Rosabeth Moss Kanter, *Community and Commitment* (Cambridge, MA: Harvard University Press, 1972).


## 4장 모두를 위한 교육

• 10대를 향한 부모의 압력에 관한 내용은 다음을 참조하라. Janet Sasson Edgette, "Let's Stop Stressing Out Our Kids with Career Choice Pressure," *Philadelphia Inquirer*, March 11, 2019; Elena Blanco-Suarez, "The Myths About the Teenage Brain," *Psychology Today*, March 19, 2019, https://www.psychologytoday.com/us/blog/brain-chemistry/201903/the-myths-about-the-teenage-brain; Richard Wike, "Americans Say Kids Need More Pressure in School, Chinese Say Less," Pew Research Center, August 22, 2013, https://www.pewresearch.org/fact-tank/2013/08/22/americans-say-kids-need-more-pressure-in-school-chinese-say-less/; Amy Morin, "The Dangers of Putting Too Much Pressure on Kids," Verywell Family, September 22, 2020, https://www.verywellfamily.com/the-dangers-of-putting-too-much-pressure-on-kids-1094823.

- 학생들의 학업 수행 능력에 관한 내용은 다음을 참조하라. PISA 2018 results, https://www.oecd.org/pisa/PISA-results_ENGLISH.png; "Dropout Rates," National Center for Education Statistics, https://nces.ed.gov/fastfacts/display.asp?id=16; H. Dryler, "Parental Role Models, Gender, and Educational Choice," *British Journal of Sociology* 49, no. 3 (September 1998): 375–398; Grace Chen, "Parental Involvement Is Key to Student Success," Public School Review, August 14, 2021, https://www.publicschoolreview.com/blog/parental-involvement-is-key-to-student-success.

- 대학 선택에 관한 내용은 다음을 참조하라. John Katzman and Steve Cohen, "Why Parents Pick the Wrong Colleges for Their Kids," *Time*, April 14, 2017; Kristin van Ogtrop, "A Letter of Apology to a Son Graduating from College," *Time*, April 13, 2017; Anna Raskind, "Major Problems: How to Choose a Major Under Pressure," *Columbia Daily Spectator*, April 21, 2016; Leighann Camarero, "When It Comes to Choosing a Major, College Students Feel the Pressure," WAMC Northeast Public Radio, April 4, 2013, https://www.wamc.org/post/when-it-comes-choosing-major-college-students-feel-pressure; Editorial Board, "Do Parentals Pressure Career Choices?," *Ledger*, November 14, 2018; Sonu Kumari Singh, "Academic and Psychological Consequences of Imposed Career Choices," master's thesis, National Institute of Technology, Rourkela, India, May 2015, https://core.ac.uk/download/pdf/80147549.pdf.

- 완벽주의에 관한 내용은 다음을 참조하라. Rachel Simmons, "Perfectionism Among Teens Is Rampant (and We're Not Helping)," *Washington Post*, January 25, 2018; Thomas Curran and Andrew P. Hill, "Perfectionism Is Increasing Over Time: A Meta-Analysis of Birth Cohort Differences from 1989 to 2016," *Psychological Bulletin* 145, no. 4 (2019): 410–429.

- 알렉산드라 모건 그루버의 이야기는 상원 청문회에서 그가 한 발언을 바탕으로 구성했다. "No Place to Grow Up," May 19, 2015, United States Finance Committee, https://www.finance.senate.gov/imo/media/doc/Gruber%20Testimony.pdf.

- 미국의 각 주에서 운영하는 대학교 학비 지원 프로그램에 관한 데이터는 다음에서 인용했다. "Tuition Waivers by State," University of Washington, https://depts.

washington.edu/fostered/tuition-waivers-state.

- 중독자의 회복에 관한 연구는 다음에서 인용했다. David Eddie et al., "From Working on Recovery to Working in Recovery," *Journal of Substance Abuse and Treatment* 113 (June 2020).

- 노동력의 기술에 관한 내용은 다음을 참조하라. "The Professional and Technical Workforce: By the Numbers," AFL-CIO Department for Professional Employees, September 27, 2021, https://www.dpeaflcio.org/factsheets/the-professional-and-technical-workforce-by-the-numbers; David J. Deming, "The Growing Importance of Social Skills in the Labor Market," *Quarterly Journal of Economics* 132, no. 4 (November 2017): 1593-1640; J. D. Mayer, R . D. Roberts, and S. R . Barsade, "Human Abilities: Emotional Intelligence," *Annual Review of Psychology* 59 (2008): 507-536; *The Future of Jobs* (Geneva: World Economic Forum, January 2016), http://www3.weforum.org/docs/WEF_Future_of_Jobs.pdf.

- 캘턴 푸 교수가 한 말은 다음에서 인용했다. Nicole Krueger, "Preparing Students for Jobs That Don't Exist," ISTE, August 31, 2021, https://www.iste.org/explore/ISTE-blog/Preparing-students-for-jobs-that-don%27t-exist.

- 일과 기술 전문가들의 발언은 다음에서 인용했다. "The Future of Jobs and Jobs Training," Pew Research Center, May 3, 2017, https://www.pewresearch.org/internet/2017/05/03/the-future-of-jobs-and-jobs-training/; National Academies of Science, Engineering, and Medicine, *Information Technology and the U.S. Workforce* (Washington, DC: National Academies Press, 2017), https://www.nap.edu/read/24649/chapter/1.

- 피카소가 한 말은 다음에서 인용했다. William Fifield, "Pablo Picasso: A Composite Interview," *Paris Review* 32 (summer-fall 1964).

- 금융 이해력과 기능적 문맹에 관한 내용은 다음을 참조하라. Annamaria Lusardi and Olivia S. Mitchell, "The Economic Importance of Financial Literacy: Theory and Evidence," *Journal of Economic Literature* 52, no. 1 (2014): 5-44; Meredith Cicerchia and Chris Freeman, "How Common Is Functional Illiteracy?," Touch-type Read and Spell, https://www.readandspell.com/functional-illiteracy.

- 외국어 학습에 관한 내용은 다음을 참조하라. "Which Countries Are Best at English as a Second Language?," World Economic Forum, November 2019, https://www.weforum.org/agenda/2019/11/countries-that-speak-english-as-a-second-language.

다음도 함께 참조하라. Mauro F. Guillén, "The Real Reasons to Support Language Study," *Chronicle of Higher Education*, July 27, 2009, https://www.chronicle.com/article/the-real-reasons-to-support-language-study/.

- 월터 롱이 한 말은 다음에서 인용했다. Byron Pitts, "Battling the Scourge of Illiteracy," CBS News, October 4, 2009, https://www.cbsnews.com/news/battling-the-scourge-of-illiteracy/; Daniel Lattier, "32 Million U.S. Adults Are 'Functionally Illiterate'…What Does That Even Mean?," Intellectual Takeout, August 26, 2015, https://www.intellectualtakeout.org/blog/32-million-us-adults-are-functionally-illiterate-what-does-even-mean/; "National Assessment of Adult Literacy (NAAL)," National Center for Education Statistics, https://nces.ed.gov/naal/; "Program for the International Assessment of Adult Competencies," National Center for Education Statistics, https://nces.ed.gov/surveys/piaac/; "Survey of Adult Skills," OECD, https://www.oecd.org/skills/piaac/.

## 5장 한 번의 삶에 세 번의 경력

- 경력 선환에 관한 내용은 다음을 참조하라. Stacy Rapacon, "Career Change Is the New Normal of Working," CNBC, April 27, 2016, https://www.cnbc.com/2016/04/26/career-change-is-the-new-normal-of-working.html; Helen Barrett, "Plan for Five Careers in a Lifetime," *Financial Times*, September 5, 2017.
- 온라인 교육의 미래에 관한 내용은 다음을 참조하라. "The Future of Jobs and Jobs Training," Pew Research Center, May 3, 2017, https://www.pewresearch.org/internet/2017/05/03/the-future-of-jobs-and-jobs-training/; Emma Jacobs and Aimee Keane, "Career Changers: Cracking It as a Coder," *Financial Times*, August 30, 2018, https://www.ft.com/content/1ee55290-963e-11e8-b67b-b8205561c3fe, 해나 크로스와 마사 체임버스가 한 말은 여기에서 인용했다; "Creativity Peaks in Your 20s and 30s," BBC News, April 27, 2019, https://www.bbc.com/news/newsbeat-48077012.
- 기술과 일자리 파괴에 관한 내용은 다음을 참조하라. Andrew J. Chapin, "Forget Robots, Blockchain Technology May Be the Real Threat to Your Job," *Observer*, November 18, 2018, https://observer.com/2018/11/blockchain-smart-contracts-middle-management-jobs/; "Resoundingly Human: Robots on the Job—What's the

Real Impact for Their Human Counterparts?," Knowledge at Wharton, November 6, 2020, https://ai.wharton.upenn.edu/news-stories/resoundingly-human-robots-on-the-job-whats-the-real-impact-for-their-human-counterparts/; Joe McKendrick, "It's Managers, Not Workers, Who Are Losing Jobs to AI and Robots, Study Shows," *Forbes*, November 15, 2020, https://www.forbes.com/sites/joemckendrick/2020/11/15/its-managers-not-workers-who-are-losing-jobs-to-ai-and-robots-study-shows/?sh=22fd3ce520d5; *Technology and the Future of the Government Workforce* (Walldorf, Germany: SAP, 2020), https://www.instituteforgovernment.org.uk/sites/default/files/publications/tech-future-government-workforce.pdf; "The Future of Public Service," Deloitte, https://www2.deloitte.com/us/en/pages/public-sector/articles/future-of-public-service.html.

- 노인과 교육에 관한 내용은 다음을 참조하라. "China Focus: Silver-Haired Students Rise Against Population Ageing," XinhuaNet, May 8, 2017, http://www.xinhuanet.com//english/2017-05/08/c_136266199.htm; Neha Thirani Bagri, "China's Seniors Are Lining up to Go Back to College," Quartz, May 9, 2017, https://qz.com/978805/chinas-seniors-are-lining-up-to-go-back-to-college/; *Tech and the Modern Grandparent* (Washington, DC: AARP, 2019), https://www.aarp.org/content/dam/aarp/research/surveys_statistics/life-leisure/2019/aarp-grandparenting-study-technology-fact-sheet.doi.10.26419-2Fres.00289.016.pdf; Peter Rinderud, "Seniors and Technology During Covid-19," Ericsson, January 26, 2021, https://www.ericsson.com/en/blog/2021/1/seniors-and-technology-during-covid; Laurie Quinn, "Going Back to College After 50: The New Normal?," *Forbes*, July 1, 2018; Jacob Share, "Career Changes After 40: True Stories of Real People Who Succeeded," JobMob, April 4, 2019, https://jobmob.co.il/blog/career-changes-after-40-success-stories/; "Is It Too Late to Become a Doctor? Not According to Today's Medical Students," St. George's University Medical School, May 20, 2021, https://www.sgu.edu/blog/medical/becoming-a-doctor-later-in-life/.

- 사람들이 평생 동안 갖는 평균 일자리 수에 관한 자료는 다음을 참조하라. "Number of Jobs, Labor Market Experience, Marital Status, and Health," Bureau of Labor Statistics, August 31, 2021, https://www.bls.gov/news.release/pdf/nlsoy.pdf; "Average Time Spent with One Employer in European Countries 2020," Statista, August 4, 2021, https://www.statista.com/statistics/1209552/average-time-spent-with-one-employer-in-europe/.

- 다세대 직장에 관한 내용은 다음을 참조하라. "Managing the Multigenerational Workplace," January 1, 2014, Future of Work Hub, https://www.futureofworkhub. info/allcontent/2014/1/1/managing-the-multigenerational-workplace; Caroline Ngonyo Njoroge and Rashad Yazdanifard, "The Impact of Social and Emotional Intelligence on Employee Motivation in a Multigenerational Workplace," *Global Journal of Management and Business Research* 14, no. 3 (2014); Eddy S. Ng and Emma Parry, "Multigenerational Research in Human Resource Management," in *Review in Personnel and Human Resources Management* (Bingley, England: Emerald, 2016), 1-41; "The Hartford's Reverse Mentoring Program," *Profiles in Diversity Journal*, July 1, 2013, https://diversityjournal.com/11474-the-hartfords-reverse-mentoring-program/; Carol Hymowitz, "The Tricky Task of Managing the New, Multigenerational Workplace," *Wall Street Journal*, August 12, 2018; David Mallon, Yves Van Durme, and Maren Hauptmann, "The Postgenerational Workforce: From Millennials to Perennials," Deloitte, May 15, 2020, https://www2.deloitte.com/ us/en/insights/focus/human-capital-trends/2020/leading-a-multigenerational-workforce.html; "The Perennial Mindset in the Era of Ageless with Gina Pell and Susan Hoffman," Arts Research Center, University of California, Berkeley, https:// arts.berkeley.edu/the-perennial-mindset-in-the-era-of-ageless-with-gina-pell-and-susan-hoffman/; Lindsey Pollak, *The Remix: How to Lead and Succeed in the Multigenerational Workplace* (New York: Harper Business, 2019).

- 밀레니얼이라는 명칭에 관한 자세한 내용은 다음을 참조하라. "Most Millennials Resist the 'Millennial' Label," Pew Research Center, September 3, 2015, https:// www.pewresearch.org/politics/2015/09/03/most-millennials-resist-the-millennial-label/.

- 피터 카펠리가 한 말은 다음에서 가져왔다. Carol Hymowitz, "The Tricky Task of Managing the New, Multigenerational Workplace," *Wall Street Journal*, August 12, 2018.

  다음 글도 함께 참조하라. Peter Cappelli and Bill Novelli, *Managing the Older Worker: How to Prepare for the New Organizational Order* (Boston, MA: Harvard Business Review Press, 2010).

- 프레치오시와 와이스먼과 파인버그가 한 발언은 다음에서 인용했다. "Company Culture and the Multigenerational Workforce," Built In, May 10, 2021, https:// builtin.com/company-culture/multigenerational-workforce.

• 은퇴에 반대하는 견해는 다음을 참조하라. Eric Brotman, "Why Retirement Is a Bad Idea Financially and Psychologically," *Forbes*, June 30, 2020, https://www.forbes.com/sites/ericbrotman/2020/06/30/why-retirement-is-a-bad-idea-financially-and-psychologically/?sh=4cbc5ce53c76.

• 토니와 토비와 인터뷰한 내용은 다음을 참조하라. Don Ezra, "#56 Interviews about Retirement," *Life After Full-Time Work* (blog), 2017, https://donezra.com/56-interviews-about-retirement/.

• 은퇴가 건강에 미치는 영향에 관한 내용은 다음을 참조하라. Iris van der Heide et al., "Is Retirement Good for Your Health? A Systematic Review of Longitudinal Studies," *Academic BMC Public Health* 13, no. 1 (2013): 1–22; Elizabeth Mokyr Horner et al., "The Impact of Retirement on Health," *MBC Health Services Research* 16 (2016): 1–9; Ranu Sewdas, "Association Between Retirement and Mortality: Working Longer, Living Longer?," *Journal of Epidemiology and Community Health* 74 (2020): 473–480; *Living in the Covid19 Pandemic: The Health, Finances, and Retirement Prospects of Four Generations* (Cedar Rapids, IA: Transamerica Center for Retirement Studies, August 2021), https://transamericacenter.org/docs/default-source/retirement-survey-of-workers/tcrs2021_sr_four-generations-living-in-a-pandemic.pdf.

• 노인이 시간을 보내는 방식에 관한 내용은 다음을 참조하라. "American Time Use Survey," Bureau of Labor Statistics, https://www.bls.gov/TUS/CHARTS/OLDER.HTM; Jasmin Collier, "Excessive Daily TV at Older Age Tied to Poorer Memory," *Medical News Today*, March 1, 2019, https://www.medicalnewstoday.com/articles/324598; Gretchen Livingston, "Americans 60 and Older Are Spending More Time in Front of Their Screens Than a Decade Ago," Pew Research Center, June 18, 2019, https://www.pewresearch.org/fact-tank/2019/06/18/americans-60-and-older-are-spending-more-time-in-front-of-their-screens-than-a-decade-ago/; AJ Dellinger, "How the Elderly Spend Their Time with Screens," Mic, August 15, 2019, https://www.mic.com/life/screen-time-is-higher-for-the-elderly-than-younger-people-new-data-reports-18660210; Edward C. Baig, "Worried About Increased Screen Time? Think About Its Quality," AARP, April 6, 2020, https://www.aarp.org/home-family/personal-technology/info-2020/increased-screen-

time.html, 존 마릭이 한 말은 여기에서 인용했다; Katharine G. Abraham and Susan
N. Houseman, "Policies to Improve Workforce Services for Older Americans,"
Economic Studies at Brookings, November 2020, https://www.brookings.edu/wp-
content/uploads/2020/11/ES-11.19.20-Abraham-Houseman.pdf.

- 전 세계의 은퇴 상황에 관한 내용은 다음을 참조하라. "At 54, China's Average
Retirement Age Is Too Low," Economist, June 24, 2021; Kasper Lippert-Rasmussen,
"The EU and Age Discrimination: Abolishing Mandatory Retirement!," Twelve
Stars, March 7, 2019, https://www.twelvestars.eu/post/kasper-lippert-rasmussen.

- 고령자와 고용 증가에 관한 내용은 다음을 참조하라. William R. Emmons, "Older
Workers Accounted for All Net Employment Growth in Past 20 Years," Federal
Reserve Bank of St. Louis, February 1, 2021, https://www.stlouisfed.org/on-
the-economy/2021/february/older-workers-accounted-all-net-employment-
growth; Jo Ann Jenkins, "It's Time to Rethink Aging and Retirement, AARP's
Jenkins Says," Barron's, May 17, 2021; Nicole Maestas, "Back to Work: Expectations
and Realizations of Work after Retirement," Journal of Human Resources 45, no.
3 (summer 2010): 718–748; Nicole Maestas, "Why Are People Unretiring?,"
Retirement Wisdom, August 2, 2018, https://www.retirementwisdom.com/podcasts/
why-are-people-unretiring-nicole-maestas/.

- 은퇴 후 재취업에 관한 내용은 다음을 참조하라. Sherry E. Sullivan and Adram Al
Ariss, "Employment After Retirement: A Review Framework for Future Research,"
Journal of Management 45, no. 1 (January 2019): 262–284; Zaria Gorvett, "What
If We Have to Work Until We're 100?," BBC, July 16, 2018, https://www.bbc.com/
worklife/article/20180710-whats-it-like-working-past-your-100th-birthday, 제인
팔킹엄의 발언은 여기에 나온다.

- 고령자와 기술, 원격 근로에 관한 내용은 다음을 참조하라. Lisa Michaels, "How
Is Workplace Technology Supporting an Ageing Workforce," DiversityQ, August
7, 2020, https://diversityq.com/how-is-workplace-technology-supporting-an-
ageing-workforce-1509859/; Kerry Hannon, "5 Reasons Working from Home
Benefits Older Workers—and Their Employers," AARP, June 9, 2020, https://www.
aarp.org/work/working-at-50-plus/info-2020/telework-benefits.html; Caitlin
Powell, "Older People Who Work from Home More Likely to Stay in the Workforce,
ONS Finds," People Management, August 31, 2021, https://www.peoplemanagement.
co.uk/news/articles/older-people-work-from-home-more-likely-stay-workforce-

ons#gref.

- 긱 노동에 관한 내용은 다음을 참조하라. Eileen Applebaum, Arne Kalleberg, and Hye Jin Rho, "Nonstandard Work Arrangements and Older Americans, 2005-2017," Economic Policy Institute, February 28, 2019, https://www.epi.org/publication/nonstandard-work-arrangements-and-older-americans-2005-2017/; "UK's Gig Economy Workforce Has Doubled Since 2016," TUC, June 28, 2019, https://www.tuc.org.uk/news/uks-gig-economy-workforce-has-doubled-2016-tuc-and-feps-backed-research-shows; Damjan Jugovic Spajic, "The Future of Employment: 30 Telling Gig Economy Statistics," SmallBizGenius, May 26, 2021, https://www.smallbizgenius.net/by-the-numbers/gig-economy-statistics/#gref; Andrew Fennell, "Gig Economy Statistics UK," StandOutCV, January 2022, https://standout-cv.com/gig-economy-statistics-uk; Elaine Pofeldt, "Why Older Workers Are Embracing the Gig Economy," *Forbes*, August 30, 2017, https://www.forbes.com/sites/elainepofeldt/2017/08/30/why-older-workers-are-embracing-the-gig-economy/?sh=193903aa42ce; Leonardo Castañeda, "Boomers, Not Millennials, May Be the Most Active Generation in the Gig Economy," *Mercury News*, June 28, 2019, 워놀로의 보고 내용은 여기에 상술되어 있다.

- 코로나19와 은퇴 불평등에 관한 내용은 다음을 참조하라. Brett Arends, "How the Covid Crisis Is Making Retirement Inequality Worse," MarketWatch, September 11, 2021, https://www.marketwatch.com/story/how-the-covid-crisis-is-making-retirement-inequality-worse-11631201005; Owen Davis et al., "The Pandemic Retirement Surge Increased Retirement Inequality," Schwartz Center for Economic Policy Analysis, June 1, 2021, https://www.economicpolicyresearch.org/jobs-report/the-pandemic-retirement-surge-increased-retirement-inequality; Mark Miller, "America's Retirement Race Gap, and Ideas for Closing It," *New York Times*, August 14, 2020.

## 7장 백 살에 유산을 물려받다

- 찰스 디킨스 작품에서 인용한 부분은 다음에서 가져왔다. *Our Mutual Friend* (1864-1865), chapter 11; 인용 구절은 다음 링크에서도 확인할 수 있다. https://www.gutenberg.org/cache/epub/883/pg883-images.html.

멀티제너레이션, 대전환의 시작

• 장수와 상속 기대에 대한 내용은 다음을 참조하라. Richard Venturi, "Inherited Wealth in Greying Societies," France Stratégie, July 6, 2017, https://www.strategie. gouv.fr/english-articles/inherited-wealth-greying-societies; Amy Feldman, "When Longevity Upends Trusts," *Forbes*, November 29, 2014; Amy Fontinelle, "Why Millennials Should Not Rely on an Inheritance," MassMutual, July 28, 2020, https:// blog.massmutual.com/post/why-millennials-should-not-rely-on-an-inheritance; "Survey of Consumer Finances (SCF)," Board of Governors of the Federal Reserve System, https://www.federalreserve.gov/econres/aboutscf.htm; Will Kenton, "Average Inheritance: How Much Are Retirees Leaving to Heirs?," NewRetirement, June 29, 2020, https://www.newretirement.com/retirement/average-inheritance-how-much-are-retirees-leaving-to-heirs/; Nicolas Gattig, "'Inheritance Mother': Tackling Taboo of Caring for Elderly Parents," *Japan Times,* August 12, 2017; "Ameriprise Study: Family Financial Discussions Go Smoother Than Anticipated, but Unrealistic Inheritance Expectations Persist," BusinessWire, March 15, 2017, https://www.businesswire.com/news/home/20170315005007/en/Ameriprise-Study-Family-Financial-Discussions-Go-Smoother-Than-Anticipated-But-Unrealistic-Inheritance-Expectations-Persist, 마시 케클러가 한 말은 여기에서 인용했다; "Despite Good Intentions, Millennials and Gen Z Are Demonstrating Unrealistic Expectations About Their Financial Futures," BusinessWire, August 13, 2018, https://www.businesswire.com/news/home/20180813005101/en/Despite-Good-Intentions-Millennials-and-Gen-Z-Are-Demonstrating-Unrealistic-Expectations-About-Their-Financial-Futures, 찰스 슈왑의 분석은 여기에서 인용했다; "Over-Optimistic UK Adults Overestimating Their Inheritance," Just, https://www.wearejust.co.uk/waj-archive/ARCHIVED-my-home-my-future/ARCHIVED-inheritance-expectations/; "Millennials 'Misjudging Inherintance Windfall,'" *Week*, May 10, 2019; Gail Johnson, "Nearly Half of Canadians Are Banking on an Inheritance to Meet Their Financial Goals. What Are the Dangers?," *Globe and Mail*, October 22, 2019; Edward Jones, "Canadians Are Banking on an Inheritance as Many Struggle to Meet Their Financial Goals," Newswire Canada, September 30, 2019, https://www.newswire.ca/news-releases/edward-jones-survey-canadians-are-banking-on-an-inheritance-as-many-struggle-to-meet-their-financial-goals-834230408.html; Mary R. Tomlinson, "Gen Y Housing Aspirations Could Depend on a Housing Inheritance," Future Justice issue paper, https://www.

futurejustice.com.au/reports/pdf/GenY-Housing-Inheritance-issue-paper.pdf;
"The Inheritance Expectation," Eldernet, October 12, 2021, https://www.eldernet.
co.nz/gazette/the-inheritance-expectation-experts-say-spend-it-while-you-
can/; Jay Zagorsky, "Do People Save or Spend Their Inheritances? Understanding
What Happens to Inherited Wealth," *Journal of Family and Economic Issues* 34, no. 1
(March 2013): 64-76.

- 전 세계의 세대 간 계약에 관한 내용은 다음을 참조하라. Misa Izuhara, "Care and
Inheritance: Japanese and English Perspectives on the 'Generational Contract,'"
*Ageing & Society* 22, no. 1 (January 2002): 61-77; Yun Sheng, "Little Emperors,"
*London Review of Books* 38, no. 10 (May 19, 2016); Christina Zhou, "One-Child
Policy: A Look Inside the Struggles and Benefits of China's 'Little Emperor'
Generation," ABC News Australia, February 3, 2018, https://www.abc.net.
au/news/2018-02-03/the-struggles-and-benefits-of-chinas-little-emperor-
generation/9323300; Tanza Loudenback, "The Typical American Heir Is Now a
Middle-Class 50-Something Who Puts the Money Toward Retirement," Business
Insider, November 21, 2019, https://www.businessinsider.com/personal-finance/
older-americans-get-more-inheritances-use-for-retirement-2019-11, 링컨 플루
스의 말은 여기에서 인용했다.

- 삼성 일가에 관한 내용은 다음을 참조하라. Joyce Lee and Keekyoung Yang,
"Samsung's Lee Family to Pay More Than $10.8 Bln Inheritance Tax," Reuters, April
28, 2021, https://www.reuters.com/business/samsungs-lee-family-pay-more-than-
12-trln-won-inheritance-taxes-2021-04-28/; Choe Sang-Hun, "An Inheritance
Tax Bill You 'Can't Fathom': $10.8 Billion," *New York Times*, April 28, 2021; Bae
Hyunjung, "Samsung Estate Sparks Debate on Inheritance Tax," *Korea Herald*, May
11, 2021.

- 상속세와 불평등에 관한 내용은 다음을 참조하라. *Inheritance Taxation in OECD
Countries* (Paris: OECD, 2021), 74-75; Facundo Alvaredo, Bertrand Garbinti, and
Thomas Piketty, "On the Share of Inheritance in Aggregate Wealth: Europe and the
USA, 1900-2010," *Economica* 84, no. 334 (April 2017): 239-260; Mikael Elinder,
Oscar Erixson, and Daneil Waldenstrom, "Inheritance and Wealth Inequality:
Evidence from Population Registers," *Journal of Public Economics* 165 (September
2018): 17-30; Meredith Haggerty, "The Impact of Inheritance," Vox, March 23,
2021, https://www.vox.com/the-highlight/22320272/inheritance-money-wealth-

멀티제너레이션, 대전환의 시작

transfer-estate-tax; "Inheritance for All," Friedrich Ebert Stiftung, March 31, 2020, https://www.ips-journal.eu/interviews/inheritance-for-all-4207/, 피케티의 주장은 여기에서 인용했다; Eric Levitz, "Will 'the Great Wealth Transfer' Trigger a Millennial Civil War?," *New York*, July 18, 2021, https://nymag.com/intelligencer/2021/07/will-the-great-wealth-transfer-spark-a-millennial-civil-war.html.

- 재혼이 상속에 미치는 영향에 관한 내용은 다음을 참조하라. Gretchen Livingston, "The Demographics of Remarriage," Pew Research Center, November 14, 2014, https://www.pewresearch.org/social-trends/2014/11/14/chapter-2-the-demographics-of-remarriage/; Sarah O'Brien, "Remarried After Having Kids? Here Are Tips to Avoid Accidentally Disinheriting Them," CNBC, January 17, 2019, https://www.cnbc.com/2019/01/17/estate-planning-for-second-marriages-when-you-have-kids.html; Jamie M. Lewis and Rose M. Kreider, "Remarriage in the United States," United States Census Bureau Report Number ACS-30, March 10, 2015, https://www.census.gov/library/publications/2015/acs/acs-30.html; Tammy La Gorce, "When Your Parents Remarry, Everyone Is Happy, Right?," *New York Times*, March 22, 2018, 이 주제와 관련된 인용문은 여기에서 가져왔다.

- 여성과 상속에 관한 변천사는 다음을 참조하라. Suzanne McGee and Heidi Moore, "Women's Rights and Their Money: A Timeline from Cleopatra to Lilly Ledbetter," *Guardian*, August 11, 2014; "Women, Business, and the Law Database," World Bank, https://wbl.worldbank.org/en/wbl; Pooneh Baghai et al., "Women as the Next Wave of Growth in US Wealth Management," McKinsey, July 29, 2020, https://www.mckinsey.com/industries/financial-services/our-insights/women-as-the-next-wave-of-growth-in-us-wealth-management; "Women's Wealth 2030: Parity, Power, and Purpose," UBS, March 8, 2021, https://www.ubs.com/global/en/wealth-management/women/2021/women-wealth-parity-power-purpose.html; "How Women's Wealth Is Driving Economic Change," Barclays, March 6, 2020, https://privatebank.barclays.com/news-and-insights/womens-rising-wealth/; "The Face of Wealth and Legacy: How Women Are Redefining Wealth, Giving, and Legacy Planning," RBC Wealth Management, https://www.rbcwealthmanagement.com/gb/en/research-insights/the-new-face-of-wealth-and-legacy-how-women-are-redefining-wealth-giving-and-legacy-planning/detail/; Warren Lewis, "Majority of Women Planning on Leaving an Inheritance Unlikely to Seek Advice," Financial

Reporter, October 5, 2021, https://www.financialreporter.co.uk/finance-news/ majority-of-women-planning-on-leaving-an-inheritance-unlikey-to-seek-financial-advice.html, 돈 밀링의 발언은 여기에서 인용했다; Tanita Jamil, "The Inheritance Challenge Facing Women in the Sandwich Generation," St. James's Place, January 7, 2021, https://www.sjp.co.uk/news/how-to-manage-inheritance; "$8.5 Billion Inheritance Skipping a Generation Every Year," One Family, August 7, 2019, https://www.onefamily.com/our-story/media-centre/2019/8-5-billion-inheritance-skipping-a-generation-every-year/.

## 8장 여성을 위한 게임 체인저

• 여성과 모성, 생체 시계에 관한 내용은 다음을 참조하라. Carley Fortune, "The Career Advice I Wish I Got Before Having a Baby," Refinery29, July 23, 2020, https://www. refinery29.com/en-gb/2020/07/9929316/career-advice-for-new-mothers; Richard Cohen, "The Clock Is Ticking for the Career Woman," *Washington Post*, March 16, 1978; Moira Weigel, "The Foul Reign of the Biological Clock," Guardian, May 10, 2016; Quoctrung Bui and Claire Cain Miller, "The Age That Women Have Babies: How a Gap Divides America," *New York Times*, August 4, 2018, 헤더 래킨의 말은 여기에서 인용했다; Melinda Mills et al., "Why Do People Postpone Parenthood?," *Human Reproduction Update* 17, no. 6 (November–December 2011): 848–860.
• 여성의 경력에 관한 내용은 다음을 참조하라. Sharon Mavin, "Women's Career in Theory and Practice: Time for Change?," *Women in Management Review* 16, no. 4 (2011): 183–192; Patrick Ishizuka and Kelly Musick, "Occupational Inflexibility and Women's Employment During the Transition to Parenthood," *Demography* 58, no. 4 (221): 1249–1274.
• 여성의 일과 스트레스에 관한 내용은 다음을 참조하라. "Women More Likely to Be Stressed Than Men," Priory, https://www.priorygroup.com/blog/why-are-stress-levels-among-women-50-higher-than-men, 주디스 모링의 말은 여기에서 인용했다; Nancy Beauregard et al., "Gendered Pathways to Burnout: Results from the SALVEO Study," *Annals of Work Exposures and Health* 2, no. 4 (May 2018): 426–437; "For Mothers in the Workplace, a Year (and Counting) Like No Other," McKinsey, May 5, 2021, https://www.mckinsey.com/featured-insights/diversity-

and-inclusion/for-mothers-in-the-workplace-a-year-and-counting-like-no-
other.

- 여성의 경력에 관한 더 자세한 이야기는 다음을 참조하라. Marianne Cooper,
  "Mothers' Careers Are at Extraordinary Risk Right Now," *Atlantic*, October 1, 2020,
  https://www.theatlantic.com/family/archive/2020/10/pandemic-amplifying-bias-
  against-working-mothers/616565/; Michelle Fox, "Men Have Been Promoted 3
  Times More Than Women During the Pandemic, Study Finds," CNBC, October
  13, 2020, https://www.cnbc.com/2020/10/13/pandemic-fallout-men-got-3-
  times-more-promotions-than-women.html, 퀄트릭스와 더보드리스트의 설문
  조사 결과는 여기에서 가져왔다; Caitlin Powell, "Could Working from Home
  Stall Women's Careers?," *People Management*, November 15, 2021, https://www.
  peoplemanagement.co.uk/news/articles/could-working-from-home-stall-womens-
  careers#gref, 스티븐슨 박사의 발언은 여기에서 가져왔다.
- 앨리슨의 이야기는 다음을 참조하라. Jen Gann, "6 Women on How They've Been
  Treated at Work After Having Kids," *New York*, June 13, 2018.
- 어머니가 받는 불이익에 관한 내용은 다음을 참조하라. Shelley Zalis, "The
  Motherhood Penalty: Why We're Losing Our Best Talent to Caregiving," *Forbes*,
  February 22, 2019; *The Pursuit of Gender Equality: An Uphill Battle* (Paris: OECD,
  2017), figures 12.3, 12.4, and 12.5; Henrik Kleven, Camille Landais, and Jakob
  Egholt Sogaard, "Children and Gender Inequality: Evidence from Denmark,"
  National Bureau of Economic Research, working paper 24219; Claire Cain Miller,
  "The Motherhood Penalty vs. the Fatherhood Bonus," *New York Times*, September 6,
  2014, 버디그가 한 말은 여기에서 인용했다; Katja Möhring, "Is There a Motherhood
  Penalty in Retirement Income in Europe?," *Ageing & Society* 38, no. 2 (December
  2018): 2560-2589; M. Gough and M. Noonan, "A Review of the Motherhood
  Wage Penalty in the United States," *Sociology Compass* 7, no. 4 (2013): 328-342;
  M. J. Budig and P. England, "The Wage Penalty for Motherhood," *American
  Sociological Review* 66 (2001): 204-225; M. J. Budig, J. Misra, and I. Boeckmann,
  "The Motherhood Penalty in Cross-National Perspective: The Importance of Work-
  Family Policies and Cultural Attitudes," *Social Politics: International Studies in
  Gender, State & Society* 19, no. 2 (2012): 163-193; *The Pursuit of Gender Equality:
  An Uphill Battle*, figure 13.14; Gann, "6 Women," 샐리가 한 말은 여기에서 인용했다;
  Joan R. Kahn, Javier Garcia-Manglano, and Suzanne M. Bianchi, "The Motherhood

Penalty at Midlife," *Journal of Marriage & Family* 76, no. 1 (February 2014): 56–72.

- 일을 하지 않아 어머니가 느끼는 죄책감에 관한 내용은 다음을 참조하라. Katie Martin, "When Women Choose Children Over a Career," *Atlantic*, December 19, 2016, https://www.theatlantic.com/business/archive/2016/12/opting-out/500018/.

- '마미 트랙'에 관한 내용은 다음을 참조하라. Felice N. Schwartz, "Management Women and the New Facts of Life," *Harvard Business Review*, January–February 1989; Tamar Lewin, "'Mommy Career Track' Sets Off a Furor," *New York Times*, March 8, 1989; Lisa Endlich Heffernan, "Want to Keep Mothers in the Workforce? Make It Possible for Them to Stay," Vox, May 7, 2015, https://www.vox.com/2015/5/4/8523753/mommy-track, 보다폰과 IBM의 사례는 여기에서 인용했다; Cathy Barrera, "The Economics of the 'Mommy Track' Explain Why Parental Leave Isn't Enough," Quartz, February 6, 2018, https://qz.com/work/1189295/the-economics-of-the-mommy-track-explain-why-offering-parental-leave-isnt-enough/.

- 공공 정책과 여성의 경력에 관한 내용은 다음을 참조하라. Melinda Mills, " Why Do People Postpone Parenthood?"

- 10대 어머니에 관한 내용은 다음을 참조하라. Courtney Pellegrino, "The Lived Experiences of Teenage Mothers That Foster Resiliency," doctor of education thesis, Northeastern University, Boston, MA, August 2014, https://repository.library.northeastern.edu/files/neu:336610/fulltext.pdf, 스태시의 이야기는 56쪽에 나온다; "Reproductive Health: Teen Pregnancy," Centers for Disease Control and Prevention, November 15, 2021, https://www.cdc.gov/teenpregnancy/about/index.htm.

- 에리카 알파로의 이야기는 다음을 바탕으로 구성했다. Eric Breier, "From Teen Mom to College Graduate," California State University at San Marcos, May 8, 2017, https://news.csusm.edu/from-teen-mom-to-college-graduate/.

- 10대 임신과 출산에 관한 데이터는 다음을 참조하라. "Trends in Teen Pregnancies and Childbearing," U.S. Department of Health & Human Services, https://opa.hhs.gov/adolescent-health/reproductive-health-and-teen-pregnancy/trends-teen-pregnancy-and-childbearing; "Early Childbearing," UNICEF, May 2021, https://data.unicef.org/topic/child-health/adolescent-health/; Josephine Nabugoomu, Gloria K. Seruwagi, and Rhoa Hanning, "What Can Be Done to Reduce the Prevalence of Teen Pregnancy in Rural Eastern Uganda?," *Reproductive Health* 17,

멀티제너레이션, 대전환의 시작

no. 134 (2020); Nana Yaa Konadu Gyesaw and Augustine Ankomah, "Experiences of Pregnancy and Motherhood Among Teenage Mothers in a Suburb of Accra, Ghana," *International Journal of Women's Health* 5 (2013): 773–780; "National Single Parent Day," U.S. Bureau of the Census, https://www.census.gov/newsroom/stories/single-parent-day.html.

• 여성이 학교로 돌아가는 것에 관한 내용은 다음을 참조하라. Andrew J. Hostetler, Stephen Sweet, and Phyllis Moen, "Gendered Career Paths: A Life Course Perspective on Returning to School," *Sex Roles* 56 (2007): 85–103; Amy B. Valente, "Back on the Career Path: A Qualitative Study of Employment Transitions for Women Who Take a Career Break and Their Re-Entry Experiences," doctoral thesis, Northeastern University, Boston, MA, December 2019, https://repository.library.northeastern.edu/files/neu:m044ww78b/fulltext.pdf; Zoe May Simpson, "The Return of Teen Mothers to the Formal School System," doctoral thesis, University of Sheffield, August 2010, https://etheses.whiterose.ac.uk/14998/1/555516.pdf; Linnea Lynne Watson, "Educational Resiliency in Teen Mothers," doctoral dissertation, University of Northern Colorado, Greeley, CO, January 12, 2014, https://digscholarship.unco.edu/cgi/viewcontent.cgi?article=1272&context=dissertations; Zarina Chogan and Malose Langa, "Teenage Mothers Talk About Their Experience of Teenage Motherhood," *Agenda: Empowering Women for Gender Equity* 25, no. 3 (2011): 87–95, 수의 이야기는 91쪽에 나온다; "10 Teen Pregnancy Quotes," Texas Adoption Center, December 12, 2019, https://www.texasadoptioncenter.org/blog/teen-pregnancy-quotes/, 15세 어머니의 이야기는 여기에서 인용했다.

## 9장 나이와 세대 없는 소비자 시장

• 마케팅과 세대에 관한 내용은 다음을 참조하라. "Marketing to People Based on Their 'Generation' Will Ultimately Fail," Dragonfly Marketing, https://dragonflymarketing.com.au/marketing-people-based-generation-will-ultimately-fail/; Laura Slattery, "Advertisers' Portrayal of Older People Isn't Just Alienating, It's Self-Defeating," *Irish Times*, October 25, 2021, 오저스가 한 말은 여기에서 인용했다; Sonya Matejko, "How to Bridge the Age Gap in Marketing," *Forbes*, October 15, 2021; Alexandra Pastore, "Blurring the Lines for Multigenerational Appeal,"

WWD, January 7, 2021, https://wwd.com/business-news/business-features/multigenerational-appeal-1234690602/.

- 밀레니얼 세대와 고정관념과 대중문화에 관한 내용은 다음을 참조하라. Jeff J. Butler, "Where Did the Avocado Toast Millennial Stereotype Come From?," April 12, 2019, https://jeffjbutler.com/2019/04/12/where-did-the-avocado-toast-millennial-stereotype-come-from/; Ash Collyer, "Generational Stereotypes Are 'Insulting, Recycled and Not True,'" Rhino Interiors Group, June 12, 2018, https://www.rhinooffice.co.uk/blog/generational-stereotypes; Tom Wolfe, "The 'Me' Decade and the Third Great Awakening," *New York*, April, 8 2008; Jean Twenge, "Millennials: the Me Me Me Generation," *Time*, May 20, 2013.

- 연령 차별과 세대 개념의 비판에 관한 내용은 다음을 참조하라. Stéphane P. Francioli and Michael S. North, "Youngism: The Content, Causes, and Consequences of Prejudices Toward Younger Adults," *Journal of Experimental Psychology: General* 150, no. 12 (2021): 2591–2612; "The Whys and Hows of Generations Research," Pew Research Center, September 3, 2015, https://www.pewresearch.org/politics/2015/09/03/the-whys-and-hows-of-generations-research/; A. Bell and K. Jones, "The Impossibility of Separating Age, Period and Cohort Effects," *Social Science & Medicine* 93 (2013): 163–165; Stacy M. Campbell et al., "Fuzzy but Useful Constructs: Making Sense of the Differences Between Generations," *Work, Aging and Retirement* 3, no. 2 (April 2017): 130–139; P. J. Urwin and E. Parry, "The Evidence Base for Generational Differences: Where Do We Go from Here?," WestminsterResearch, 2017, https://westminsterresearch.westminster.ac.uk/download/f9124d9430b69b3df89f8a631919e4a56795e04cde20a95d33139865d2bcba21/200052/Generations%20paper%20for%20WAR%20v4%2024111116.pdf; Cort W. Rudolph et al., "Generations and Generational Differences: Debunking Myths in Organizational Science and Practice and Paving New Paths Forward," *Journal of Business and Psychology* 36 (2021): 945–967.

- 연령 차별과 여성과 마케팅에 관한 내용은 다음을 참조하라. Tamar Miller, "It's Time for the Fashion Industry to Stop Ignoring Older Women," Swaay, June 22, 2020, https://swaay.com/ageism-fashion-industry-older-women; "Ageism in Marketing Is Not Only Harmful; It's Bad for Business," *Forbes*, January 3, 2020, 록스의 발언은 여기에서 가져왔다; Patrick Coffee, "Age Discrimination Is the Biggest Hidden Bias in Advertising—and It's Gotten Worse During the Pandemic," Business

Insider, June 30, 2021, https://www.businessinsider.com/the-ad-industrys-silent-battle-against-ageism-2021-6?r=US&IR=T, 록스의 두 번째 발언은 여기에서 가져왔다; Georganna Simpson, "L'Oréal and Vogue Challenge Beauty Perceptions After 50," Campaign, https://www.campaignlive.co.uk/article/loreal-vogue-challenge-beauty-perceptions-50/1587434; Aimée McLaughlin, "Is Advertising Finally Addressing Its Age Problem?," *CreativeReview*, November 9, 2021, https://www.creativereview.co.uk/advertising-age-problem/, 매과이어의 발언은 여기에서 가져왔다; "Ageism Is Rife in Marketing," Longevity, August 12, 2021, https://www.longevity.technology/ageism-is-rife-in-marketing/e, 와이스의 발언은 여기에서 가져왔다.

• 고령층의 소비와 마케팅에 관한 내용은 다음을 참조하라. Mari Shibata, "The Untapped Potential of the 'Longevity Economy,'" BBC, October 10, 2019, https://www.bbc.com/worklife/article/20190930-the-untapped-potential-of-the-longevity-economy; Jeff Beer, "Why Marketing to Seniors Is So Terrible," *Fast Company*, June 5, 2019, 채터지의 발언은 여기에서 가져왔다; Robert Zniva and Wolfgang Weitzl, "It's Not How Old You Are but How You Are Old: A Review on Aging and Consumer Behavior," *Management Review Quarterly* 66 (2016): 267–297; Pastore, "Blurring the Lines," 드라비키와 마틴의 발언은 여기에서 가져왔다.

• 그랜플루언서에 관한 내용은 다음을 참조하라. "How 'Granfluencers' Are Shaking Up Social Media Representation and Influencer Marketing," PR Daily, December 31, 2021, https://www.prdaily.com/how-granfluencers-are-shaking-up-social-media-representation-and-influencer-marketing/; "The Rise of the Granfluencer," Social Standard, https://www.sostandard.com/blogs/the-rise-of-the-granfluencer/; Kantaro Komiya, "Grandparents Gone Viral," Rest of World, https://restofworld.org/2021/social-media-isnt-just-for-young-people/; Kait Shea, "The Golden Age of Influence: Eight 'Granfluencers' Shaking Up Consumers' Social Media Feeds," Event Marketer, March 28, 2022, https://www.eventmarketer.com/article/social-media-granfluencers-eight-types/; Carlo Pizzati, "Aging Influencers, Chinese Grandmas Are Social Media Hit," World Crunch, September 3, 2021, https://worldcrunch.com/culture-society/-aging-influencers-grandmas-in-china.

• 틱톡에 관한 인용문은 다음에서 가져왔다. Lindsay Dodgson, "TikTokers Are Dancing with Their Grandparents for Content, and It Could Help Curb the Pandemic of Loneliness Among Older People," Insider, June 11, 2020, https://www.insider.com/

how-tiktok-brings-grandparents-and-grandchildren-together-2020-6; Sydney Page, "Grandparents Are Dancing with Their Grandkids on TikTok. People Can't Get Enough," *Washington Post*, May 14, 2020.

- 다세대 가구와 마케팅에 관한 내용은 다음을 참조하라. Scott McKenzie, "Nielsen: The Rise of Multigeneration Homes and the New Gatekeepers Within," Drum, August 4, 2020, https://www.thedrum.com/opinion/2020/08/04/nielsen-the-rise-multi-generation-homes-and-the-new-gatekeepers-within; Sharon Vinderine, "Multigenerational Households Are Influencing North American Retail Trends," *Entrepreneur*, November 6, 2018, https://www.entrepreneur.com/growing-a-business/multigenerational-households-are-influencing-north-american/322144.

- 우버와 에어비앤비에 관한 통계 자료는 다음을 참조하라. "Celebrating Airbnb's 60+ Host Community," Airbnb blog, https://blog.atairbnb.com/celebrating-airbnbs-60-host-community; "Airbnb Statistics, User Counts, Facts & News (2022)," DMR, https://expandedramblings.com/index.php/airbnb-statistics/; "Uber Revenue and Usage Statistics," BuildFire, https://buildfire.com/uber-statistics/.

- 퍼레니얼에 관한 인용문은 다음에서 가져왔다. Pastore, "Blurring the Lines."

- 나이키에 관한 내용은 다음을 참조하라. Carol Kuruvilla, "'Iron Nun' Proves Youth Is Unlimited in Nike Ad," HuffPost, August 15, 2016, https://www.huffingtonpost.co.uk/entry/iron-nun-proves-youth-is-unlimited-in-nike-ad_n_57b209e1e4b0718404123f79; Miriam Tremelling, "The Iron Nun Inspires Us All in Nike's 'Unlimited Youth,'" Campaign, August 23, 2016, https://www.campaignlive.co.uk/article/iron-nun-inspires-us-nikes-unlimited-youth/1406682.

- 메르세데스벤츠에 관한 내용은 다음을 참조하라. "Mercedes-Benz 'Grow Up' Campaign: Tapping into an Urban Subculture," Advertising + Marketing, April 18, 2018, https://www.marketing-interactive.com/mercedes-benz-grow-up-campaign-tapping-into-an-urban-subculture; "Your Shot: Diving Deeper Into Mercedes-Benz's Compelling 'Grow Up' Series," Little Black Book, https://www.lbbonline.com/news/your-shot-diving deeper-into-mercedes-benzs-compelling-grow-up-series.

- 커버걸에 관한 내용은 다음을 참조하라. "CoverGirl Embraces Inclusivity in Their New Campaign by Droga5," MPC, https://archive.mpcadvertising.com/our-work/all/covergirl-i-am-what-i-make-up; Ruby Boddington, "CoverGirl Releases Biggest Reinvention in Brand's 60-Year History: I Am What I Make Up," It's Nice

That, October 16, 2017, https://www.itsnicethat.com/news/covergirl-i-am-what-i-make-up-graphic-design-161017.
- 세라 라비아가 한 말은 다음에서 가져왔다. Beer, "Why Marketing to Seniors Is So."
- 다세대 마케팅에 관한 내용은 다음을 참조하라. Jessica Kriegel, "Why Marketing to Millennials and Other Generations Is Pointless," Forbes, November 25, 2015; Heidi Zak, "How to Successfully Market One Product to Multiple Generations," Medium, July 23, 2019, https://medium.com/swlh/how-to-successfully-market-one-product-to-multiple-generations-7c23428d11ee, 서드러브의 사례는 여기에서 인용했다; Sam Bradley, "How Do You Solve a Problem Like… Ageism in the Marketing Business?," Drum, June 1, 2021, https://www.thedrum.com/news/2021/06/01/how-do-you-solve-problem-ageism-the-marketing-business, 스콧의 발언은 여기에서 가져왔다; Matthew Schwartz, "Finding the Common Threads Is Key for Generational Marketing," ANA, June 23, 2020, https://www.ana.net/blogs/show/id/mm-blog-2019-12-common-threads-for-generational-marketing, 슈워츠의 발언은 여기에서 가져왔다; "'Parentmorphosis'—Progressive's Latest Ad Campaign Reminds Us… We're All Becoming Our Parents," UTA Social, March 29, 2017, https://utasocial.wordpress.com/2017/03/29/parentmorphosis-progressives-latest-ad-campaign-reminds-us-were-all-becoming-our-parents/; Paul Talbot, "How Marketers Can Engage with Different Generations," Forbes, November 11, 2021, 고더드의 발언은 여기에서 가져왔다.


## 10장 포스트제너레이션 사회를 향해

- 미우라가 한 발언은 다음에서 가져왔다. "80-Year-Old Japanese Man Yuichiro Mirua Becomes Oldest to Conquer Mount Everest," Independent, May 23, 2013; Kara Goldfarb, "He Was the Oldest Man to Climb Mount Everest—10 Years Later He Beat His Own Record," All That's Interesting, May 14, 2018, https://allthatsinteresting.com/yuichiro-miura.
  다음도 함께 참조하라. "About Miura Everest 2013 Project," Miura Everest 2013, http://miura-everest2013.com/pdf/project_english_130322.pdf.
- 미드의 주장은 다음을 참조하라. Millard Dale Baughman, Teacher's Treasury of Stories for Every Occasion (Englewood Cliffs, NJ: Prentice-Hall, 1958), 69.

- 드러커가 한 발언은 다음에서 가져왔다. Goodreads, https://www.goodreads.com/quotes/861169-we-now-accept-the-fact-that-learning-is-a-lifelong.
- 연령 차별에 관한 세계가치관조사의 연구 결과는 다음을 참조하라. Alana Officer et al., "Ageism, Healthy Life Expectancy and Population Ageing: How Are They Related?," *International Journal of Environmental Research and Public Health* 17, no. 9 (2020): 3159; Michael S. North and Susan T. Fiske, "A Prescriptive, Intergenerational-Tension Ageism Scale: Succession, Identity, and Consumpion (SIC)," *Psychological Assessment* 25, no. 3 (September 2013): 706–713.
  원본 데이터는 다음에서 확인할 수 있다. "Online Data Analysis," World Values Survey, https://www.worldvaluessurvey.org/WVSOnline.jsp.
- 후스의 말은 다음에서 인용했다. Joe Kita, "Workplace Age Discrimination Still Flourishes in America," AARP, December 30, 2019, https://www.aarp.org/work/working-at-50-plus/info-2019/age-discrimination-in-america.html.
- 토플러의 주장은 다음을 참조하라. Susan Ratcliffe, *Oxford Essential Quotations* (Oxford, England: Oxford University Press, 2016).
- 코퍼바스가 한 발언은 다음에서 인용했다. Sam Bradley, "How Do You Solve a Problem Like… Ageism in the Marketing Business?," Drum, June 1, 2021, https://www.thedrum.com/news/2021/06/01/how-do-you-solve-problem-ageism-the-marketing-business.
- 온라인으로만 학습하는 미국 대학생에 대한 통계 수치는 다음에서 인용했다. https://nces.ed.gov/programs/digest/d21/tables/dt21_311.15.asp.
- 올립시아가 한 발언은 다음에서 인용했다. *Global Report of Ageism* (New York: United Nations, 2021), 125, https://www.who.int/teams/social-determinants-of-health/demographic-change-and-healthy-ageing/combatting-ageism/global-report-on-ageism.
- 연령 차별과 인구 노화에 관한 내용은 다음을 참조하라. David Neumark, "Strengthen Age Discrimination Protections to Help Confront the Challenge of Population Aging," Brookings Institution, November 19, 2020, https://www.brookings.edu/research/strengthen-age-discrimination-protections-to-help-confront-the-challenge-of-population-aging/.
- 미국은퇴자협회의 2019년 연구 결과는 다음을 참조하라. G. Oscar Anderson, "Mentorship and the Value of a Multigenerational Workforce," AARP, January 2019, https://www.aarp.org/research/topics/economics/info-2019/multigenerational-

work-mentorship.html.

- 휘트먼이 한 발언은 다음을 인용했다. Kerry Hannon, "Forget 'OK, Boomer'— Workplaces of the Future Will Be Multigenerational," MarketWatch, December 16, 2019, https://www.marketwatch.com/story/forget-ok-boomer-workplaces-of-the-future-will-be-multigenerational-2019-12-16.
- 연령별 대학교 등록에 관한 데이터는 다음을 참조하라. OECD's Education Database, https://data.oecd.org/education.htm.
- 연령별 온라인 학습에 관한 데이터는 스태티스타 데이터베이스에서 인용했다.
- 미국은퇴자협회가 중역들을 대상으로 실시한 설문조사는 다음을 참조하라. *Global Insights on a Multigenerational Workforce* (Washington, DC: AARP Research, August 2020).
- 딜로이트의 설문조사 결과는 다음에서 가져왔다. Gildas Poirel and Michela Coppola, "Wrong Numbers," Deloitte, https://www2.deloitte.com/us/en/insights/focus/technology-and-the-future-of-work/post-pandemic-talent-strategy-generations-in-the-workplace.html.
- 엔터테인먼트 산업 부문의 다세대 마케팅에 관한 내용은 다음을 참조하라. Natalie Oganesyan, "Entertainment Executives See Return to Multi-Generational Viewing," Yahoo! News, October 2, 2020, https://www.yahoo.com/now/entertainment-executives-see-return-multi-201447044.html.
- 캐나다 브랜드 19/99는 다음과 같이 특집 기사로 소개되었다. Lisa Payne, "New Multigenerational Beauty Brand Targets Ages 19 to 99," Stylus, https://www.stylus.com/new-multigenerational-beauty-brand-targets-ages-19-to-99.

**옮긴이 이충호**

서울대학교 화학교육과를 졸업하고, 교양 과학과 인문학 분야의 번역가로 활동하고 있다. 2001년 『신은 왜 우리 곁을 떠나지 않는가』로 제20회 한국과학기술도서 번역상을 받았다. 옮긴 책으로는 『사라진 스푼』, 『진화심리학』, 『통제 불능』, 『x의 즐거움』, 『경영의 모험』, 『오리진』, 『수학으로 생각하는 힘』, 『변화는 어떻게 일어나는가』, 『차이에 관한 생각』, 『천 개의 뇌』, 『원자 스파이』 등이 있다.

## 멀티제너레이션, 대전환의 시작

**초판 1쇄 발행** 2023년 12월 11일

**지은이** 마우로 기옌  **옮긴이** 이충호
**발행인** 이재진  **단행본사업본부장** 신동해  **편집장** 김경림
**책임편집** 이민경  **디자인** studio forb  **교정교열** 송현주
**마케팅** 최혜진 백미숙  **홍보** 정지연
**국제업무** 김은정 김지민  **제작** 정석훈

**브랜드** 리더스북
**주소** 경기도 파주시 회동길 20
**문의전화** 031-956-7430(편집) 031-956-7129(마케팅)
**홈페이지** www.wjbooks.co.kr
**인스타그램** www.instagram.com/woongjin_readers
**페이스북** https://www.facebook.com/woongjinreaders
**블로그** blog.naver.com/wj_booking

**발행처** ㈜웅진씽크빅
**출판신고** 1980년 3월 29일 제406-2007-000046호

**한국어판 출판권** ⓒ ㈜웅진씽크빅, 2023
ISBN 978-89-01-27750-9 (03320)

리더스북은 ㈜웅진씽크빅 단행본사업본부의 브랜드입니다.

※ 책값은 뒤표지에 있습니다.
※ 잘못된 책은 구입하신 곳에서 바꾸어드립니다.